KB242850

엄마를 구한 식탁

의사 딸이 찾은 케톤식의 기적

글쓴이. 아네스 보스워스 옮긴이. 박중환

세이버스 출판사

[의학 및 법률 면책 조항]

1. 본서는 의학적 정보와 저자의 임상 경험을 소개하는 정보 제공 목적의 출판물입니다. 특정 질병의 진단, 치료, 예방을 목적으로 하지 않으며, 의료 행위를 대신할 수 없습니다.

2. 암을 포함한 모든 질병의 진단과 치료는 반드시 의료법에 따라 면허를 취득한 의사의 진료와 상담을 통해 이루어져야 합니다. 본서의 내용을 근거로 약물 복용을 중단하거나, 의학적 치료를 거부하거나, 자가 진단·치료를 시도해서는 안 됩니다.

3. 본서에 소개된 사례와 효과는 특정 개인의 경험이며, 동일한 결과를 보장하지 않습니다. 식이요법의 적용 가능성 및 안전성은 개인의 건강 상태, 병력, 유전적 요인 등에 따라 다를 수 있습니다. 적용 전 반드시 주치의와 상담하시기 바랍니다.

4. 본서의 내용을 활용하여 발생한 건강상의 문제, 의료 사고, 경제적 손실 등 직접·간접적 손해에 대해 저자, 역자, 출판사는 법적 책임을 지지 않습니다.

5. 본서에 인용된 연구는 출간 당시 공개된 자료를 기반으로 하며, 과학적 합의나 최종 결론을 의미하지 않습니다. 최신 정보는 전문 의료진을 통해 확인하시기 바랍니다.

케톤, 내 몸 최고의 의사

이 책은 단순한 식이요법 안내서나 흔한 암 자연치유 극복기가 아니다. 의사이자 딸인 저자는 죽음의 문턱에 선 어머니를 구하기 위해 투쟁했고, 그 과정에서 기존 의학의 한계를 실감했다. 그리고 그 한계를 뛰어넘은 결과, 건강에 대한 패러다임을 근본부터 뒤흔드는 진실을 마주하게 된다.

나는 오래전부터 〈환자혁명〉을 통해 현대 의학 시스템의 구조적 모순과 환자의 주체적 회복의 중요성을 강조해 왔다. 현대 의학은 많은 것을 약속하지만, 정작 가장 근본적인 치유를 외면해 왔다. 이제 현대 의학은 점점 더 세분화된 증상 관리의 기술이 되었고, 환자는 수동적인 치료 수용자로 전락하고 말았다.

이 책은 이러한 현대 의학의 구조적 한계에 정면으로 도전한다. 저자는 엄마의 백혈병이라는 치명적인 질병 앞에서, 현대 의학이 갖고 있는 '표준 치료'의 숨겨진 한계를 통찰했다. 이 자각을 통해 '케톤식'Ketogenic Diet이라는 강력한 도구를 발견해 냈고, 몸의 대사 환경을 바꾸면 질병의 경로를 바꿀 수 있다는 단순한 진실을 보게 된다. 그렇다. 너무 단순해서 의사들이 놓치고 있던 그 깨달음이다.

저자는 엄마가 암을 치유하는 과정에서 의과대학에서 배웠던 낡은 지식과 현실적인 문제들이 충돌하는 것을 알게 된다. 어머니의 고통 앞에서 무기력함을 느꼈지만, 결국 케토시스 과학에 대한 탐구를 통해서 장애물을 넘어선다. 이 모든 과정은 독자가 '치료'라는 개념을 다시 생각하게 만든다.

이 책이 보여주는 분명한 진실이 있다. 암세포가 포도당 중독자라는 사실, 그리고 암의 대사적 취약점을 케톤이 공략할 수 있다는 사실, 결국 '케톤식'이 질병 치유의 토대가 될 수 있는 선택임을 보여준다.

이 책이 특히 가치 있는 이유는 희망을 과학 위에 세운다는 점이다. 근거 없는 낙관이나 허무맹랑한 기적을 말하는 게 아니다. 대신에, 과학적 문헌 연구, 임상 데이터, 그리고 직접적인 체험을 바탕으로 희망의 불씨를 지피고 있다. 저자는 케톤식의 효능을 뒷받침하는 다양한 증거들을 독자에게 제시하며, 이 길이 단순한 개인의 '경험'이 아니라 근거 기반의 '선택'임을 확신시키고 있다.

〈엄마를 구한 식탁〉은 암 환자들만을 위한 책은 아니다. 당뇨, 고혈압, 비만, 우울증, 만성 염증 등으로 고통받는 셀 수 없는 환자들에게 올바른 가이드라인을 제시하고 있다. 수많은 만성 질환의 근본 원인이 우리의 식탁에 있으며, 그 해법 역시 우리가 선택하는 음식에 달려 있음을 일깨워 주는 책이다. 건강의 주권이 의사와 제약 회사에 있지 않으며, 결국 오늘 식탁에 대한 나의 선택에 달려있음을 선명하게 보여준다.

이 책이 한국 의료계와 수많은 환자에게 건강에 대한 생각을 근본적으로 전환하는 계기가 되리라 믿는다. 이 책의 주인공인 로즈 할머니와 저자인 딸의 여정은 불가능해 보이는 질병과도 맞설 수 있음을 증명한다. 지금 말 못하는 건강의 고민을 안고 있다면? 질병을 치유하고 더 나은 삶을 꿈꾸고 있다면? 그렇다면 이 책은 당신에게 용기와 희망을 줄 것이다. 건강은 남에게 의존하는 것이 아니라, 스스로 되찾는 것임을 잊지 마시길 바라며.

조한경 〈환자혁명〉 저자

목차

추천사. 케톤, 내 몸 최고의 의사 ···3

프롤로그. 엄마와 의사 딸이 함께한 생존 보고서 ···10

1 부. 엄마가 백혈병에 걸리다

1장. 반갑지 않은 손님이 방문하다 ···15

2장. 운명적인 기회가 찾아오다 ···21

3장. 케토시스, 몸의 치유 코드 ···25

4장. 미국 최고 암 병원의 비밀 전략 ···29

5장. 미 국방부가 선택한 의학적 해답 ···34

6장. 죽은 자는 거짓말을 하지 않는다 ···38

[편집자 코멘트] 케토시스는 내 몸 최고의 의사다 ···42

2부. 식단 혁명 1주 차

7장. 주방에서 시작된 자기 혁명 ···49

8장. 당신의 연료 선택이 중요하다 ···53

9장. 케톤, 내 몸이 선택한 최고의 에너지 ···58

[편집자 코멘트] 도대체 '암'cancer이란 무엇인가 ···63

3부. 식단 혁명 2~6주 차

10장. 아빠가 고혈압약을 끊다 ···71

11장. 케톤식에 대한 편견 그리고 오류 ···73

12장. 의사가 발견한 케톤의 기적 ···79

[편집자 코멘트] 케톤식과 암 대사 연구 사례 ···97

4부. 식단 혁명 6주의 판결문

13장. 암세포가 줄어들다 ···103

14장. 과일은 좋은 친구가 아니다 ···105

15장. 100년 전, 당뇨병 치료법의 화려한 귀환 ···110

[편집자 코멘트] 케톤식을 개척한 선구자 ···116

5부. 우리는 승리했지만...

16장. 당신이 유혹에 무너질 때 ···123

17장. 케톤 여행 9단계를 소개합니다 ···125

18장. 케톤은 어떻게 측정할까? ···135

[편집자 코멘트] 어떤 지방(기름)으로 요리해야 할까? ···141

6부. 케톤 여행을 시작하자!

19장. 케톤, 엄마의 소원을 이루게 하다 ···147

20장. 케톤 전환 5단계 로드맵 ···151

[편집자 코멘트] 식물성 기름, 침묵의 살인자 ···165

목차

7부. 새로운 장애물이 나타나다

21장. 케톤 단식, 대장 천공을 멈추다 ···171

22장. 간헐적 단식은 대사 혁명이다 ···174

23장. 케톤 전환 장애물 그리고 해법 가이드 ···181

[편집자 코멘트] 돌팔이 의학과 헤어질 결심 ···198

8부. 사골 국물 단식 프로젝트

24장. 사골 국물 단식의 힘 ···205

25장. 자가치유, 간헐적 단식의 힘 ···210

26장. 비만 수술은 위험한 도박이다 ···214

[편집자 코멘트] 사골 육수, 최상의 영양 보충제 ···217

9부. 케톤식과 단식이 만나다

27장. 암세포를 5일 만에 녹이다 ···223

28장. 케톤식과 단식은 당신을 젊게 만든다 ···226

[편집자 코멘트] 당뇨병, 약물 없이 치료할 수 있다 ···234

10부. 장腸에 염증이 창궐하다

29장. 우리는 포기하지 않는다 ···239

30장. 운동해도 살이 빠지지 않는 이유 ···244
[편집자 코멘트] 콜레스테롤 수치, 어떻게 해석할 것인가 ···254

11부. 다시 항암 치료를 시작하다

31장. 장 수술 후유증, 암세포가 돌아오다 ···261
32장. 신생아가 알려준 MCT오일의 비밀 ···266
[편집자 코멘트] MCT 사골 국물이 간헐적 단식을 돕는다 ···272

12부. 사악한 제국의 반격

33장. 암세포를 굶겨라 ···277
34장. 영화배우처럼 체중을 감량하라 ···284
[편집자 코멘트] 최고의 체중 감량 다이어트는 무엇일까 ···292

13부. 암과의 싸움에서 승리하다

35장. 케톤이 선물한 두 번째 인생 ···297

에필로그. 포기하지 말고, 끝까지 싸우세요! ···302
옮긴이의 글. 인류 본래의 식단은 무엇인가 ···304
참고문헌 ···310

엄마와 의사 딸이 함께한 생존 보고서

저는 내과 전문의입니다. 환자들은 매일 복잡한 의학 문제를 안고 진료실을 찾아옵니다. 환자의 문제를 함께 살펴보고 치료 계획을 고민합니다. 그러면 환자들은 자주 이렇게 묻곤 합니다.

"선생님, 저라면 어떻게 하실 건가요?"

"어떻게 제 문제를 해결하실 건지요?"

솔직히 답변이 쉽지 않습니다. 제가 받은 의과 대학 교육과 의학 교과서는 '안전한' 대답을 하도록 가르쳤으니까요. 때때로 기존 현대 의학에서 멀어질 각오를 하고 환자의 관점에서 조언하곤 합니다. 이런 결정이 환자들이 제 진료실을 다시 찾아오게 하는 이유인 것 같습니다. 그들은 제가 걸어갈 길을 보여줘서 고맙다고 말합니다.

로즈 할머니의 이야기가 대표적인 사례입니다. 그녀는 정말 관대하고, 자비심이 많고, 강인한 여성입니다. 로즈 할머니의 이야기로 수많은 페이지를 채울 수 있습니다. 그녀는 사람이 갖고 있는 재능을 찾아내는 남다른 관점을 소유하고 있습니다. 짧은 지면으로 그녀가 가진 선함의 깊이를 모두 담을 수는 없을 것 같습니다. 그녀는 현실 속 '메리 포핀스'Mary Poppins였습니다. 메리 포핀스는 서양에서 훌륭한 보모의 완벽한 표본이자 상징입니다.

어느 날 로즈 할머니는 심한 하복부 통증으로, 급하게 응급실로 옮겨졌습니다. 하복부 장은 온통 염증으로 가득했고 긴급하게 수술을 받아야 했습니다. 수술이 끝나갈 즈음 안도의 한숨을 돌리기도 전에, 로즈 할머니의 의료 차트에는 전혀 예상하지 못했던 붉은 낙인이 추가로 새겨졌습니다.

'만성 림프구성 백혈병'

로즈 할머니와 그녀의 가족 모두에게 '불안과 공포'라는 낯선 손님이 도둑처럼 찾아왔습니다. 저도 놀라움과 슬픔에서 벗어날 수 없었습니다. 왜냐하면 로즈 할머니는 '나의 엄마'이기 때문입니다.

이 책은 현실 속 메리 포핀스가 만성 백혈병과 싸운 생생한 기록입니다. 저는 내과 전문의임에도 불구하고, 암과의 전투를 위해 처음부터 다시 공부하고 전략을 세워야 했습니다. 아무것도 보이지 않는 컴컴한 동굴 속에서 헤매는 기분이었죠.

하지만 칠흑 같은 어둠 속에서 '케톤식'ketogenic diet은 한 줄기 빛이 되어 주었습니다. 우리는 그 빛을 향해 걸었고 결국 승리할 수 있었습니다. 이 책은 암과의 지난한 전투에 대한 살아있는 기록입니다.

지금 만성 질환이라는 미지의 괴물과 대면하고 있습니까? 암과의 기나긴 싸움에 지쳐 있습니까? 아니면, 다른 불치의 병으로 낙담하고 있나요? 처음 암과 같은 거대한 질병을 맞닥뜨리게 되면 거대한 벽을 마주한 것과 같은 불안을 느낄 수 있습니다. 바닥을 알 수 없는 늪에 빠진 기분일 수도 있습니다. 그렇다면 로즈 할머니의 여정을 찬찬히 읽어보세요. 당신의 삶도 바뀔 수 있습니다.

이 책은 18개월 동안 엄마와 의사 딸이 만성 질환과 싸운 생존 보고서입니다. 지금 힘겨운 질병과 투쟁하고 있다면 다음과 같이 말하고 싶습니다.

"포기하지 말고, 끝까지 싸우세요!"

1부

엄마가 백혈병에 걸리다

1장
반갑지 않은 손님이 방문하다

2007년, 로즈 할머니에게 위기가 찾아왔습니다. 그녀의 나이 63세. 하복부 장 감염과 통증으로 인해 급하게 응급실로 옮겨졌고 완벽해 보였던 삶은 순식간에 무너져 내렸습니다. 그녀는 항생제가 가득 찬 정맥 주사줄을 매단 채 퇴원해야 했습니다. 두꺼운 의료 차트에는 붉은 낙인이 추가로 적혀 있었습니다.

'만성 림프구성 백혈병' Chronic Lymphocytic Leukemia: CLL

로즈 할머니와 그녀의 가족 모두에게 '불안과 공포'라는 초대하지 않은, 반갑지 않은 손님이 도둑처럼 찾아왔습니다. 저도 슬픔과 불안에서 자유로울 수 없었습니다. 왜냐하면 로즈 할머니는 '나의 엄마'이기 때문입니다.

'만성 림프구성 백혈병'CLL 을 알고 계신가요? 이 암은 혈액 속에 림프구가 비정상적으로 증가하는 만성 질환입니다. 우리 몸 전체에는 림프계라는 면역 시스템이 광범위하게 분포하고 있습니다. 림프는 림프계라는 고속 도로를 돌아다니는 액체입니다. 이 액체에는 우리 몸의 수호자 백혈구, 특히 림프구가 활발하게 순찰 활동을 합니다. 엄마는 림프구라는 경찰관에게 이상 증상이 발생한 것입니다. 백혈병은 미성숙한 백혈구가 어떤 이유로 인해 비정상적으로 많아지는 것을 말합니다.

만성 림프구성 백혈병은 몸을 지키는 림프구가 좀비로 변한 것입니다. 좀비 암세포는 보이지 않고 느낄 수 없는 곳에서 자신만의 은신처를 소리 없이 건설합니다. 그리고 자신을 지지하는 불순한 세력들을 규합합니다. 처음에는 특별한 증상도 없이, 자신의 힘을 서서히 키워 나갑니다. 어느 날, 임계점을 넘어서는 순간 자신의 얼굴을 드러냅니다.

백혈구 암세포는 골수와 림프세포에 존재합니다. 화학 요법이나 방사선으로 제거하려고 하면 이 암세포는 금방 환자를 압도하곤 합니다. 우리는 암세포를 면밀히 관찰하면서 최적의 기회를 기다려야 합니다. 암세포는 시간이 지나면서 지능적이고 지루한 전투를 벌입니다. 이 전투 점수는 양쪽의 세포 수에 따라 계산됩니다.

선善 : 악惡 = 정상 백혈구 : 좀비 백혈구

건강한 정상 백혈구는 매끄럽고 유연하며 민첩한 기술을 사용하여 우리 몸에 침입하는 모든 침입자를 사냥합니다. 좀비 백혈구는 주름지고 뻣뻣하며 쓸모없는 세포입니다. 암세포가 너무 많이 늘어나면 로즈 할머니는 감염으로 사망하고 말 것입니다. 2007년 당시 전투 상황은 다음과 같았습니다.

$$정상 백혈구 : 좀비 백혈구 = 1 : 50$$

좀비 백혈구가 건강한 백혈구보다 많았지만, 엄마는 2년 동안 의사의 치료가 필요 없을 정도로 건강했습니다. 그러던 2009년, 그녀는 예기치 못한 상황을 만났습니다. 엄마는 모기에게 물렸고 '웨스트 나일 바이러스'West Nile meningitis에 감염되었습니다. 이 감염으로 인해 전투 상황은 불리하게 전개되었습니다.

$$정상 백혈구 : 좀비 백혈구 = 1 : 89$$

엄마는 침입한 바이러스에 충분한 방어력을 가지고 있지 않았습니다. 바이러스는 좀비 백혈구 뒤에 숨어 건강한 백혈구를 피해 다녔습니다. 감염 하루 만에 엄마의 뇌에 침입했습니다. 뇌는 급격히 붓기 시작했고, 생사의 갈림길에서 방황했습니다.

두 달이 지나고서 정상적인 기억을 되찾을 수 있었습니다. 엄마와 암과의 본격적인 전쟁이 시작되었습니다. 정상세포와 좀비세포의 전투는 치열한 공방을 주고받았습니다. 엄마의 백혈구가 패배의 문턱에 가까워질 때마다 우리는 항암제를 통해 전투 상황을 다시 힘겹게 되돌려 놓았습니다.

'배중률'Law of excluded middle 이 단어는 좀비 백혈구 세포가 2배가 되는 데 걸리는 시간을 설명합니다. 처음에 암세포가 2배가 되는 속도는 2년이었습니다. 오래 지나지 않아 2배가 되는 속도가 6개월로 단축되었습니다. 그것은 시작에 불과했습니다. 얼마 지나지 않아 암세포는 6주마다 2배로 증가했습니다. 우리는 다시 화학 요법으로 암세포의 무차별적 진격을 분쇄해서 백혈구 수치를 정상으로 만들었습니다.

문제는 강력한 항암 요법이 악성세포와 더불어 엄마의 정상세포도 망가뜨렸던 것입니다. 화학 요법은 엄마의 몸에 핵폭탄을 투하한 것과 다르지 않았습니다. 엄마의 몸은 바이러스와 박테리아에 무방비 상태가 되었습니다. 과거 엄마의 강력한 면역 체계는 어떤 침입에도 신속하게 대처했습니다. 농부의 아내로 50년을 살면서 농장의 돼지, 소, 닭 오물에 일상적으로 노출된 덕분에 몸의 방어력은 높았습니다.

하지만 화학 요법으로 암세포를 격퇴한 후에는 아주 미약한 감염에도 맞서 싸우는 것이 쉽지 않았습니다. 몇 주 동안 항생제를 복용해야 했습니다. 항암 치료는 엄마의 면역 체계를 마비시켰습니다. 몸은 더 이상 버티는 것이 불가능했습니다. 얼굴은 잿빛으로 변했으며 전투 의지를 상실해 갔습니다. 저는 엄마가 충격적인 항암 치료의 트라우마를 잊을 수 있기를 기도했습니다.

항암 치료는 4년 동안 계속되었습니다. 그녀의 나이 67세. 그녀의 투병 의지는 약해질 대로 약해져 있었습니다. 기형적인 좀비세포는 항암제에 잠시 후퇴했지만, 안타깝게 엄마의 몸도 피폐해졌습니다. 박테리아 감염은 더 강해졌고, 증식 속도는 과거보다 빠르게 진행되었습니다. 게릴라처럼 엄마를 괴롭혔던 박테리아들은 항생제를 또렷이 기억하고 있었습니다. 점점 항생제마저 효과가 낮아졌습니다. 새 항생제가 투여되었습니다. 수십 종류의 항생제가 연이어 투여되었고 엄마는 약해졌습니다. 질병에 쉽게 걸렸고 아주 많이 아팠습니다. 상태는 더욱 악화되었습니다.

정상 백혈구 : 좀비 백혈구 = 1 : 1,000

엄마는 6개월 동안 제대로 걷지도 못했습니다. 저는 오빠와 여동생에게 솔직한 심정을 토로했습니다.

"엄마에게 항암 치료를 어떻게 설득해야 할지 모르겠어."

2016년 3월, 암세포는 다시 기승을 부렸습니다. 두 달마다 암세포가 2배로 증가했습니다. 그때마다 항암 약물이 엄마의 몸속에 투여되었습니다. 10년 동안의 암 투병으로 엄마는 너무 빠르게 늙어버렸습니다.

저는 백혈병에 대해 찾을 수 있는 모든 정보를 찾아 읽었습니다. 오래된 연구부터 최신 연구까지 읽었습니다. 기존 치료법과 대체 요법도 모두 찾아보았습니다. 해결책은 쉽게 보이지 않았고 출구 없는 미로에 빠진 느낌이었습니다. 나도 모르게 눈물이 흘렀습니다.

마음속으로 해결책을 달라고 '신'神에게 기도했습니다. 딸의 간절한 기도에도, 암세포에 정복당한 노인의 꼬리표는 변하지 않았습니다. 엄마의 체중은 과거보다 45kg이 늘어났고, 면역 체계는 120세 노인이 되었습니다.

2장
운명적인 기회가 찾아오다

2016년 4월, 정말 우연히 행운의 여신이 찾아왔습니다. 처음 '돔 다고스티노'Dominic D'Agostino 박사를 접하게 되었습니다. 그는 〈케톤은 어떻게 암을 치유하는가〉라는 놀라운 주제로 방송을 진행했습니다. 저는 이 방송을 듣고 다시 들었습니다. 그리고 미지의 케톤 여행을 시작하게 되었습니다. 박사의 연구에 완전히 매료되어 몇 주 동안 아무 생각도 할 수 없었습니다.

'케톤', 의과 대학에서도 제대로 배우지 못한 단어였습니다. 우리 몸은 2가지 에너지를 사용합니다. 먼저 포도당을 연소해서 에너지를 얻으며, 체내에 포도당이 부족하면 지방을 에너지로 사용합니다. 지방이 분해되면서 생성되는 에너지가 바로 '케톤'ketone입니다. 돔 박사는 케톤을 몸의 에너지로 활용하면 효과적으로 암의 성장을 제어할 수 있다고 주장했습니다.

놀라운 메시지였습니다, 저는 다양한 연구 사례를 공부했고 케톤의 강력한 잠재력을 확신할 수 있었습니다. 엄마에게 적용하기 전에, 스스로 케톤 효과를 먼저 경험해봐야 했습니다. 곧바로 자가 임상 실험에 들어갔습니다. 먼저 내 몸에서 케톤을 생성해야 했습니다. 그러기 위해서는 탄수화물을 제한해야 했습니다. 모든 탄수화물을 끊었습니다. 주방과 냉장고를 가득 채우고 있던 탄수화물을 색출해서 모두 쓰레기통에 버렸습니다. 남편도 동참했습니다. 그는 식료품 저장실에서 있던 탄수화물 식품을 모조리 제거했습니다.

2016년 5월 1일, 제 케톤 여행은 시작되었습니다. 케톤식을 시작한 후, 첫 달에는 케톤 에너지를 전혀 생산하지 못했습니다. 케톤 생성 여부는 케톤 소변 스트립으로 확인할 수 있었습니다. 아침저녁으로 매일 검사를 했지만 케톤 소변 스트립의 색깔은 무심하게도 전혀 변하지 않았습니다.

왜 케톤이 생성되지 않을까? 저는 블로그와 관련 책을 다시 읽어보고 제 실수를 알 수 있었습니다. 그 이유는 지방을 충분히 섭취하지 않았던 것입니다. 저는 지방을 더 많이 먹기로 결심했습니다. 매번 휘핑크림과 버터를 많이 먹었습니다. 요리할 때 프라이팬에 코코넛오일을 사용했고, 커피에도 버터를 첨가했습니다. 케톤식 규칙을 바로잡는 데 '4주'가 걸렸습니다.

마침내 2016년 5월 30일, 첫 케톤이 만들어졌습니다. 하지만 제 마음속에는 말로 표현할 수 없는 작은 의심이 숨겨져 있었습니다. 과도하게 섭취한 지방 때문이었습니다. 지방을 많이 먹는 것은 20년 동안 환자들에게 가르쳤던 규칙과 완전히 정반대였기 때문이었습니다. 지방에 대한 무의식적 편견을 버려야 했습니다. 제 케톤 실험은 계속해서 진행되었습니다.

2016년 6월 30일, 엄마의 진료 일정이 있는 날이었습니다. 진료 전, 혈액 검사를 하고 진료 대기실에서 기다리고 있었습니다. 엄마는 지친 기색이 역력했습니다. 담당 의사는 다음과 같은 검사 결과를 알려줬습니다.

$$\text{정상 백혈구 : 좀비 백혈구} = 1 : 5{,}000$$

담당의는 조용한 목소리로 말했습니다.

"다시 항암을 시작해야 할 것 같습니다. 빨리 항암 치료를 받지 않으면 골수에 정상세포가 들어올 공간이 없어집니다. 암세포가 이미 골수의 98%를 차지했습니다. 머지않아 로즈 할머니의 모든 것을 정복할 것입니다."

담당 의사의 음성이 느리게 충돌하는 자동차 사고 영상처럼 제 마음을 강타했습니다. 엄마의 눈빛은 '다시는 항암 치료를 받고 싶지 않아!'라고 말하고 있었습니다. 제 눈에는 눈물이 가득 찼습니다. 엄마가 포기한다면 저도 어쩔 수 없었습니다. 종양 전문의의 손에는 다음과 같은 문구가 새겨져 있었습니다.

'항암제 주입 일정표'

저는 항암 요법 스케줄을 보는 순간, 속으로 말했습니다.

‘엄마, 6주만 항암 치료를 미뤄요. 제가 어떤 방법이든 보여 드릴 게요. 저에게 6주의 시간을 주세요.’

이 책은 케톤 라이프 스타일을 향한 우리 모녀의 모든 여정과 실수를 공유할 것입니다. 만약 당신이 “선생님, 사랑하는 사람이 불치의 병으로 죽어간다면 어떻게 하실 겁니까?”라고 묻는다면 이렇게 대답했을 것입니다.

“어떻게든 맞서 싸우세요!”

3장
케토시스, 몸의 치유 코드

'케토시스'ketosis라는 단어를 들어보았나요? 요즘 이 단어가 자주 온라인과 방송에 등장하고 있습니다. 저는 이 낯선 용어를 의과 대학에서 마지막으로 들었습니다. 중환자실을 진료하던 중, 제1형 당뇨병 환자가 혼수 상태에 빠졌던 기억이 있습니다. 그 환자는 '당뇨병성 케톤산증' 진단을 받았습니다.

그래서 케토시스라는 단어를 들으면 매우 아픈 환자가 떠오릅니다. 거의 모든 의사에게 케토시스는 아직 친숙하지 않은 단어로 남아있습니다.

제 남편은 평범한 일반인입니다. 내과 의사인 저와 결혼한 지 20년이 되었습니다. 남편은 의료와 관련된 모든 종류의 이야기를 가장 먼저 들어왔습니다. 그는 의료 산업의 이익과 폐해를 직접 듣고 보았습니다. 그는 의사들이 환자에게 문제의 근원을 알려주는 대신, 증상을 없애는 것에 집중하고 있다고 생각했습니다. 의사들의 대중요법을 질타하곤 했습니다.

남편은 종종 친구들에게 주위에 싫어하는 사람이 있다면 "그 사람이 진료받기 위해 담당 의사를 만나면 '당신은 게으른 의사'라고 비판하게 만들어!" 라고 우스갯소리로 말하곤 했습니다. 그러면 대부분의 의사는 비난에서 벗어나기 위해 더 많은 검사를 과도하게 진행할 것이고, 싫어하는 사람의 종말이 시작될 것이라고 말입니다. 무차별적인 검사와 치료는 몸을 망가뜨리는 융단 폭격이 될 수 있기 때문입니다.

아직 대부분의 의료진은 케토시스에 대해 생각하지도, 가르치지도, 권장하지도 않고 있습니다. 다행스러운 것은 많은 의료 전문가가 제약 회사의 깊은 최면에서 깨어나고 있다는 사실입니다. 그들은 케토시스가 주는 놀라운 건강의 이점에 대해 집단적 각성을 하기 시작했습니다.

앞에서 말씀드린 제 기억 속에 있던 중환자실 환자는 '케토시스'ketosis가 아니라 '케톤산증'ketoacidosis이었습니다. 케토시스는 이롭지만, 케톤산증은 위험합니다. 케톤산증은 체내 케톤 수치가 급상승하여 혼수상태에 빠지는 생명을 위협하는 질환입니다.

예를 들어 보겠습니다. '발작'seizure은 아이들의 뇌에 커다란 타격을 줍니다. 의사들은 어린아이가 발작을 일으킬 때마다 가슴을 졸입니다. 발작이 일어날 때마다 엄청난 양의 뇌세포가 죽기 때문입니다. 어떤 아이들은 하루에 수백 번의 발작을 겪기도 합니다. 이러한 환자의 뇌는 망가졌다고 해도 과언이 아닙니다.

케톤 관련 용어	
케톤 Ketones	지방 분해를 통해 생성되며, 세포에 많은 에너지를 공급하는 수용성 기질입니다.
케토시스 Ketosis	신체 내에서 케톤이 연료로 쉽게 이용 가능한 대사 상태입니다. 혈중 케톤 수치가 0.5mmol/L를 초과할 때를 의미합니다.
영양적 케토시스 Nutritional Ketosis	탄수화물 섭취를 제한하는 식이 조절을 통해 달성되는 상태입니다. 혈중 케톤 수치는 보통 0.5-3.0mmol/L 사이입니다.
케톤산증 Ketoacidosis	신체 내에서 케톤이 과도하게 통제 불능 상태로 생성되는 위험하고 생명을 위협하는 대사 상태입니다. 주로 제1형 당뇨병 환자에게서 발생하며, 혈중 케톤 수치가 10.0mmol/L 이상으로 치솟아 혈액을 강하게 산성화시킵니다.
케톤 적응 Keto-Adaptation	몇 주 동안 케토시스가 유지되며 신체의 주된 연료원이 케톤으로 전환된 상태입니다. 대부분의 세포가 이 연료를 효과적으로 사용할 수 있는 상태를 말합니다.

의사는 1차 치료에서 다양한 항발작제를 처방합니다. 발작이 멈추지 않으면 더 많은 약물을 추가합니다. 발작을 얼마나 빨리 멈추는가에 따라 아이의 뇌가 정상적으로 성장할 수 있음을 알고 있기 때문입니다. 우선, 의사는 여러 가지 약물을 함께 사용해 봅니다. 이 모든 것이 실패하면 어떻게 할까요? 바로 케톤을 생성하는 '케톤식'을 시행합니다. 목표는 환자가 '영양적 케토시스'nutritional ketosis 상태에 들어서도록 하는 것입니다. 이 상태에서는 인체가 케톤을 주된 연료로 살아가게 됩니다. 제가 케토시스에 대해 알고 있었던 지식은 발작을 줄이는 식단, 그것이 전부였습니다.

하지만 케토시스에 대한 연구와 조사가 거듭되면서 케톤식의 혁명적인 효과를 차츰 알아가게 되었습니다. 이미 엄청난 양의 의학 문헌과 과학적 연구가 있었습니다. 가상 효과적인 체중 감량 솔루션을 찾고 있습니까? 맑고 또렷한 정신을 원합니까? 이부프로펜보다 100배 더 강력한 진통 효과를 원합니까? 스테로이드보다 10배 더 강력한 항염증제를 찾고 있습니까? 이 질문들에 대한 해답이 바로 '케톤식'ketogenic diet입니다.

이 책은 케토시스를 둘러싼 복잡한 생화학적 이론에 대해서는 다루지 않습니다. 정보의 과부하로 당신을 혼란스럽게 하고 싶지 않습니다. 이미 많은 자료가 있습니다. 대신, 저는 쉬운 언어로 설명할 것입니다. 이 책을 엄마에게 이야기하는 것과 같은 방식으로, 임상에서 환자를 가르치는 것과 같은 방식으로 쓰고자 했습니다. 지금부터 저와 함께 케토시스 여행을 함께 떠나겠습니다.

4장
미국 최고 암 병원의 비밀 전략

매일 환자의 승리를 위해 이런 질문을 던지곤 합니다.

"20년간 앓아온 고혈압이 몸에 미치는 영향은 무엇인가?"

"15년간 비만 상태일 때 몸에는 어떤 변화가 일어나는가?"

"10년간 당뇨병을 앓았다면 어떤 위험을 초래하는가?"

저는 환자들이 재난과 같은 질병을 미리 예방하는 것을 목표로 합니다. 환자들의 행동 변화를 도와 환자들의 라이프 스타일을 변화시키려고 합니다. 아쉽게도 그 노력에 대해 매번 보답받지는 못하지만, 의사로서 가장 보람찬 일이죠. 개인적으로 만성 뇌 질환, 즉 파킨슨병, 우울증, 조울증, 발작, 중독, 불안, 고혈압, 뇌졸중, 브레인 포그를 깊이 연구해 왔습니다. 제 진료실에는 매일 뇌 기능이 제대로 작동하지 않는 환자들로 대기 목록이 채워집니다.

만약 미국의 대통령이 암에 걸렸다면 보좌관들은 돈으로 살 수 있는 최상의 치료를 찾고자 할 것입니다. 당연히 가장 먼저 고려되는 병원은 미국 '메이요 클리닉'Mayo Clinic일 것입니다. 뉴스위크 보도에서도 메이요 클리닉은 세계 최고의 병원으로 선정되었으니까요. 하지만 시한부 6개월 말기 암을 판정받았다면 메이요 클리닉조차도 세계 최정상의 암 센터를 소개해 줄 것입니다. 바로 'MD 앤더슨 암 센터'MD Anderson Cancer Center입니다. MD 앤더슨은 새로운 암 환자 치료 프로토콜 개발에 최선두에 서 있습니다. 대부분의 의료인은 MD 앤더슨의 새로운 발표에 촉각을 곤두세우고 있습니다.

저는 돔 다고스티노 박사가 말했던 '암과 케토시스'에 대한 연구를 MD 앤더슨이 이미 발표했을 것으로 생각했습니다. 그런데 이상하게도 어떤 의학 학회에서도 MD 앤더슨이 발표한 '케토시스 프로토콜'을 찾을 수 없었습니다. 저는 실망했습니다. 돔 다고스티노 박사의 연구가 신빙성이 떨어지는 것은 아닌가라는 의구심을 품었습니다.

그런데 진실은 아니었습니다. 우연히 제 진료실을 찾은 환자로부터 미궁의 실마리를 얻을 수 있었습니다. 그녀는 MD 앤더슨의 '암과 케토시스'에 대한 실제 사례를 알려주었습니다. 저는 충격, 그 자체였습니다. 이 놀라운 소식을 접한 후, 제 환자 치료 접근법은 완전히 바뀌었습니다. 환자가 알려준 사례는 다음과 같았습니다. 그녀의 어머니는 최악의 뇌암인 '교모세포종'glioblastoma 진단을 받았습니다. 그녀의 어머니는 텍사스 주, MD 앤더슨 근처에 살고 있었습니다. 자연스럽게 가장 혁신적인 암 전문가의 치료를 받게 되셨죠.

그런데 환자의 보호자인 그녀는 담당 의사로부터 어머니가 첫 방사선 치료를 받기 전, 2주 동안 케토시스 상태를 유지해야 한다는 말을 들었습니다. 그녀는 케토시스라는 생소한 단어에 의문을 품고 도서관을 찾아서 관련한 모든 정보를 찾았습니다. 그리고 담당 주치의인 저에게까지 풀지 못한 수수께끼를 가져왔던 것입니다. 제 대답은 안경 너머로 그녀를 멍하니 응시하는 것이었죠. 케토시스에 대해 잘 알지 못했거든요.

'케토시스'라는 단어가 온통 제 머릿속을 채웠습니다. 이런 경험은 자주 있는 일이 절대 아닙니다. 교모세포종을 앓고 있는 엄마의 딸이 던진 단어, 케토시스는 제 머릿속을 뜨겁게 만들었습니다. 그녀가 '케토시스'ketosis라고 말했을 때, 제 뇌는 자동으로 '케톤산증'ketoacidosis으로 해석하고 있었습니다. 제 머릿속엔 혼수상태에 빠진 중환자실 환자의 기억이 스쳐 지나갔습니다. 마지막으로 케톤산증 환자를 본 지도 15년이 지났습니다. 의대 시절, 시험 문제에는 항상 케톤산증이라는 이 무서운 증후군이 나오곤 했었습니다. 저는 속으로 소리쳤습니다.

'케토시스? 말도 안 되는 소리!'

하지만 환자의 보호자에게 이렇게 말할 수는 없었습니다. 그녀의 어머니는 전 세계에서 손꼽는 최고의 암 센터에서 치료받고 있었으니까요. MD 앤더슨의 최고 암 전문가는 뇌에 방사선을 쏘기 전에, 왜 이 환자에게 소변에서 케톤이 나올 때까지 기다리라고 했을 까요? 방사선 치료가 지연될수록 어머니의 생존 가능성은 점점 낮 아지는데 말입니다. 분명 이유가 있을 것입니다. 저는 환자에게 일 주일의 시간을 부탁하고 '당신의 질문을 조사해 보겠다!'라고 말했 습니다.

저는 신뢰하는 여성 연구원에게 MD 앤더슨과 관련된 케토시스 연구 자료를 요청했습니다. 그녀는 오래지 않아 제 메일함을 가득 채워 주었습니다. 그리고 MD 앤더슨의 새로운 케토시스 프로토콜 에 대한 논문을 찾아냈습니다. 내용은 다소 어려운 생화학적인 설명 이었습니다. 그 핵심 메시지는 다음과 같이 요약할 수 있었습니다.

'암세포는 혈당, 즉 포도당을 주연료로 사용한다. 암세포는 케톤 을 연료로 사용하지 못한다. 지방 에너지, 즉 케톤을 이용할 수 있는 세포 기관, 즉 미토콘드리아가 망가졌기 때문이다.'

저는 자신도 모르게 스스로 소리쳤습니다.

"잠깐, 케톤이 연료라고?"

케톤은 환자를 중환자실로 보내는 위험 물질이 아니었습니다. 의 대에서 배웠던 낡은 지식이 아직도 저를 지배하고 있었던 것입니다. 논문은 '암에 걸린 동물에게 케톤을 공급하면 특정 암세포들이 굶어 죽을 수 있다'고 설명하고 있었습니다. 의학적 진실이라고 하기에 는 너무 좋게만 들렸습니다. 마치 모든 질병을 치유하는 길거리 약 장사의 만병통치약 홍보처럼 느껴졌습니다. 하지만 이 진실은 세계 최고의 암 연구 기관이 직접 발표한 내용이었습니다.

　물론 부작용에 대한 내용도 있었습니다. 케토시스 상태에서 방사선 치료를 받는 환자는 한 번에 너무 많은 암세포를 죽일 위험이 있다는 것입니다. 죽은 암세포들로 인해 신체의 여과 시스템, 즉 신장이 마비될 수 있다는 것이었습니다. 말기 암 환자에게 이게 고민이 될까요? 암세포를 너무 많이 죽이는 부작용이요? 그런 위험이라면 저는 기꺼이 환자를 위해 선택할 것입니다. 너무나 멋진 위험 아닌가요?

5장
미 국방부가 선택한 의학적 해답

보석 같은 연구원은 거기서 멈추지 않았습니다. 그녀는 추가적인 연구 자료들을 보내주었습니다. 그중 '미 국방부'United States Department of Defense: DOD에서 나온 자료 하나가 눈에 띄었습니다. 국방부는 대형 제약사로부터 자금 지원을 받지 않기 때문에, 연구의 신뢰성은 매우 높은 편입니다. 의학 연구에는 많은 자금이 필요로 합니다. 누군가는 그 비용을 부담해야 하죠. 그 '누군가'는 돈을 투자하는 분명한 이유가 있습니다.

어떤 단체가 연구비를 지원했는지 파악만 해도, 보고서를 읽기도 전에 어느 정도 결과를 예측할 수 있을 때가 많습니다. 대형 제약회사에서 자금을 지원하는 경우가 그렇습니다. 이익 단체가 후원한 연구 보고서에서 '그들의 약물이 세상을 구한다는 결론이 나왔다'고 해도 놀라지 마세요. 제가 새로운 '획기적인 연구' 기사에 대해 쉽게 흥분하지 않는 이유이기도 합니다.

그런데 미국 국방부는 어떠한 이익 단체의 이해관계에서 자유롭습니다. 그래서 믿을 수 있는 소수의 출처 중 하나입니다. 이 국방부 자료는 〈케토시스와 잠수부에 관한 연구〉였습니다.

처음에는 '좀 이상하다'고 생각했습니다. 심해 잠수부에게 도대체 왜 케토시스가 필요할까? 이 질문에 대한 해답은 '발작'seizure 때문이었습니다. '네이비 실'Navy SEAL 요원들은 적진을 침투하기 위해서 물속에서 많은 시간을 보내야 합니다. 그들은 레이다와 적외선 탐지기에 걸리지 않는 스텔스기와 같습니다. 네이비 실 특수요원들은 본질적으로 은밀해야 하죠. 따라서 그들은 일반적인 스쿠버 장비를 사용하지 않습니다. 그들의 호흡 장치는 기포가 새지 않도록 설계되어 있습니다. 수중에서 적에게 발각되지 않기 위해서는 기포 흔적을 남기면 안 되기 때문입니다. 그렇지 않으면 죽은 목숨이나 다름없으니까요.

네이비 실 요원들은 '리브리더'Rebreather라는 장비를 사용해서 기포 없이 산소를 반복해서 재호흡할 수 있습니다. 이 장치는 공기 중 가스 농도를 계산하여, 산소는 일정하게 공급하면서 이산화탄소의 농도는 낮은 수준으로 유지합니다. 정말 놀라운 장비입니다. 네이비 실 요원들은 이 장비를 통해 은밀하게 적진으로 침투할 수 있습니다.

리브리더 장비는 스텔스 다이빙을 가능하게 했지만, 심각한 문제 하나를 가지고 있었습니다. 이 장비를 사용하는 네이비 실 대원들 모두가 발작을 일으키기 시작한 것입니다. 이건 절대 용납될 수 없는 일입니다. 발작 자체도 끔찍한데, 수심 10m에서 발작이 일어난다면 어떻게 될까요? 그것은 '죽음'과 다르지 않습니다. 생존 자체가 불가능합니다.

국방부 연구팀은 즉시 발작 예방을 위한 해결책을 찾기 시작했습니다. 그들이 선택한 첫 번째 방법은 하루에 수십 번 발작을 일으키는 어린아이들에게 사용하는 '항발작제'anti-seizure medicine였습니다. 미 국방부는 이 약물을 네이비 실 대원들에게 투여했습니다. 결과는 어땠을까요? 용맹한 네이비 실 대원들이 멍청해졌습니다. 정말이냐고요? 그렇습니다. 항발작제는 뇌의 처리 속도를 크게 떨어뜨렸습니다. 타이밍 감각과 반응 속도가 현저히 느려졌고, 무엇보다도 지독한 발작을 전혀 막지 못했습니다! 결국 다시 원점으로 돌아온 셈이었습니다.

국방부 연구팀은 다시 수많은 문헌을 조사했습니다. 대부분의 어린이 발작 환자들은 뇌 기능을 매우 심각하게 떨어뜨리는 약물을 처방받고 있었습니다. 이 약물의 작용기전은 발작이 뇌의 과도한 전기 신호 확산이므로, 뇌의 전기 활동 자체를 늦추면 발작이 멈출 것이라는 논리였습니다. 항발작제는 대부분의 어린이에게 발작을 멈추는 대신 정신적 민첩성과 수행 능력을 떨어뜨렸습니다.

국방부 연구팀은 이 난제를 어떻게 풀었을까요? 바로 '케토시스'였습니다. 국방부 연구팀은 〈케토시스는 쥐의 중추 신경계 산소 중독 발작을 지연시킨다〉Therapeutic ketosis with ketone ester delays central nervous system oxygen toxicity seizures in rats 라는 연구에 주

목했습니다. 그리고 심해 잠수부들에게 케토시스 프로토콜을 적용했습니다.

〈US 네이비 씰 발작 예방 연구〉

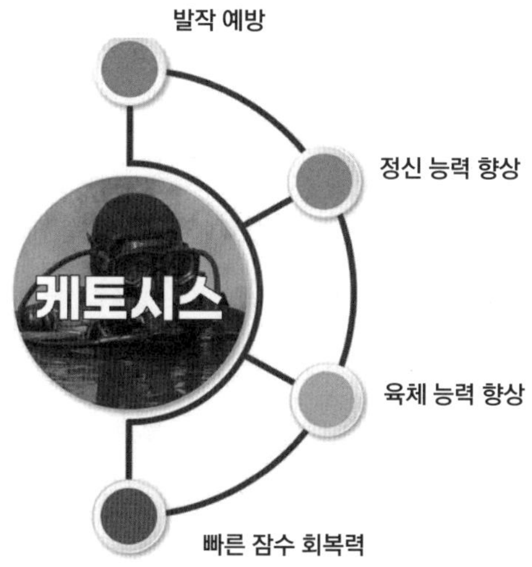

저는 이 사실을 처음 접했을 때, 나도 모르게 자리에서 벌떡 일어났습니다. 정말 놀라웠습니다! 케토시스라는 단어는 제 가슴을 더욱 뜨겁게 했습니다. 그럼에도 저는 더 확실한 증거를 갈망하고 있었습니다. 국방부 보고서는 새로운 눈을 갖도록 해줬지만, 여전히 케토시스의 문 앞에서 망설이고 있었습니다.

6장
죽은 자는 거짓말을 하지 않는다

다른 객관적 데이터가 필요했습니다. 의심의 여지가 없는 그런 데이터 말이죠. 지성이면 감천이라고 했나요? 운 좋게 〈부검 연구〉 Autopsy studies에서 해답의 실마리를 발견했습니다. 부검 연구는 어린 시절 특정 문제를 겪었던 환자들을 선별하고 그들이 죽을 때까지 추적하는 방식입니다. 〈부검 연구〉는 매우 드물게 수행됩니다. 연구 기간이 너무 오래 걸리고 비용이 엄청나게 많이 들기 때문입니다.

현재 대부분의 약물 연구는 이런 방식으로 이루어지지 않습니다. 제약 회사들은 이런 종류의 연구를 매우 싫어합니다. 제약 회사는 비용을 낮추기 위해 동물 실험부터 시작하는 경향이 있습니다. 약이 얼마나 효과적인지 알아보기 위해 보통 2년 동안 연구를 진행합니다. 연구 참여자는 2년간의 데이터를 바탕으로 향후 장기적인 효과를 추정합니다. 이 접근법에 어떤 문제가 있을까요? 제약회사로부터 급여를 받는 통계학자가 엉터리 숫자로 데이터를 왜곡할 수 있습니다. 철저하게 이해관계에 기반하고 있습니다.

하지만 죽은 사람은 거짓말을 하지 않습니다. 제가 주목한 연구의 주인공은 1950~1960년대에 처방 약물로 발작을 통제하지 못해 케톤식을 처방받았던 아이들이었습니다. 이 아이들은 10대 초반에 심각한 발작 장애를 앓았고, 의사들은 약물로 발작을 조절하는 데 실패했습니다. 결국 담당의는 마지막 해결책으로 케톤식을 실행했습니다. 아이들은 입원 상태에서 이 식단을 진행했고, 가족들도 동일한 식단을 유지하도록 교육받았습니다.

뇌 병리학자들은 60년 후 케톤식을 시행했던 아이 환자들의 시신을 연구 대상으로 삼았습니다. 부검 결과, 몇 가지 놀라운 점을 발견하였습니다. 그들의 뇌는 병리학자가 지금껏 본 것 중 가장 건강한 뇌였습니다. 믿을 수 없는 결과라고요? 그들은 뇌가 망가진 발작 환자였다고요? 맞습니다. 그들은 약물 치료에 실패했고, 하루에도 수십 번씩 발작을 일으켰던 환자였습니다. 그들은 발작을 통제하기 위한 최후의 수단으로 케톤식을 시작했습니다.

일반적으로 발작 환자의 뇌는 부검 시 상태가 매우 나쁘기로 악명이 높습니다. 발작 환자의 뇌는 건강한 사람의 뇌와는 노화의 속도가 다릅니다. 더 빠르게 쇠퇴하는 경향이 있습니다. 우리의 뇌 신경세포는 '미엘린'myelin이라는 절연체가 감싸고 있습니다. 미엘린은 뇌신경의 전기 신호가 누수되는 것을 방지하고 신호 전달 속도를 수십 배 증폭하는 역할을 합니다. 전기의 누전을 막기 위한 '전선 피복'이라고 생각하시면 됩니다. 발작 환자는 이 전선 피복이 일반인보다 더 얇습니다. 발작 환자의 뇌를 스캔해 보면 약물 중독 환자의 뇌와 매우 유사한 형태임을 알 수 있습니다.

그런데 말입니다. 케톤식을 시행한 아이들의 뇌는 깨끗했습니다. 뇌 플라크라 불리는 '신경섬유 엉킴'Neurofibrillary Tangles은 부검 시 뇌에서 발견되는 질병 지표 중 하나입니다. 알츠하이머 환자의 뇌세포 사진과 영상을 본 적이 있다면 신경섬유 엉킴이 무엇인지 아실 겁니다. 이 현상은 뇌에 '찌꺼기'가 쌓인 상태입니다. 쉽게 말해서 뇌에 '녹이 슬었다'라고 생각하시면 됩니다. 발작으로 고통받는 뇌를 부검하면 이러한 엉킴이 매우 많이 발견됩니다.

그런데 케톤식을 수행한 아이들의 뇌는 왜 좋았을까요? 발작을 일으킨 뇌에 어떻게 신경섬유 엉킴이 없었을까요? 저는 케토시스에 대해 강력한 호기심이 생겼습니다. 공부하면 할수록 놀라움은 경이로움으로 바뀌었습니다. 그 이유는 부검 환자들 중 아무도 암이 없었다는 사실을 알게 되었기 때문입니다. 이건 정말 충격 자체였습니다. 저는 누구나 노화가 진행되면 암에 걸린다고 믿어왔기 때문입니다.

우리 몸에는 암이 잠재되어 있습니다. 진짜 문제는 우리가 암과 얼마나 잘 싸울 수 있는 면역력이 있느냐는 것입니다. 누군가 노인을 부검해서 암이 전혀 없다고 말한다면 그 말을 믿지 않을 것입니다. 다시 한번 자세히 살펴보라고 말했을 것입니다. 부검할 때 암이 전혀 없는 시체는 상상할 수조차 없습니다. 누구나 조금은 암이 존재하기 때문입니다.

　　1920년대, '오토 와버그'Otto H. Warburg 박사는 암세포가 포도
당은 반드시 필요로 하지만, 산소가 없어도 생존할 수 있다는 사실
을 발견했습니다. 이상하죠? 암세포는 산소를 싫어하지만, 포도당
은 절대적으로 좋아합니다. 더욱 중요한 것은 암세포는 케톤을 연
료로 사용할 능력이 없다는 점입니다. 이 놀라운 연구 결과를 접하
면서 제 머릿속은 오직 한 단어가 빛나고 있었습니다.

　　'케토시스, 암을 이기는 필살기!'

　　저는 20년 동안 개인 병원을 운영하면서 공부를 위해서 진료를
취소한 적은 단 한 번도 없었습니다. 공부는 항상 개인 클리닉을 운
영한 뒤 남는 시간에 했죠. 하지만 케토시스를 더 깊이 이해하기
위해, 환자 진료 시간을 단축하는 제 모습을 발견했습니다. 단순히
'케토시스가 도대체 뭐야?'라는 생각으로 하루하루를 보내기에는,
이 발견이 너무도 충격적이었기 때문입니다.

케토시스는 내 몸 최고의 의사다

이 책의 저자는 절망에 빠져 있을 때 한 줄기 빛과 같은 운명적인 기회를 만납니다. 그녀는 '돔 다고스티노'Dominic D'Agostino 교수가 출연한 팟캐스트 방송을 우연히 듣게 됩니다. 그리고 완전히 다른 세계로 입문하게 됩니다.

돔 다고스티노

당시 돔 박사는 티모시 페리스가 진행하는 〈팀 페리스 쇼〉에 출연했고 '케토시스의 암 치유 효과'에 대해서 대담을 나눕니다. '티모시 페리스'Timothy Ferriss는 미국에서 영향력 있는 작가이자 인플루언서입니다. 한국에서는 〈타이탄의 도구들〉Tools of Titans의 저자로 잘 알려져 있습니다. 티모시 페리스와 돔 박사가 3시간 동안 대담을 나눈 방송 중에서 인상적인 내용 일부를 소개해 드리겠습니다. 더 궁금한 사항은 QR코드를 스캔해서 보시기 바랍니다.

돔 박사는 남 플로리다 대학교 의과대학의 분자약리학 및 생리학과 종신 조교수이며, 케토시스와 피트니스 전문가이기도 합니다.

그는 단식의 긍정적 효과를 증명하기 위해 직접 일주일 동안 단식 후 227kg 데드리프트를 10회 진행한 실천가이기도 합니다. 그는 케토시스가 암을 비롯한 신경퇴행성 질환에 대한 치유 효과에 대해 지속적으로 탐구하고 있습니다. 돔 박사는 비만과 만성 질환으로 고통받고 있는 사람들에게 우선적으로 치료를 위해 '단식'Fasting을 제안합니다.

"우리가 먹는 것을 멈추면 몸은 간에 '저장된 포도당'글리코겐을 사용합니다. 포도당이 부족해지면 인슐린 수치가 떨어지고, 우리의 몸은 에너지를 위해 '지방'케톤을 사용하기 시작합니다."

그는 임상적으로 혈중 케톤 수치가 0.5mmol/L 이상인 상태를 '영양적 케토시스' 상태로 정의합니다. 그는 '케톤'BHB은 단순한 몸의 연료가 아니라, 세포 간 특정 신호를 전달하는 신호수의 역할을 한다고 강조합니다. 우리 몸에서 신호수의 업무를 하는 것이 바로 '호르몬과 신경전달물질'입니다. 케톤이 이러한 역할을 한다는 것입니다.

또한 케톤은 항암 치료에 쓰이는 'HDAC'히스톤 탈아세틸화 효소 억제제로 몸에서 작용합니다. HDAC 억제제는 암세포의 성장 억제와 사멸을 유도합니다. 현재 제약회사들도 이 원리를 이용해 암 치료제로 활발히 개발하고 있습니다.

더 나아가, 그는 케톤이 만성 질환과 연결된 '특정 염증 경로'

NLRP3를 억제할 수 있다는 연구를 공동으로 발표했습니다. 연구에서는 케톤의 항염증 효과가 대사 작용에서 독특한 치료 잠재력이 있다고 강조합니다. 케톤은 체내 항산화 방어 체계를 강화하는 유전자를 활성화한다는 것입니다. 이 책의 저자가 계속해서 강조하는 '케톤의 염증 치료 효과'와 맥락을 같이 하고 있습니다.

돔 박사는 방송에서 케톤식에 대한 가장 큰 오해가 '운동 능력을 떨어뜨린다'라는 지적이라고 강조합니다. 케톤식이 근육과 힘을 키우기에 최적이 아니라는 비판입니다. 이에 대해 그는 고도로 훈련된 근력 운동 선수들을 대상으로 연구를 진행했습니다. 실험 대상자들은 2주간의 케톤식(지방 75~80%, 하루 탄수화물 20g)을 수행했습니다. 이 연구에서 돔 박사는 '근력과 운동 능력이 오히려 증가했다!'고 강조합니다. 어떻게 높은 인슐린 분비 없이 가능했던 걸까요? 연구에서는 그 이유를 다음과 같이 말하고 있습니다.

첫째, 케톤은 '근육 분해 방지 효과'Anti-Catabolic Effect가 있었습니다. 몸에 케톤이 풍부해지면 포도당을 추가로 만들기 위해 근육 조직을 분해할 가능성이 줄어듭니다. 둘째, 케토시스 상태는 '인슐린 감수성'Insulin Sensitivity을 높입니다. 인슐린 감수성을 높이는 방법은 운동, 간헐적 단식 그리고 케톤식이었습니다. 마지막으로 그는 근력과 운동능력 향상을 원하는 사람들은 지방을 80~90%까지 높이는 식단보다는 '앳킨스 다이어트'Atkins Diet와 같이 단백질 함유량을 일정 부분 높일 것을 권유하고 있습니다. 아무래도 근육 성장을 위한 단백질 공급의 필요성 때문으로 판단됩니다.

돔 박사는 암 환자가 항암 화학 요법 전후 '단식'을 강력히 지지하고 있습니다. '단식 상태에서 화학 요법을 받으면 약물의 파괴적인 효과에 대해 종양을 민감하게 만들면서 건강한 세포는 독성 부작용으로부터 보호할 수 있습니다.' 항암 화학 요법 전에 단식하는 환자들에게서 드라마틱하게 부작용이 줄어든 사례를 말하고 있습니다. 그래서 암 환자의 경우, 1일 1식 간헐적 단식(23:1)을 권유합니다. 이 방법은 케토시스를 심화시키고 암세포에 스트레스를 가하기 때문입니다.

돔 박사는 케토시스가 단순한 체중 감량 식이 요법을 넘어서 우리 시대를 위협하는 질병, 즉 암, 당뇨병, 우울증 그리고 치매를 치료하는 최고의 치유자라고 주장합니다. 또한 케토시스는 질병 치유를 넘어서 인간의 수행 능력과 회복 탄력성을 향상시킨다고 강조하고 있습니다. 케토시스는 내 몸 최고의 의사입니다.

※ [편집자 코멘트]는 저자의 의학 연구와 임상 경험에 대해, 독자의 이해를 높이기 위한 에디터의 개인적인 의견임을 밝힙니다. 절대 의학적 조언을 대신할 수 없습니다. 암 등 질병의 진단·치료는 반드시 전문의의 진료와 조언을 받으시기 바랍니다.

<암세포와 정상세포의 차이>

	정상세포	암세포
모양	규칙적	불규칙
핵	작음	큼
	세포에 비례	정해져 있지 않음
세포 성장	체계적이고 예측 가능	통제되지 않음
	지시를 받고 세포가 분열	허가 없이 세포 분열
소통	다른 세포와 균형있게 소통	다른 세포와 소통하지 않음
면역	면역 체계가 보호함	면역 체계에서 벗어남
혈관	필요할 때만 혈관을 생성함	빠른 성장을 위해 끊임없이 새로운 혈관을 계속해서 생성
산소	산소를 좋아함	산소를 싫어함
높은 산소	수리 및 성장을 촉진	암세포를 죽이거나 손상시킴
포도당	세포에서 사용	포도당을 심하게 갈망
	운반체를 통해 세포로 들어감	세포막을 통과하여 세포에 들어감
에너지 효율성	매우 효율적	폐기물 에너지 저효율
세포 산/염기	알칼리성-더 높은 pH	산성-낮은 pH
선호 연료	케톤과 포도당 동시 사용	오직 포도당만 사용
미토콘드리아	탄수화물이 제한되면 케톤 에너지를 사용	탄수화물이 제한되면 연료 고갈에 직면

*출처 : Simone BA, Champ CE, et al. 〈Selectively starving cells through dietary manipulation; Methods and clinical implications〉 Fut. Oncol. 2013

2부

식단 혁명 1주차

7장
주방에서 시작된 자기 혁명

항암 전문의는 높아진 암세포 수치를 떨어뜨리기 위해 엄마에게 다시 항암 치료를 권유했습니다. 엄마는 더 이상 항암 치료를 받고 싶어 하지 않았습니다. 저는 엄마와 잠시 시선을 맞춘 후, 담당 의사에게 말했습니다.

"우리에겐 시간이 필요합니다. 6주 후에 다시 뵙겠습니다."

엄마와 저에게는 6주의 시간이 주어졌습니다. '행동하거나, 죽거나'라는 문구가 머릿속을 스쳐 지나갔습니다. '우리가 할 수 있을까?'라고 계속해서 자신에게 질문을 던졌습니다. 담당의를 포함해서 누구에게도 제 비밀 프로젝트를 말하지 않았습니다. 굳이 담당의와 케토시스에 대해 불필요한 논쟁을 하고 싶지 않았고, 주변 사람들에게 이해를 구하기 위해 설득하고 싶지 않았습니다. 엄마에게는 많은 시간이 남아 있지 않았기 때문이었죠.

우리는 쓰레기 봉투를 채우는 것부터 시작했습니다. 케토시스를 방해하는 장애물부터 제거해야 했습니다. 인간의 의지는 그렇게 강인하지 않으니까요. 알코올 중독자가 금주를 위해 술을 쓰레기통에 버리듯이, 주방을 가득 채운 불순한 음식과 결별해야 했습니다. 엄마의 식료품 저장실은 다른 농부 부인들처럼, 장기간 기근에도 살아남을 만큼 정제 탄수화물로 가득 차 있었습니다. 주방 선반의 바닥부터 천장까지 케토시스를 방해하는 음식들로 빼곡했습니다.

우리는 먼저 밀가루, 쌀가루, 옥수수가루, 오트밀, 완두콩, 녹두, 검은콩, 과일 통조림으로 쓰레기 봉투를 재빨리 채웠습니다. 비스킷, 크래커, 흑설탕, 백설탕 그리고 농장에서 직접 딴 꿀도 버렸습니다. 케첩, 마요네즈, 바비큐 소스, 땅콩버터, 저지방 우유도 냉장고에서 쓸어냈습니다. 달콤한 샐러드 드레싱, 크림, 저지방 치즈 같은 '저지방' 꼬리표를 달고 있는 식품들도 전부 처리했습니다. 다음으로 초콜릿 칩, 연유, 옥수수 전분 같은 베이킹 재료도 모조리 제거했습니다.

작업을 마치고 보니, 지역 자선단체에 줄 통조림 3박스와 커다란 쓰레기봉투 4개가 채워졌습니다. 식료품 저장실과 보관 선반은 꽉 찬 공간에서 텅 빈 공간으로 변해버렸습니다.

생존한 음식은 무엇일까요? 소고기 육수, 피칸, 마카다미아 너트, 피클, 코코넛오일, 정어리 통조림, 올리브 샐러드로 텅 빈 선반을 다시 채웠습니다. 엄마는 휘핑크림 한 통과 달걀 5판, 사워크림, 크림치즈, 버터를 샀습니다. 농장으로 돌아가는 길에 약국에서 케톤 소변 스트립도 구매했습니다. 엄마가 케토시스의 마법을 경험하기 위해서는 익숙한 습관과 철저하게 이별해야 했습니다. 70년 넘게 이어져 오던 식습관을 뒤엎어야 하는 것이었죠. 어쩌면 이 프로젝트는 자기 혁명과 같았습니다.

저는 엄마에게 조력자가 없으면 실패할 것임을 잘 알고 있었습니다. 그래서 정어리 캔을 좋아하는 멋진 남성 조력자를 케토시스 프로젝트에 동참시켰습니다. 바로 '아빠'였습니다. 그는 사랑하는 아내를 위해 탄수화물과의 이별 여행에 기꺼이 동참하기로 했습니다. 당신이 케톤식을 시작한다면 배우자를 비롯한 가족의 지지를 부탁하세요. 커다란 힘이 됩니다.

엄마, 아빠는 지켜야 할 핏빛처럼 선명한 목표가 있었습니다.

'하루 탄수화물 20그램!'

이 수치는 케톤식의 선구자인 '로버트 앳킨스'Robert C. Atkins 박사가 자신의 책 〈앳킨스 다이어트 혁명〉The Dr. Atkins' New Diet Revolution에서 처음으로 주창한 방법입니다. 그는 하루 탄수화물 20g을 유지했을 때, 가장 빠른 시간에 케토시스 상태에 돌입할 수 있다고 강조했습니다. 저는 엄마의 케토시스 진입을 체크하기 위해, 매일 아침 케톤 스트립에 소변을 보게 하고 색깔의 변화를 체크하기로 했습니다.

일주일이 지난 주말 아침, 엄마는 저에게 전화를 걸어 어린아이 같은 활기찬 목소리로 말했습니다.

"케톤 소변 스트립의 색깔이 분홍색으로 변했어!"

엄마와 아빠 모두, 일주일 만에 케토시스 임계점을 넘어선 것입니다. 케톤 스트립의 양성 반응 지표는 두 분 모두에게 흥분과 용기를 선물했습니다. 우리 가족은 초기 성공에 고무되었습니다.

8장
당신의 연료 선택이 중요하다

오늘 첫 식사로 무엇을 드셨나요? 처음 식사를 몇 시에 하셨든, 그 첫 식사는 밤새 지속된 금식을 깨트립니다. 이제 식사의 항목을 이 세 가지 카테고리로 분류해 보세요.

① 탄수화물 ② 단백질 ③ 지방

우리의 유일한 선택지입니다. 아침 식사로 계란 2개와 버터를 바른 토스트를 먹었다면 3가지 영양소를 모두 섭취한 것입니다.

· 달걀 = 단백질과 지방

· 버터 = 지방

· 토스트 = 탄수화물

어떤 음식을 먹을 때는 이 3가지 영양소를 떠올리며 자신의 식사가 어떤 범주에 속하는지 확인하세요. 예를 들어, 우유와 함께 오트밀 한 그릇을 먹었다면 다량의 탄수화물과 약간의 단백질과 지방을 섭취한 것입니다. 물론 음식은 이 3가지 거대 영양소뿐만 아니라 비타민, 미네랄과 같은 미세 영양소가 있습니다. 저는 3가지 거대 영양소를 '캠프파이어'와 연관지어 설명해 드리겠습니다.

탄수화물 – 빠르고 짧게

당신은 모닥불을 피우기 위해 가장 먼저 솔잎과 나뭇잎을 한 더미 모을 것입니다. 솔잎과 나뭇잎은 쉽게 불이 붙는다는 것을 이미 알고 있기 때문입니다. 마른 솔잎과 나뭇잎으로 인해 금방 불길이 솟구칩니다. 이 과정은 너무 빨리 진행되기 때문에 재가 공중으로 날아가기도 합니다. 빠르게 솟아오른 불길은 오래가지 못합니다. 연료가 금방 소진되니까요.

마른 솔잎과 나뭇잎이 바로 '탄수화물'과 같습니다. 이 과정은 탄수화물이 우리 몸에 연료를 공급하는 방식과 동일합니다. 탄수화물은 큰 어려움 없이 빠르게 소모됩니다. 에너지는 강렬하게 연소되지만 오래 지속되지는 않습니다. 우리는 이것을 '혈당 러쉬'blood sugar rush라고 부릅니다. 혈당이 단시간에 급격히 치솟는 현상을 말합니다. 우리가 탄수화물을 과도하게 섭취하면 몸은 하루에도 수차례 혈당 롤러코스터를 경험하게 됩니다.

12시간 동안 음식이나 음료를 섭취하지 않은 후, 내일 아침 오렌지 주스 한 컵을 마셔보세요. 혈당이 치솟을 것입니다. 가공된 주스 한 컵은 설탕물 한 컵을 마시는 것과 같습니다. 혈당이 최고조에 달하면 기운이 생기는 것을 느낄 수 있습니다. 이 빠른 연료에 대한 부작용은 연료가 모두 소모되면 저혈당 증상을 경험한다는 것입니다. 졸음이 오고, 피곤해지고, 몸이 늘어지게 됩니다.

지방 - 느리고 길게

지방은 단단한 통나무로 불을 지피는 것과 같습니다. 불이 붙기까지는 시간이 필요하지만, 한번 불이 붙기 시작하면 오랜 시간 지속됩니다. 지방은 통나무 방식으로 우리 몸에 연료를 공급합니다. 당신은 집을 따뜻하게 하기 위해 벽난로에 처음부터 두꺼운 통나무로 불을 피워본 적이 있나요? 그렇다면 당신은 밤새 추위와 싸웠을 것입니다. 처음부터 통나무로 불을 붙이는 것은 불가능하기 때문입니다.

통나무가 타기 위해서는 화덕에 적절한 환경이 조성되어야 합니다. 마른 솔잎과 나뭇잎 그리고 나뭇가지와 같은 불쏘시개가 필요합니다. 그래야 단단한 통나무에 불을 붙일 수 있습니다. 일단 통나무가 타기 시작하면 밤새 열과 빛, 에너지를 안정적으로 공급받을 수 있습니다. 이것이 바로 지방이 우리 몸 안에서 작용하는 방식입니다.

지방은 통나무처럼 쉽게 불이 붙지 않는 까다로운 존재일 수 있습니다. 하지만 몸이 지방을 연료로 연소하기 시작하면 오랫동안 지속적인 에너지를 얻을 수 있습니다. 통나무 하나에서 시작된 열은 주위 통나무로 퍼져 더 많은 연료를 방출할 수 있습니다. 장작을 태우는 것과 마찬가지로 몸의 에너지 공급원은 안정적이고 풍부해집니다.

단백질 – 중간 및 보통

단백질은 모닥불에서 나뭇가지의 역할을 합니다. 나뭇가지는 통나무가 탈 수 있도록 충분한 불꽃을 만들어냅니다. 나뭇가지는 연료로서 솔잎과 나뭇잎보다 오래 지속되지만, 통나무가 없다면 모닥불의 수명은 오래가지 못할 것입니다. 즉, 지방 없이 단백질만 연소하면 에너지는 고갈되고 맙니다.

'솔잎'탄수화물과 '나뭇가지'단백질는 쉽게 연소되지만 오래 지속되지는 않습니다. 특히 탄수화물은 더 빨리 소모되고 붕괴됩니다.

3가지 영양소의 대사 과정을 모닥불에 비유해서 설명드렸습니다. 이런 에너지 생산 과정은 케톤식과 어떤 관련이 있을까요? 우리가 지방을 섭취하게 되면 지방은 세포의 용광로로 들어갑니다. 이 세포 용광로를 '미토콘드리아'mitochondria라고 합니다. 미토콘드리아는 지방을 공급받으면 케톤 에너지를 생산합니다. 케톤은 혈액을 통해서 몸 전체 세포에 안정적이며 강하고 믿을 수 있는 에너지를 공급합니다. 단, 케톤은 체내에 축적된 탄수화물이 모두 소진되었을 때 비로소 생성할 수 있습니다.

당신이 탄수화물을 섭취하면 포도당은 혈류 여행을 시작하고 세포 속 미토콘드리아 용광로 안으로 빨려 들어갑니다. 이 포도당 분자들은 미토콘드리아 용광로 앞에 줄지어 서서 빠르게 연소됩니다. 포도당은 솔잎과 나뭇잎처럼 빠르게 에너지를 공급합니다. 세포의 용광로는 포도당을 사용할 때 뜨겁고 가열차게 연소합니다. 포도당 에너지는 신체가 생성할 수 있는 최고의 열 수준에 급격히 도달했다가 포도당이 부족해지면 급격히 멈춥니다. 급격히 혈당이 올랐다가 급격히 떨어지는 현상을 '혈당 스파이크'blood sugar spike라고 합니다. 이 스파이크의 횟수가 많을수록 우리 몸은 쉽게 피곤해지고 지치게 됩니다. 하지만 지방은 혈당 스파이크를 만들지 않습니다. 지방은 혈당을 거의 올리지 않기 때문입니다. 모닥불의 통나무처럼 오랜 시간 에너지를 공급할 수 있습니다.

9장
케톤, 내 몸이 선택한 최고의 에너지

'당'이 과도하면 케토시스가 시작될 수 없다

'솔잎과 나뭇잎'포도당이 모두 연소될 때까지 에너지 용광로 미토콘드리아에서는 케톤 에너지가 생산되지 않습니다. 체내에 당분이 많은 경우, 지방 연소 장치는 가동되지 않습니다. 다시 한번 말씀드리겠습니다. 탄수화물 연료는 항상 지방 연료보다 먼저 사용됩니다. 이 규칙을 피할 수는 없습니다. 예외가 없습니다.

우리 몸은 왜 탄수화물을 가장 먼저 사용할까요? 언뜻 보면 불이 금방 붙는 솔잎과 나뭇잎을 먼저 에너지로 사용하는 것이 당연한 것처럼 보입니다. 하지만 혈액에 포도당이 너무 많으면 혈관이 손상되기 시작합니다. 몸이 망가지는 것입니다. 혈당이 높아지면 우리 몸은 어떤 대가를 치르더라도 당 독성으로부터 몸을 보호하려고 합니다.

도대체 과도한 '당'sugar은 어떻게 독성으로 작용할까요? 혈액 속에 당이 많아지면, 즉 고혈당 상태가 되면 혈액의 농도가 높아집니다. 혈액 속에 당 농도가 높아지면 '삼투압'Osmosis 현상이 발

생합니다. '삼투'는 농도가 높은 용액(혈액)이 농도가 낮은 용액
(세포액)으로부터 물을 끌어당기는 현상을 말합니다. 하나의 당 분
자는 4~5개의 물 분자를 끌어당깁니다. 이를 "당의 수화"水化, Hy-
dration라고 합니다.

결국 정상세포는 탈수 상태, 즉 물 부족 사태에 직면하게 됩니다.
이러한 물 부족 상태가 지속되면 당연히 세포에 가해지는 스트레스
가 만성화됩니다. 스트레스의 누적이 독성 염증 상태를 만드는 것
입니다. 그래서 혈당이 점점 높아지면 염증 수치도 동시에 높아집
니다. 과다한 당을 줄이지 않으면 몸의 모든 부위가 염증으로 부풀
어 오르게 됩니다. 최악의 결과는 만성 염증으로 인해 혼수상태에
빠지고 사망에 이르게 되는 것입니다.

인슐린이 높으면 케토시스는 시작될 수 없다

혈당이 급상승하면 우리 몸은 요란 경고음과 함께 화학 신호를
보냅니다. 이 화학적 경보 신호를 '인슐린'Insulin 호르몬이라고 합
니다. 인슐린은 우리 몸이 독성 당 수치와 그에 따른 부종으로부터
몸을 보호하기 위한 호르몬입니다. 인슐린은 우리 몸에서 가장 중요
한 호르몬입니다. 인슐린보다 더 큰 목소리를 내는 호르몬은 없습니
다. 인슐린은 혈액 속을 순환하는 당을 세포 속으로 밀어 넣습니다.
인슐린은 당 수치가 '정상'으로 돌아올 때까지 활동을 계속합니다.

미토콘드리아가 탄수화물 연소에서 지방 연소로 전환하여 에너지를 얻기까지 얼마나 걸릴까요? 다시 말해, 인슐린이 다시 잠잠해지기까지 얼마나 걸릴까요? 대부분의 사람은 췌장이 인슐린 밸브를 잠그는 데 보통 2~3일이 걸립니다. 이미 몸에는 '탄수화물 저장 창고'글리코젠가 가득 차 있기 때문입니다. 당신이 케톤 구조대를 부르기 위해서는 당과 인슐린 수치가 정상으로 돌아와야 합니다.

현재 미국 표준 식단은 혈액에 상당한 인슐린이 넘쳐나게 하고 있습니다. 미토콘드리아가 탄수화물 연소에서 지방 연소로 전환하기 전에 먼저 혈중 인슐린의 양을 줄여야 합니다. 즉, 당 섭취를 줄여야 합니다. 다시 강조하지만 탄수화물을 줄이세요. 당신은 저에게 이렇게 말할지도 모릅니다.

"뭐라고요? 내 몸의 지방을 태우기 위해서는 며칠 동안 탄수화물을 먹지 않아야 한다고요? 어떻게 탄수화물 먹지 않을 수 있나요? 저는 배고픔과 굶주림을 참을 수 없어요!"

잠깐만요. 너무 겁먹지 마세요. 우리는 배고픔에 대해 너무 민감해하고 있습니다. 계속 책을 읽어 나가세요.

지방을 태우려면 지방을 먹어야 합니다

탄수화물 섭취를 중단하면 우리 몸은 간에 저장되어 있던 '탄수화물 저장 창고'를 비워냅니다. 창고가 비워지기까지 며칠이 걸릴 수 있습니다. 탄수화물 섭취로 당이 나오든, 저장 창고인 글리코겐에서 나오든, 인슐린 호르몬이 작동되면 케토시스는 멈춥니다. 인슐린은 당분이 충분히 낮아질 때까지 케톤 생성을 차단합니다. 탄수화물과 인슐린이 모두 안정될 때까지 기다려야 합니다.

인슐린과 당의 굴레에서 벗어나고 싶습니까? 그렇다면 탄수화물을 섭취하지 말고, 지방을 섭취하세요. 인슐린에 경고 신호를 보내지 않는 유일한 음식은 바로 '지방'입니다. 당 수치가 충분히 낮아지면 인슐린 분비가 중단됩니다. 인슐린과 당 수치가 모두 낮아지면 세포의 에너지 용광로 미토콘드리아는 탄수화물 연소에서 지방 연소로 스위치를 전환합니다. 이때 체내에서 케톤이 조금씩 생성되는 것을 발견할 수 있습니다. 케톤은 통나무와 같이 지속적이고, 안정적인 청정의 에너지를 제공합니다.

케톤을 측정하세요

당신의 에너지 용광로의 연료 전환 시기를 어떻게 알 수 있을까요? 측정하면 됩니다. 제가 가장 좋아하는 부분입니다. 내 몸이 어떤 연료를 사용하고 있는지 추측하지 말고 눈으로 직접 확인하세요. 몸이 지방을 케톤으로 전환하면 당신의 소변과 혈액을 통해 알 수 있습니다. 혈중 케톤을 확인하거나 케톤 소변 스트립을 통해 확인할 수 있습니다. 동네 약국이나 온라인에서 손쉽게 구입할 수 있습니다. 케톤 소변 스트립보다 혈중 케톤 측정기가 더 정확한 수치를 제공합니다. 단, 비용이 더 비싸고 측정 과정에 약간의 수고가 필요합니다.

다시 정리해 보겠습니다. 미토콘드리아는 몸 전체에서 에너지를 생산합니다. 당신은 어떤 음식을 먹느냐에 따라 어떤 에너지를 생산할지, 사용할지 선택할 수 있습니다. 탄수화물을 섭취하면 혈류에 포도당이 넘쳐나게 되고, 인슐린은 이러한 당을 혈액에서 세포에 밀어 넣습니다. 세포 속 미토콘드리아는 이 탄수화물을 빠르게 처리하여 에너지를 생성합니다. 마른 솔잎과 나뭇잎처럼 짧은 시간 내에 혈당이 치솟다가 금방 내려갑니다.

이러한 반복되는 불꽃은 당신의 몸에 득보다 실이 더 많습니다. 이제 탄수화물 대신 지방으로 몸에 연료를 공급하세요. 당신의 몸은 며칠 내에 탄수화물 시스템에서 지방 시스템으로 전환할 것입니다. 지방을 태우는 몸이 되는 것입니다.

도대체 '암'cancer이란 무엇인가?

암癌, 단 한 글자만으로도 죽음의 향기가 느껴집니다. 암 진단을 받게 되면 무릇 저승사자의 부름을 받은 것처럼 공포가 엄습해 옵니다. 최근 의료기술의 발달로 암 생존율이 높아졌다고 합니다. 여기에는 단서가 있습니다. '초기'에 발견했을 때 해당합니다. 지금도 말기 암은 과거와 마찬가지로 생존율이 높지 않습니다. 1900년대에는 8,000명 중에 1명이 암에 걸렸지만, 이제는 평생 2~3명 중에 1명이 암에 걸릴 정도로 흔한 만성 질환이 되어버렸습니다.

그렇다면 도대체 '암의 정체'는 무엇일까요? 암에 대해서 잘 알고 계십니까? 두려움은 '잘 모를 때'無知 생깁니다. 지금부터 암이 무엇인지 함께 알아보겠습니다. 모든 세포는 생성과 사멸을 반복합니다. 대부분의 세포는 자신의 역할을 다한 후, 한 달 이내에 수명을 다합니다. 보통 적혈구는 3개월 이내에 소멸합니다. 그리고 새로운 세포가 생성되어, 죽은 세포의 임무를 수행합니다. 이 끊임없는 순환 과정 속에서 우리는 생명을 유지합니다.

그런데 암이라는 녀석은 이 자연스러운 흐름에 순응하지 않습니다. 죽기를 거부합니다. 불멸을 꿈꾸는 것입니다. 죽지 않기에 지속적으로 세포의 무한 증식을 합니다. 1개의 암세포가 30번 세포 분열하면 10억 개, 지름 1cm, 무게 1g이 됩니다. 다시 40번 세포 분열하면 1조 개, 무게 1kg의 암세포 덩어리가 됩니다. 이 상태가 되면, 인간은 더 이상 생명을 유지할 수 없습니다. 암은 외부에서 침입한 병균이 아닙니다. 내 몸속에서 정상적인 활동을 하던 세포가 변이된 것입니다. 정상세포는 자율신경계의 통제를 받지만, 암은 누구의 통제도 받지 않습니다. 세포가 미쳐버린 것입니다. 암은 우리 몸의 사회적 부적응자이며, 소외된 부랑아입니다.

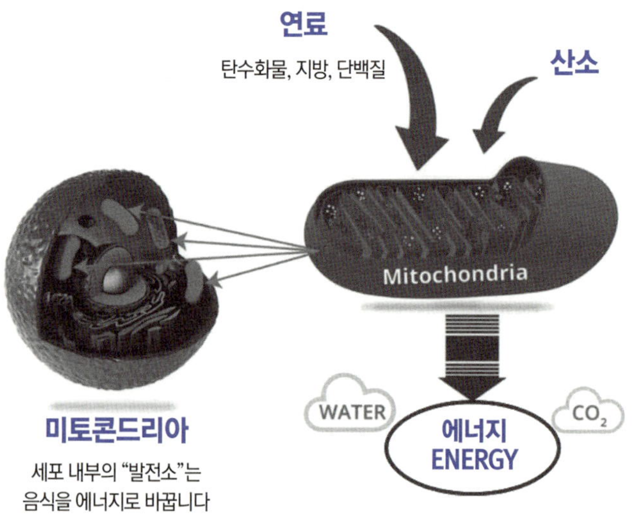

미토콘드리아 에너지 생성 과정

암과 연관된 연구 논문을 보겠습니다. 〈대사 치료: 악성 뇌암 관리를 위한 새로운 패러다임〉Metabolic therapy: A new paradigm for managing malignant brain cancer입니다. 이 논문의 주저자는 '토마스 사이프리드'Thomas N. Seyfried입니다. 〈암은 대사질환이다〉Cancer as a Metabolic Disease를 집필한 저자이기도 합니다. 참고로 이 책을 집필한 아네트 보스워스는 사이프리드 박사의 연구를 통해 커다란 통찰을 얻었습니다.

이 논문은 '교모세포종'Glioblastoma Multiforme: GBM에 대한 연구입니다. 교모세포종은 악성 뇌종양입니다. 모든 현대 의학을 동원해도, 환자의 생존 기간은 고작 12~18개월에 불과하며 12%만이 36개월 이상 생존합니다. 의학계에선 이 암을 치료하기 위해 50년 이상 동안 밤낮으로 노력했지만 큰 진전이 없었습니다. 이 논문은 암의 원인과 해결책을 '암세포의 에너지 대사'라는 완전히 새로운 관점을 제시했기에 주목할 만합니다.

1920년 '오토 와버그' 박사는 암과 관련된 놀라운 발견을 하였습니다. '정상세포'는 에너지를 만들 때, 세포 내의 '에너지 발전소'인 미토콘드리아를 이용합니다. 산소를 사용해 포도당을 완전히 '연소'시키며 많은 에너지ATP를 효율적으로 생산합니다.

반면에 '암세포'는 산소가 충분히 존재해도 미토콘드리아를 거의 사용하지 않습니다. 대신 포도당을 발효시켜 효율이 매우 낮은 방식으로 에너지를 얻습니다. 이 과정에서 '노폐물'젖산이 많이 생성됩니다. 이러한 현상을 '와버그 효과'Warburg Effect라고 합니다. 쉽게 말씀드리면 암은 포도당을 지독하게 편식하는 '포도당 중독자'입니다. '비효율적인 에너지 생산 방식'해당과정: glycolysis을 고집합니다.

여기서 의문이 듭니다. 암세포는 왜 효율적인 발전소 '미토콘드리아'를 활용하지 않을까요? 왜 '비효율적인 방식'을 고집하는 걸까요? 그 이유는 암세포의 미토콘드리아가 망가져 있기 때문입니다. 논문으로 다시 돌아가 보도록 하겠습니다. 다음 사진은 정상세포와 암세포인 교모세포종의 미토콘드리아를 전자현미경으로 찍은 것입니다.

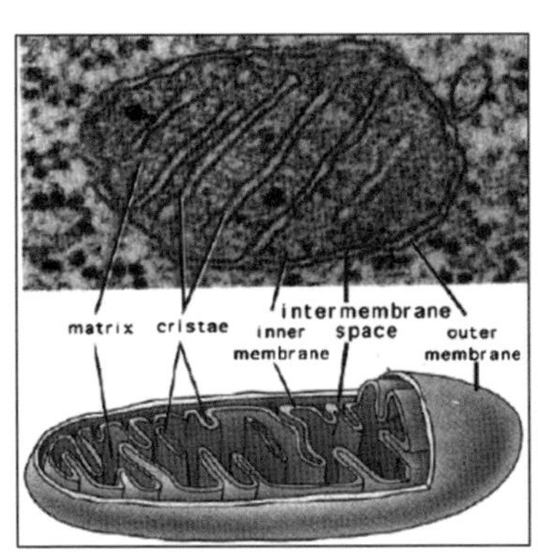

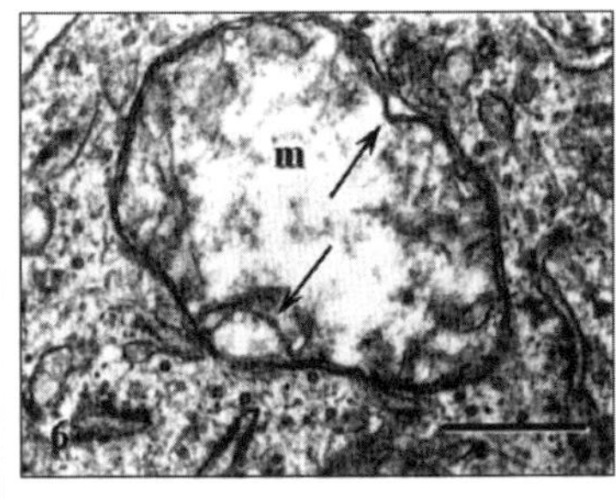

정상세포의 미토콘드리아(왼쪽)는 '주름'cristae이 많고 잘 발달해 있습니다. 이 주름들은 에너지 생산에 필요한 단백질들이 있는 곳으로, 주름이 많을수록 에너지를 효율적으로 만들 수 있습니다.

반면에 교모세포종의 미토콘드리아(오른쪽)는 부풀어 오르고 주름이 대부분 사라진 모습입니다. 마치 빈 주머니처럼 보입니다. 이렇게 망가진 발전소에서는 에너지를 정상적으로 생산할 수 없습니다. 이 차이가 모든 암세포의 공통된 약점입니다.

현대 의학은 암에 대해 ① 수술, ② 방사선, ③ 항암제라는 3대 표준 치료를 적용하고 있습니다. 상기 논문에서는 충격적인 주장을 합니다. 현재의 표준 치료법(수술, 방사선, 항암제, 스테로이드)이 오히려 암세포가 좋아하는 환경을 만들어낸다는 것입니다. 방사선과 항암제는 뇌에 염증과 괴사를 유발하고 이 과정에서 '글루타민'glutamine을 생성합니다. 아미노산의 한 종류인 글루타민은 암이 좋아하는 먹이입니다. 또한 '스테로이드'dexamethasone는 뇌의 부기를 줄이지만 동시에 혈당을 올리는 부작용이 있습니다. 즉, 표준 치료는 암세포가 가장 좋아하는 먹이인 '혈당'과 '글루타민'이 가득한 환경을 만들어냅니다. 이렇게 되면 암세포들은 풍부한 먹이를 통해 급성장하고, 결국에는 재발의 악순환이 반복되는 것입니다.

토마스 사이프리드 박사는 '케톤식'Ketogenic Diet과 '간헐적 단식'칼로리제한을 적용해서 교모세포종의 치유 효과를 높였습니다. 그는 케톤식을 통해서 '암을 굶기라!'고 조언하고 있습니다.

기억하세요. 암은 '탄수화물 중독자'입니다. 탄수화물을 제한하면 암은 타격을 받을 수밖에 없습니다. 사이프리드 박사는 케톤식의 이점을 다음과 같이 말하고 있습니다.

· 항염증 효과: 염증을 줄여 암 환경을 개선합니다.

· 혈관 생성 억제: 암의 영토 확장, 즉 혈관 생성을 억제합니다.

· 표준 치료 개선: 케톤식은 방사선 치료의 효과를 높입니다.

그는 암을 '유전자 질환'이 아니라 '대사 질환'으로 바라보는 패러다임의 전환을 제시했습니다. 케톤식은 단순한 '식이요법'이 아닙니다. 암의 가장 본질적인 약점을 정확히 파고드는, 과학에 기반한 정교한 공략 방법입니다. 모든 암세포의 공통된 약점인 에너지 대사의 결함을 공격하는 '대사 치료'Metabolic Therapy는 기존 표준 치료법을 보완할 수 있는 새로운 희망입니다.

3부

식단 혁명 2~6주 차

10장
아빠가 고혈압약을 끊다

케톤식을 시작한 후, 엄마와 아빠의 주방에서는 가공식품, 과일, 달콤한 소스와 같은 탄수화물 음식은 자취를 감추고 사라졌습니다. 엄마는 처음 케톤식을 시작한 일주일 동안, 신경질적인 반응을 보였으며 피곤함을 느꼈습니다. 아직 엄마의 몸은 과거의 탄수화물 식단을 그리워하고 있었습니다.

하지만 엄마가 에너지를 회복하는 데는 오래 걸리지 않았습니다. 식단 전환 2주 차부터 서서히 에너지가 급상승하기 시작했습니다. 우리 가족 모두는 놀라움을 감출 수 없었습니다. 과거 엄마는 아침에 고양이처럼, 오후에는 강아지처럼 낮잠을 자는 습관이 있었습니다. 물에 축 처진 스펀지 같은 모습이 사라진 것입니다. 엄마는 다음과 같이 말했습니다.

"평소처럼 누웠지만 잠이 오지 않아!"

엄마의 페이스 메이커 역할을 자처했던 아빠의 결과도 놀라웠습니다. 전혀 기대하지 않았고 관심 대상도 아니었거든요. 그런데 아빠는 케토시스 2주 후, 복용하고 있던 혈압약 2가지를 모두 중단했습니다. 한 달 동안 케토시스 상태를 유지하면서 마법의 치유 효과는 지속되었습니다. 이러한 변화는 일시적인 현상이 아니었습니다. 엄마와 아빠는 어느 때보다 기분이 좋았습니다! 저도 예외가 아니었습니다. 진료실에서 업무에 더 집중할 수 있었고 저녁에 피로감 없이 연구에 매진할 수 있었습니다.

케톤식을 시작하고 6주 동안, 아빠는 4.5kg 가까이 체중을 감량했습니다. 아쉽게도 엄마와 저는 휘핑크림을 너무 많이 먹어서 그런지 체중은 많이 감량되지는 않았어요. 그래서 우리는 커피에 버터를 넣었고 채소 요리를 할 때 버터를 사용했습니다. 버터는 긍정적 효과를 주었습니다. 우리는 기분이 좋아졌습니다. 우리의 케톤 여행은 6주 동안 계속되었습니다.

저는 왜 종양 담당의에게 이 케톤 프로젝트에 대해 말하는 것을 꺼렸을까요? 언뜻 보면 위험한 행동으로 보일 수도 있을 겁니다. 주류 의학의 진영에 있는 대다수의 의사는 케톤 여행을 쉽게 이해하지 못했을 것입니다. 그 마음을 충분히 공감했습니다. 왜냐하면 제가 그 주류 의학을 대표했던 의사였기 때문입니다. 제 환자가 암을 치유하는 방법으로 케토시스를 말했다면, '과거의 나'는 쉽게 동의하지 않았을 겁니다. 의과대학 교과서에서 가르치지 않는 내용이니까요. 대부분의 종양 전문의는 소설 〈크리스마스 캐롤〉의 주인공 '스크루지'처럼 말했을 것입니다.

'어리석은 소리, 허튼 소리! BAH! HUMBUG!'

11장
케톤식에 대한 편견 그리고 오류

케톤식은 오랜 시간 주류 의학과 영양학으로부터 공격을 받아왔습니다. 과거 하버드 대학교 영양학 과장을 맡았던 '프레드릭 스테어'Frederick J. Stare 교수는 "케톤식은 위험하다. 달걀과 같은 동물성 음식을 줄이고, 마가린과 같은 식물성 기름의 섭취를 늘리면 심장병을 예방할 수 있다!"라고 조언했습니다. 완전히 잘못된 주장이며 무지가 잉태한 비극입니다. 케톤식에 대한 대표적인 오류 2가지를 말씀드리겠습니다.

[오류1] 케토시스 vs 케톤산증을 혼동하지 말라

과거의 저를 포함해서 의료 전문가들은 '케톤산증'이라는 단어를 들으면 죽음의 시나리오를 무의식적으로 떠올리곤 합니다. 당신이 케토시스에 대해 실천할 의지가 있다면, 담당의와 불필요한 논쟁을 하지 마세요. 대신 이 책을 보여주세요. 우리는 종종 '케톤'이라는 단어를 듣고는 두려움에 휩싸이곤 합니다. 의료계조차 오랫동안 혼동해 왔으니까요. 케토시스와 케톤산증은 명확히 다릅니다. 이러한 착각은 마치 따뜻한 모닥불과 커다란 화재를 동일한 '불'로 취급하는 것과 같습니다.

· 케톤산증: 통제를 잃은 불

'케톤산증'ketoacidosis은 우리 몸에서 '화재경보기'가 고장 난 상태입니다. 주로 인슐린 호르몬을 전혀 만들지 못하는 제1형 당뇨병 환자에게서 발생합니다. 이들의 췌장은 인슐린 생산이 고장난 상태이기 때문에, 혈액에 넘쳐나는 포도당을 세포라는 집 안으로 들여보내지 못합니다. 갈 곳 잃은 포도당은 길거리를 방황하고, 반면에 몸은 에너지가 고갈을 맞이합니다. 그 위기 상황을 극복하기 위해 지방 저장 창고를 마구 털어댑니다.

결국 간은 이 막대한 지방을 처리하다 통제할 수 없는 수준에서 케톤이라는 불을 과잉 생산합니다. 혈액은 과잉 케톤으로 넘쳐나고 모든 장기를 위협하는 '방화 상태'가 되어버린 거죠. 이것이 '케톤산증'입니다. 통제를 완전히 상실한, 생명을 위협하는 응급 상황입니다. 정상적으로 췌장이 작동할 때는 이런 응급 사태가 발생하지 않습니다.

· 케토시스: 은은한 벽난로 불

'케토시스'ketosis는 모든 것이 완벽하게 조절되는 상태입니다. 마치 추운 겨울날 벽난로에 피운 아늑한 불처럼 말이죠. 탄수화물 섭취를 줄이면 우리 몸의 인슐린 수치는 '정상 범위의 낮은 단계'로 내려갑니다. 이 상태에서는 지방이 타올라도 괜찮다는 안전장치가 걸려있는 상태입니다.

간은 이 신호를 받아 지방을 케톤이라는 깨끗한 연료로 전환합니다. 이 연료는 뇌와 심장, 근육으로 보내져 안정적이고 지속적인 에너지를 공급하죠. 여기서 핵심은 '인슐린이 아예 없는 것이 아니라, 적절히 존재한다'는 점입니다. 이 미량의 인슐린은 케톤이라는 불이 과열되지 않도록 조용히 조절합니다. 또한 우리의 신장은 현명한 관리인처럼, 필요 이상의 케톤은 소변을 통해 밖으로 배출해 안전한 농도를 유지합니다.

케톤산증과 케토시스의 차이는 '통제'에 있습니다. 건강한 사람에게 케토시스는 모든 시스템이 정상적으로 작동하는 가운데 이뤄지는 '자연스러운 생리 현상'입니다.

반면 케톤산증은 시스템이 완전히 마비된 '비정상적인 병리 상태'이죠. 당신이 케톤식을 시작할 때, 몸속에서 타오르는 불은 결코 방화 사고가 아닙니다. 오히려 당신의 에너지 효율을 높여줄 아늑한 벽난로의 불꽃에 더 가깝습니다. 우리 몸은 그 불이 밤새도록 따뜻하게 그리고 안전하게 타오를 수 있도록 이미 완벽한 안전장치를 갖추고 있습니다.

[오류2] 인체는 탄수화물이 있어야 한다?

결론부터 말씀드리면, '아닙니다!' 잠시 중고등학교 시절 생물학 시간으로 돌아가 보도록 하겠습니다. 인간과 같은 포유류는 생명 유지를 위해 다음과 같은 필수 영양소가 필요합니다.

1. 물
2. 거대 영양소 (탄수화물, 단백질, 지방)
3. 미네랄과 비타민

· 아미노산

아미노산은 단백질을 구성하는 기본 성분이며 생존에 매우 중요한 영양소입니다. 아미노산은 세포 조직의 성장과 유지에 관여하며 호르몬, 항체, 효소 등의 구성 성분이기도 합니다. '필수' 아미노산은 발린, 류신, 이소류신, 메티오닌, 트레오닌, 라이신, 페닐알라닌, 트립토판의 8종류가 있는데, 외부에서 음식을 통해 반드시 섭취해야 합니다. 부족할 경우, 우리는 생명을 유지할 수 없습니다.

· 지방산

지방산은 포화 지방, 단불포화 지방, 다불포화 지방의 3가지 천연 유형과 트랜스 지방의 인공 유형이 있습니다. 우리 몸은 섭취하는 음식이나 세포 내부에 저장된 에너지에서 필요한 대부분의 지방을 만듭니다. 하지만 2가지 지방산은 예외입니다. 오메가3 지방산과 오메가6 지방산입니다. 오메가3 지방산은 '알파 리놀렌산' α-linolenic acid, 오메가6 지방산은 '리놀레산'linoleic acid이라고 부르기도 합니다.

두 지방산 모두 생명 유지에 필수적인 지방입니다. 그래서 '필수' 지방산이라고 불립니다. 오메가6가 없으면 우리 몸은 면역 체계를 활성화하는 호르몬을 만들 수 없습니다. 오메가3는 세포 간 소통, 혈액 응고, 동맥벽의 수축과 이완, 염증 완화를 돕습니다. 오메가3 지방은 세포막 형성에도 관여합니다.

· 미네랄

미네랄은 자연 곳곳에서 발견됩니다. 그중 일부는 식단의 주요 구성 요소입니다. 미네랄을 너무 오랫동안 섭취하지 않으면 의사들은 '신체가 성장하지 못합니다'라고 말합니다. 미네랄의 주요 성분에는 칼슘, 인, 칼륨, 황, 나트륨, 염소, 마그네슘이 포함되어 있습니다. 포유류는 미네랄이 없으면 오래 버틸 수 없습니다. 몸의 여러 가지 생리 활동을 조절하는 데 기여합니다. 미량으로도 충분하지만, 미네랄이 없거나 부족하면 각종 결핍을 유발합니다. 이러한 미량 원소의 신체 요구량을 어떻게 채울까요? 매주 영양이 풍부한 음식을 먹으면 됩니다. 이러한 '필수' 영양소의 최소 요구량을 충족하면 우리 몸은 건강하게 성장합니다.

· 비타민

이 영양소는 Vital(생명의)과 amine(아민)의 합성어입니다. 신진대사와 신체 기능을 조절하는 '필수' 영양소입니다.

수용성 비타민에는 티아민(B1), 리보플라빈(B2), 피리독신(B6), 코발라민(B12), 나이아신(B3), 판토텐산(B5), 엽산(B9), 비오틴(B7), 리포산, 비타민C가 있습니다.

지용성 비타민에는 비타민 A, D, E, K가 있습니다. 비타민이 없으면 우리 몸의 기능, 회복, 보호에 문제가 생길 수 있습니다. 영양 풍부한 음식을 섭취해서 비타민 부족을 막아야 합니다.

포유류에게 필요한 주요 필수 영양소들을 간단하게 살펴보았습니다. 혹시 눈치채셨나요? 바로 위에 나열된 필수 영양소 중에서 찾을 수 없는 영양소가 있습니다. 바로 '탄수화물'입니다. 호모 사피엔스는 탄수화물 없이도 생명을 유지하는 데 아무런 문제가 없습니다.

12장
의사가 발견한 케톤의 기적

우리 가족이 처음 케톤 여행을 시작했을 때는 오직 엄마의 암 투병에 대해서만 생각했습니다. 하지만 케톤식에 대해 공부하면 할수록 케토시스가 갖고 있는 이점은 우리의 기대를 훨씬 뛰어넘었습니다. 케토시스의 긍정적 효과에 대한 목록은 계속해서 늘어났습니다. 이 모든 혜택의 핵심은 케토시스가 '염증'에 미치는 영향이었습니다.

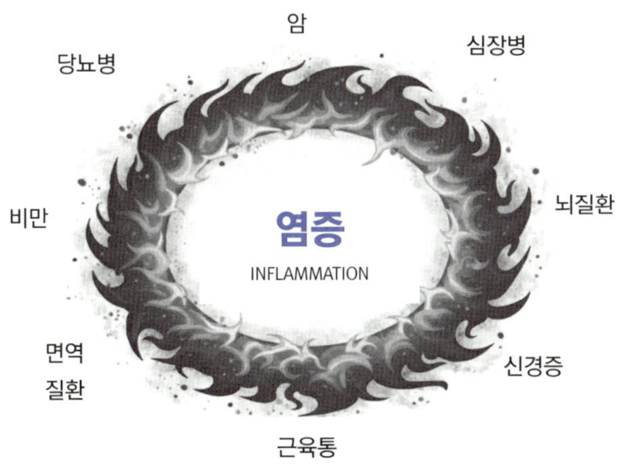

지금부터 말씀드릴 케토시스의 놀라운 효과들은 케톤식을 실천한 제 환자들의 살아있는 증언입니다.

· 체중이 감량됩니다

이 책은 케토시스가 체중 감량을 어떻게 촉진하는가에 대해서 반복해서 설명드릴 것입니다. 과체중과 비만한 사람들이 케토시스를 통해서 어떠한 변화를 경험하며, 어떻게 에너지가 향상되고, 결국 체중을 감량하는 원리에 대해서 말입니다. 당신이 케토시스를 깊이 이해하고 나면 체중 감량이 얼마나 쉬운지 놀랄 것입니다. 체중 감량을 위해 인위적인 약물 복용을 하지 마십시오. 위험한 비만 수술은 더더욱 할 필요가 없습니다. 케톤식은 전성기 시절의 모습을 되찾게 해줄 것입니다.

· 중독에서 해방됩니다

솔직히 제가 케톤식을 유지하게 된 이유는 체중 감량보다 '정신 개선 효과' 때문이었습니다. 이 식단을 시작한 계기는 엄마의 암 때문이었지만, 정신적 명료함 때문에 케톤식에 더 충실할 수 있었습니다. 탄수화물에서 지방으로 전환하는 초기에는 정신력의 개선을 느끼기 쉽지 않습니다. 반대로 뇌가 포도당 대신 케톤에 적용하면서 어지러움을 경험하기도 합니다. 무기력감을 느낄 수도 있습니다. 저는 케톤식의 부작용에 대해 미리 경고하지 않아서 여러 환자를 잃어버린 적도 있었습니다.

하지만 당신은 케톤식 2주 차에 접어 들어서면 상황은 극적인 반전을 경험할 것입니다. 처음 의사가 되었을 때 처방한 약물이 환자에게 어떤 영향을 미칠지 짐작할 수 없었습니다. 예를 들어, 환자들은 항우울제 처방전을 받으면서 기분이 좋아지기까지 얼마나 걸리는지 물어보곤 했습니다. 저는 쉽게 답변하지 못했습니다. 왜냐하면 사람마다 약물에 대한 반응이 다르기 때문입니다.

우울증은 겉으로는 비슷해 보일지 모르지만, 사람마다 상처의 깊이는 매우 다릅니다. 어떤 사람은 한 달 만에 좋아지기도 하고 다른 사람은 훨씬 더 오래 걸리기도 합니다. 저는 환자들이 약물을 통해 경험할 정신 개선 효과를 과장해서 말하곤 했습니다. 시간이 지나면서 환자마다 다른 특성을 고려하여 신중하게 대답해야 한다는 것을 배웠습니다.

저는 케톤이 정신 기능 개선과 정서적 웰빙을 개선할 것이라고는 전혀 생각하지 못했습니다. 원래도 우울증이나 불안은 없었고 잠도 잘 잤습니다. 스스로 '정상'이라고 생각해왔습니다. 그런데 제가 케토시스 2주 차에 돌입했을 때, 에너지, 집중력, 기분이 개선되고 있음을 알아차릴 수 있었습니다. 이후로 제 뇌 기능은 꾸준히 좋아졌습니다. 다시 스무 살 청춘으로 돌아간 듯했습니다. 복잡한 업무도 몇 시간 동안 온전히 몰입할 수 있었습니다.

제 환자인 '월트'Walt의 사례를 보겠습니다. 그는 알코올 중독을 앓고 있는 67세의 남성입니다. 그는 지난 30년 동안 금주를 하기 위해 고군분투했습니다.

신장 : 183cm

몸무게 : 120kg

BMI : 36.07(고도비만, 정상 18.5~22.9)

약물 : 고혈압약 4가지 복용

당화 혈색소 : 5.8(당뇨 전 단계)

공복 혈당 : 120(정상 100 미만)

염증 수치 : 4.2(정상 1.0 미만)

직업 : 의사

월트는 의사로 진료 능력과 폭넓은 봉사활동으로 동료와 환자들로부터 존경받았습니다. 그는 매우 유능한 의사로 자신의 분야에서 최고의 자리에 올랐습니다. 하지만 그를 30년 동안 괴롭혔던 아킬레스건이 있었습니다. 바로 '술'이었습니다. 여러 치료 프로그램과 알코올 중독 전문의도, 그를 치료하지 못했습니다. 월트의 뇌는 술에 의해 서서히 망가져 갔습니다.

그는 금주를 시도했고 한 번은 3년 동안 술을 한 방울도 마시지 않기도 했습니다. 안타까운 사실은 금주와 알코올 중독 재발이 반복되었다는 사실입니다. 알코올에 대한 갈망은 뇌를 조종했고 정상적인 일상을 지속할 수 없었습니다. 결국 그는 자신의 이름을 내세운 병원의 문을 닫을 수밖에 없었습니다.

그는 이러한 절망적인 시기에 제 진료실을 찾았습니다. 가장 먼저 그를 케톤식 그룹에 초대했습니다. 처음에 그는 식단이 알코올 중독에 영향을 미칠 수 있는 사실을 비웃었습니다. 식단의 힘을 믿지 않았습니다. 저는 그와 논쟁하기보다는 이렇게 말했습니다.

"월트, 거울에 비친 당신의 모습을 좀 봐요. 당신은 120kg의 과체중에, 혈압약을 4개나 먹고 있어요. 더구나 당뇨 전 단계 환자죠. 매일 불면의 밤을 보내고 있어요. 제가 안내하는 대로 식단을 한번 실천해 보세요. 4주 안에 효과가 나타나지 않는다면 과거의 당신으로 돌아가도 말리지 않을게요."

그는 고민 끝에 제안을 받아들였고 4주 동안 케톤식과 금주를 실천했습니다. 그리고 월트는 오래지 않아 놀라운 경험을 하게 됩니다. 일주일 후 케토시스에 돌입했으며 4가지 혈압약 중 2가지 약을 끊을 수 있었습니다. 케토시스 2주 차가 끝날 무렵, 깊은 숙면을 취할 수 있었고 매주 체중과 혈압도 감소했습니다. 중요한 사실은 제 의료 경력에서 한 번도 본 적 없는 속도로 정신 기능이 개선되었다는 점입니다.

그는 얼마 전까지 매일 자살 충동의 어두운 그림자와 마주해야 했습니다. 하지만 완전히 변했습니다. 4주 만에 말이죠. 그는 웃으면서 케톤 그룹에 참여하고 있습니다. 슬픔을 숨기기 위한 '가짜' 미소가 아닌 '진짜' 미소를 짓고 있었습니다. 정말 기분이 유쾌해 보였습니다. 1주 차에는 체중이 4.5kg 감소했고, 그 후 3주 동안 9kg이 더 빠졌습니다. 가장 중요한 것은 술에 대한 갈망이 사라졌다는 점입니다. 6주 후, 그는 다음과 같이 말했습니다.

"선생님은 식단을 바꾸고 금주를 하면 뇌가 회복될 거라고 말씀하셨었죠. 솔직히 저는 믿지 않았어요. 하지만 지난 한 달은 뇌가 가장 맑고 또렷하게 작동한 시간이었어요."

9개월이 지난 후, 월트에게 드라마틱한 변화가 찾아왔습니다. 체중을 18kg 이상 감량했고, 뇌의 나이를 40세로 되돌렸습니다. 다시 젊어진 것입니다. 그는 죽을 때까지 케톤식을 지속할 생각입니다. 저는 알코올, 헤로인, 니코틴에 이르기까지 수백 명의 환자를 중독의 함정에서 벗어나도록 도왔습니다. 식단의 힘을 믿지 않았던 중독 환자들도 자신의 변화를 두 눈으로 직접 확인하였습니다. 그 변화의 과정은 감동적인 경험이었습니다.

탄수화물 중독도 다른 중독과 크게 다르지 않습니다. 탄수화물을 과다 섭취하면 뇌에 도파민이 다량 분비됩니다. 이 도파민 폭발은 행동에 대한 보상을 제공합니다. 즉각적으로 기분이 좋아집니다. 문제는 '잠시'라는 것이지요. 이러한 패턴은 다시 '당'을 갈망하도록 합니다. 오래지 않아 뇌는 탄수화물에 중독됩니다. 정상적인 기분을 느끼기 위해 '당의 쾌감'에 더욱 의존하게 됩니다. 당이 부족하면 도파민 '금단 현상'이 찾아옵니다. 기분이 나빠지고, 짜증이 나고, 심한 경우에는 우울해집니다.

탄수화물 중독은 코카인 중독과 다르지 않습니다. 제 환자들은 헤로인, 마리화나, 알코올을 중단한 후 극단적인 우울감을 토로했습니다. 정말 끊고 싶지만 중독 물질의 유혹은 자신의 의지를 박탈합니다. 탄수화물 섭취도 마찬가지입니다. 이러한 탄수화물 중독의 굴레를 벗어날 수 있는 바람직한 대안은 없을까요? 있습니다! 바로 '케톤식'입니다. 탄수화물을 제한하세요. 케톤 연료로 전환하면 음식에 대한 갈망이 사라집니다.

물론 탄수화물에 대한 갈망은 단시간에 해결되지 않을 것입니다. 이러한 장애물은 많은 사람이 케톤 라이프 스타일로의 전환을 방해합니다. 그래서 케톤 여행을 함께하는 동료의 지지가 필요합니다. 제가 알코올 중독자들에게 지원 그룹을 추천하는 것과 같이, 케톤식을 함께 공유하고 지지할 수 있는 그룹에 가입하세요. 더 완전하고 행복한 자유의 삶을 누리세요. 당신은 할 수 있습니다.

· 우울증을 개선합니다

중증 만성 우울증 환자들은 오랜 시간 칠흑 같은 어둠 속에서 방황하곤 합니다. 그들은 어떤 문제에 대해 결정하고 선택하는 것에 어려움을 겪습니다. 우울증을 앓고 있던 환자들은 케톤 적응에 성공한 후, 대부분 기분이 좋아졌다고 말합니다. 우울증의 깊은 수렁에서 빠져나오는 환자를 지켜보면, 우리의 뇌가 얼마나 빨리 회복할 수 있는지 알 수 있습니다.

처음에 우울증 환자들에게 케톤식을 권유하면 한동안 망설임의 세계에서 주춤거리곤 합니다. 행동의 변화는 커다란 부담으로 다가오기 때문입니다. 그래서 저는 환자의 보호자에게 도움을 요청합니다. 배우자, 부모 그리고 자녀가 새로운 식단을 지지하고 응원하도록 말입니다. 제가 엄마를 위해 함께 동행했던 것처럼 말입니다. 식단은 환자에게 도움이 되는 것을 넘어서 함께 하는 보호자에게도 도움이 됩니다. 식단의 변화를 시작하는 이유가 무엇이든 상관없습니다. 당신은 케톤식이 가져오는 뇌의 변화에 놀랄 것입니다. 우울증 약물을 복용하든, 안 하든 말입니다.

· 성 에너지를 회복합니다

성 에너지는 생명력의 상징이며, 호르몬에 직접적 영향을 받습니다. 케톤식은 호르몬 수치를 높이거나 정상화합니다. 여성의 호르몬 급증을 나타내는 대표적인 징후 중 하나는 '월경'menstruation입니다. 여성이 케톤식으로 전환하면 풍부한 지방과 영양소를 함께 섭취합니다. 이 영양소들은 문제가 있는 호르몬 수치를 회복하는 데 도움이 됩니다. 건강한 여성들은 케톤을 생성한 첫 주에 에스트로겐 수치가 급상승했다고 말합니다. 또한 3~4주 후, 케톤에 적응한 여성 환자들은 성에너지가 크게 증가했다고 보고합니다.

왜 이런 효과가 발생할까요? 몸의 지방 세포는 호르몬 생성과 밀접한 관련이 있습니다. 지방, 특히 콜레스테롤은 에스트로겐, 테스토스테론, 프로게스테론, 코르티솔 및 알도스테론과 같은 스테로이드 호르몬의 주된 원료입니다. 케토시스는 많은 양의 체지방을 에너지로 전환하며 호르몬 생산도 촉진합니다.

저는 케토시스로 인한 전반적인 뇌 기능 개선이 성 에너지를 높인다고 생각합니다. '오르가즘'Orgasms은 뇌에서 일어납니다. 뇌가 적절한 영양과 휴식을 취하지 못하면 정신 기능이 저하되기 시작합니다. 수면의 부족과 영양실조는 만성적으로 뇌를 붓게 합니다. 부은 뇌는 망가진 뇌입니다. 염증은 '신경세포'회백질에 영향을 미치며 정신적 능력을 크게 저하시킵니다. 케톤식은 염증을 치유해서 성 에너지를 높입니다. 거짓말 같다고요? 직접 경험해보세요.

· 잠을 선물합니다

당신의 잠은 안녕한가요? 잠은 생각 이상으로 너무도 중요합니다. 잠은 치유와 재생의 다른 이름이기 때문입니다. 케톤식에 적응하면 꿀잠을 잘 수 있을 것입니다. 뇌는 정상적인 기능을 위해서 좋은 영양분을 필요로 합니다. 뇌는 70~80%의 지방으로 이루어져 있습니다. 뇌를 감싸고 있는 모든 신경세포 회로는 지방으로 코팅되어 있습니다. 고탄수화물, 고당분 식단을 섭취하면 신체에서 생산하는 지방의 질이 떨어집니다. 뇌 내부에서 생성된 지방은 뇌의 각 신경을 감싸는 '절연체'수초막 역할을 합니다. 잠을 잘 때 우리의 몸은 각 신경세포의 전선 피복을 지방으로 수리하고 보충합니다.

<신경세포를 지방으로 단단하고 두껍게 만드세요>

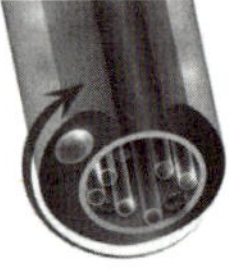 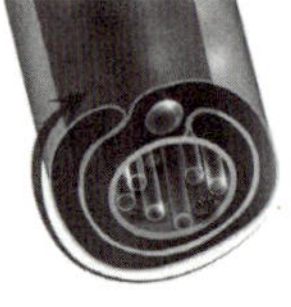 

얇은 지방으로 둘러싸인 신경

신경 주위에 지방층(절연 피복)이 얇으면, 신경을 따라 흐르는 호르몬의 속도는 떨어지고 집중력이 떨어집니다.

두꺼운 지방으로 둘러싸인 신경

신경 주위에 지방층(절연 피복)이 두꺼우면, 신경을 따라 전달되는 호르몬의 속도가 빨라지고 집중력이 높아집니다.

혈액과 뇌에 존재하는 포도당은 물을 끌어당깁니다. 물과 '전기'는 섞이지 않습니다. 과도한 수분은 뇌 기능을 방해하는 부종과 염증을 일으킵니다. 이러한 부종으로 인해 뇌의 효율성이 저하됩니다. 우리 몸에서 충분한 지방을 공급해야 하는 기관이 바로 '뇌'입니다. 뇌에서 매일 생성되는 지방의 질은 뇌의 지방 세포에 얼마나 충분한 영양을 공급하느냐에 따라 달라집니다. 세포가 부어오르고 염증이 생기면 생성되는 지방의 질이 약해지고 쉽게 분해됩니다. 케토시스는 신경세포 회로를 감싸고 있는 지방의 질을 좋게 하고 수면의 깊이와 질도 좋아지게 합니다. 뇌가 높은 케톤과 낮은 혈당에 더 오래 노출될수록 더 좋은 잠을 만날 수 있습니다.

· 빛나는 피부가 돌아옵니다

지금 당신의 얼굴 피부를 한번 만져보세요. 지금 만지고 있는 피부 세포는 2~3개월 전에 만들어진 것입니다. 여드름과 주름이 없는 피부를 원하시나요? 피부가 젊어지길 바라나요? 그러기 위해서는 비싼 비용을 지불하고 에스테틱 관리를 받아야 한다고요? 그럴 필요가 없습니다. 모든 변화는 염증의 감소가 핵심입니다.

당신이 케톤식을 시작한 후 2~3개월이 지나면 다음과 같은 변화가 찾아올 것입니다. 먼저, 여드름이 사라질 것입니다. 케토시스는 나이와 상관없이 여드름, 뾰루지 등을 서서히 사

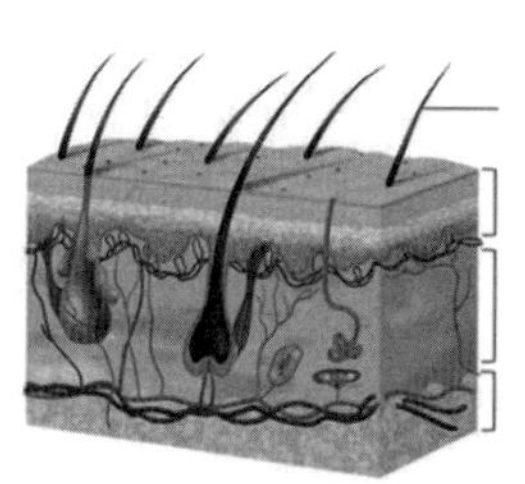

피부의 구조

라지게 합니다. 케토시스 상태에서 형성된 피부 세포는 염증이 없는 상태에서 만들어집니다. 모든 여드름 문제의 근원에는 염증 찌꺼기에 시달린 세포에서 비롯합니다.

당신의 몸에서 첫 케톤이 생성된 후 90일이 지나면 피부가 빛나기 시작합니다. 피부는 로션과 크림을 발랐을 때보다 훨씬 젊어 보이는 광채를 발산하게 됩니다. 모든 세포는 필수 지방으로 이루어져 있습니다. 이 지방이 충분하지 않으면 세포막은 완벽한 패턴을 형성하지 못합니다. 세포막에 결함이 있는 것입니다. 피부 세포가 갈라지는 것은 이러한 세포의 결함으로 인해 발생합니다.

염증은 문제의 근원입니다. 낮은 수준의 피부 염증은 눈에 잘 띄지 않습니다. 미세한 수준에서 발생합니다. 염증이 생긴 피부 세포는 불완전한 외부층을 생성합니다. 이러한 불완전한 세포는 결함을

형성하며, 이것이 바로 '주름'wrinkle입니다.

반면에 건강한 피부 세포는 유연하고 통통하여 필요에 따라 세포막이 늘어나거나 줄어들 수 있습니다. 우리는 나이가 들어감에 따라 결함이 있는 피부 세포가 증가합니다. 시간이 흐를수록 결함 세포가 계속해서 증가하는 것입니다. 젊은 피부 세포를 만들고 싶은가요? 3개월 동안 케토시스를 유지해 보세요. 젊은 당신을 만날 수 있습니다.

· 관절 통증과 결별합니다

우리가 움직일 수 있는 것은 '관절'joint덕분입니다. 사람의 운동량에 따라 하루에 최소 십만 번, 어떤 이는 수백만 번 이상 사용됩니다. 당신의 관절은 엄청난 강도의 마모를 평생동안 견뎌냅니다. 관절은 자가 복구 능력이 있지만, 염증이 없는 경우에 가능합니다. 당신의 몸이 지방을 본격적으로 연료로 사용하기 시작하면 몸은 케톤으로 목욕하게 됩니다. 관절은 이 매끄러운 윤활 물질을 흡수하여 염증과 마찰을 줄입니다.

케톤은 우리 몸의 아주 작은 공간까지 영향을 미칩니다. 저는 10년 넘게 이부프로펜을 복용하던 관절염 환자들이 케톤 라이프 스타일로 전환한 후, 복용 약물을 끊은 경우를 자주 만났습니다. 관절염 환자들은 케토시스에 진입한 후, 대략 6주 후부터 통증이 사라졌고, 약물과 통증 모두와 결별할 수 있었습니다.

· 소음이 사라집니다

'이명'tinnitus은 다른 말로 '귀울림'이라고도 합니다. 소음에 대한 주관적 느낌을 말합니다. 기분 나쁜 소음이 계속되는 고통스러운 질병입니다. 경험해 보지 않은 사람은 알 수 없습니다. 천재 화가 '빈센트 반 고흐'도 이명으로 평생 고통받았습니다. 그 괴로움의 흔적을 그림 곳곳에서 발견할 수 있습니다. 이명이 지속되면 스트레스와 함께 우울증, 공황장애 등과 같은 정신 질환으로 진행되기도 합니다. 경우에 따라서는 자살 충동까지 불러오는 난치병입니다.

이명의 원인은 무엇일까요? 귀 안의 만성 염증과 관련이 있습니다. 저는 이 질환을 앓고 있는 환자를 돕는 데 수백 시간을 보냈습니다. 환자들은 귀에서 끊임없이 윙윙거리는 소리로 고통받습니다. 이 울림의 근본 원인은 귀 안쪽 부위에서 물이 비정상적으로 차오르기 때문입니다. 염증의 악순환에 갇혀 있는 것입니다.

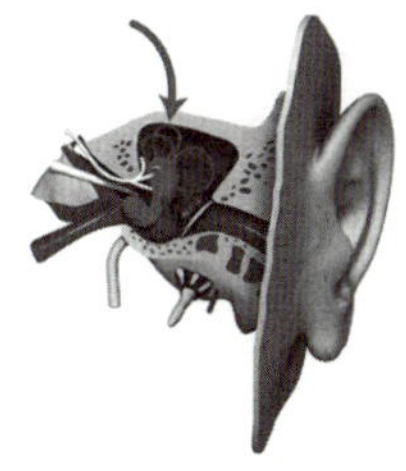

이명
귀 가장 내부의 만성 염증

저는 파킨슨병을 앓고 있던 여성 환자에게 케톤식을 추천했습니다. 그녀는 과체중으로, 우선적으로 체중을 감량해야 했습니다. 만성 이명도 앓고 있었습니다. 그녀는 식단 변화를 통해서 체중 10kg을 감량했습니다. 재미있는 것은 그녀를 흥분시킨 것은 체중 감량이 아니었습니다. 케토시스에 진입한 지 두 달 만에 고통스러운 소음, 즉 이명에서 해방되었기 때문입니다.

소음은 왜 사라졌을까요? 우리 몸은 탄수화물 섭취를 중단하고 지방을 에너지원으로 사용하게 되면 체내 포도당이 줄어듭니다. 포도당이 줄어들면 과잉된 수분이 줄어듭니다. 즉, '부기'浮氣가 사라집니다. 케토시스 상태가 오래 지속될수록 몸은 만성 염증을 치유합니다. 이명에서 자유로워질 수 있습니다.

· 잇몸 질환이 사라집니다

'치주염'Periodontitis은 너무 흔한 질병이 되었습니다. 치아를 감싸고 있는 잇몸과 뼈조직에 생기는 염증성 질환을 말합니다. 보통 '풍치'風齒라고도 합니다. 치아 및 잇몸의 고통은 견디기가 쉽지 않습니다. 치주염의 근본 원인은 무엇일까요? 입안 박테리아는 당糖을 먹고, 산酸을 배출합니다. 이 산이 치아 표면을 녹이며 잇몸에 염증을 유발합니다.

만성적인 치아와 잇몸 질환을 앓고 있는 환자들은 케톤식을 통해서 구강 건강이 개선되었다고 말합니다. 왜 그럴까요? 케토시스 상태로 전환하면, 박테리아의 먹이인 당이 사라지기 때문입니다. 결국 당에 굶주린 박테리아가 죽으면 잇몸 염증은 사라지고 입냄새가 줄어들게 됩니다. 케톤에 적응한 세포는 더 통통하고 유연하며 더 단단히 밀착되어 있습니다. 이는 치아 뿌리를 보호하는 역할을 합니다.

진화인류학을 살펴보면, 재미있는 사실 하나를 발견할 수 있습니다. 농업 혁명 이후 신석기 시대에 들어서면서 인류에게 '충치'라는 질병이 생겼다는 사실입니다. 왜 그랬을까요? 인류는 신석기 시대에 들어와서 주된 식량으로 '곡물'을 섭취했기 때문입니다. 입속 박테리아의 주된 먹이가 바로 '당'이라는 사실입니다.

기억하십시오. 탄수화물을 많이 섭취할수록 치아 및 잇몸 환경은 악화됩니다. 의외로 많은 사람들이 쉽게 놓치는 부분입니다. 당뇨병이 있는 사람은 잇몸 질환으로 고통받기 쉽습니다. 당뇨 환자는 입속 세균이 좋아하는 '영양분'_{포도당}이 풍부하기 때문입니다. 특히 50세 이후부터는 탄수화물을 제한하세요. 치아 건강을 지키는 해법입니다. 건강한 치아, 지킬 수 있습니다.

· 스테로이드보다 강력한 염증 제거제

의사들은 환자의 중증 통증 감소를 위해서 모르핀, 옥시콘틴과 같은 마약성 진통제를 처방할 때가 있습니다. 이 약물들은 망치처럼 강력한 진통 효과가 있지만, 오래 복용할 경우 '중독'이라는 심각한 결과를 초래합니다. 의사들은 염증 제거를 위해서 소염제를 처방합니다. 그중 가장 강력한 약물은 '스테로이드'steroid입니다. 스테로이드는 단기간에 드라마틱한 염증 감소 효과를 보입니다. 하지만 이 신비의 약물은 장기 사용할 경우 상당한 위험을 초래합니다.

그래서 의사들은 '비스테로이드성 항염증제'NSAID를 사용합니다. 이부프로펜, 나프록센과 같은 약물이 여기에 속합니다. 처방전

없이 구입할 수 있지만, 스테로이드에 비해 염증 감소 효과는 높지 않습니다. 저는 이부프로펜이 효과가 낮을 경우 '프레드니손' prednisone과 같은 스테로이드를 처방합니다. 이 약물은 24시간 동안 약효가 지속되며 이부프로펜보다 10배 더 강력합니다. 하루에 한 번만 복용하면 됩니다. 매일 복용 시 그 효과는 계속 상승하지만 10일 이후부터 효과가 급격히 떨어집니다. 스테로이드를 매일 복용하면 뼈와 피부가 얇아지고, 혈당이 증가하고, 기분과 신진대사가 엉망이 됩니다. 결국 스테로이드는 강력한 항염증 약물이지만, 시간이 지나면 그 효과가 떨어진다는 것입니다. 장기적으로 사용하면 심각한 결과를 가져올 수 있습니다.

그런데 스테로이드 약물보다 더 강력한 효과를 주는 물질이 있습니다. 부작용도 없습니다. 바로 '케톤'입니다. 당신이 한 달 동안 매일 케톤을 생산한다면 항염증 효과가 스테로이드보다 10배 이상의 가치가 있습니다! 다시 말해, 케톤식은 이부프로펜을 사용하는 것보다 염증을 줄이는 데 100배 더 효과적입니다. 만약 1년 동안 케토시스 상태를 유지한다면 비교가 되지 않을 것입니다.

어떻게 이런 일이 가능할까요? 앞에서 언급한 대로 탄수화물 위주의 식단을 하면 세포는 물 부족으로 인해 '세포 기근'cell famine에 빠지며 심각한 염증 상태를 경험하게 됩니다. 또한 스테로이드는 체내에서 자연적으로 만들어집니다. 코르티솔은 염증을 제거하는 자가 생성 스테로이드 호르몬 중 하나입니다. 코르티솔 호르몬은 지

방으로 만들어집니다. 케토시스는 호르몬 생산을 촉진합니다. 케토
시스는 테스토스테론, 에스트로겐, 코르티솔, 알도스테론 등 전반
적으로 신체의 지방 호르몬 생성을 개선합니다.

· 두통이 사라집니다

편두통은 말로 다 표현하기 힘든 고통을 수반합니다. 편두통을
앓고 있는 분들은 제 말을 이해할 것입니다. 특히 여성 중에 편두통
으로 고통받는 경우를 자주 접했습니다. 편두통이 발생하면 하루를
망칠 뿐만 아니라 뇌세포도 죽입니다. 이는 과장이 아닙니다. 욱신
거리는 통증이 몇 시간 동안 지속되면 부어오른 뇌세포가 죽게 됩
니다. 편두통은 '미니 뇌졸중'과 마찬가지로 혈류를 방해하여 뇌 손
상을 유발합니다. 뇌 혈류의 흐름이 반복적으로 중단되면 더 많은
뇌세포가 죽습니다.

지긋지긋한 편두통에서 어떻게 벗어날 수 있을까요? 케토시스는
편두통 개선에 도움이 됩니다. 그 이유는 케토시스의 항염증 효과
때문입니다. 다른 만성 질환과 마찬가지로 편두통도 하룻밤 사이에
뇌 손상을 일으키지 않습니다. 마찬가지로 수년간 부어오르고 손상
된 조직에서 회복하는 데도 시간이 걸립니다.

자신 있게 말씀드립니다. 편두통에 대한 진정한 해독제가 바로 '
케톤'입니다. 그 효과는 케톤 생성 후 약 4~6주 후에, 케토시스에 완
전히 적응할 때 시작됩니다. 실제 케톤식을 시작한 후, 6개월 이내

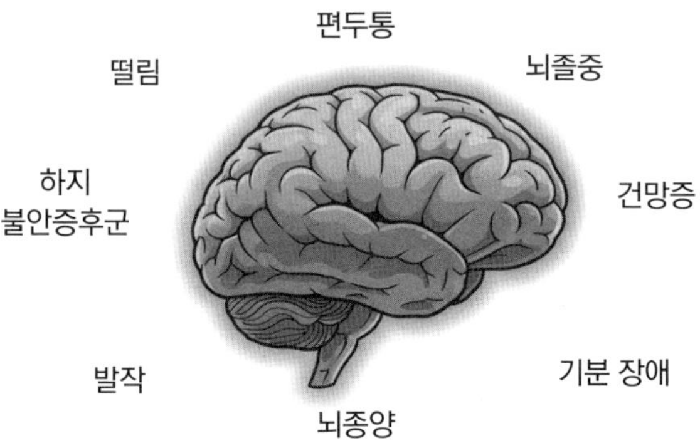

에 편두통이 완전히 사라졌다고 말하는 환자들을 쉽게 접할 수 있습니다. 케토시스 상태가 오래 지속될수록 뇌에 넘치는 수분이 완전히 제거됩니다. 처음에는 다리의 부종과 장의 팽만감에서 쉽게 수분이 배출됩니다. 몇 달이 지나면 피부, 관절, 눈, 뇌에서도 수분이 제거됩니다. 피부에 윤기가 나고, 관절 움직임이 개선되고, 목 통증이 감소하며, 시력이 개선되는 것을 경험할 것입니다. 이러한 긍정적인 개선 효과는 대부분의 편두통이 사라지는 시기인 3~6개월 전후에 나타납니다.

케톤식과 암 대사 연구 사례

암에 대한 케톤식의 연구를 살펴보겠습니다. 그리스 아리스토텔레스 대학에서 진행된 연구입니다. 논문의 제목은 〈교모세포종 환자에게 식이 케톤 생성 대사 요법의 성공적인 적용: 임상 연구〉Successful application of dietary ketogenic metabolic therapy in patients with glioblastoma: a clinical study입니다. '교모세포종'Glioblastoma은 가장 치료가 어려운 최악의 암입니다. 10명 중 1명 밖에 생존하지 못하는 무시무시한 암입니다.

상기 연구팀은 2016~2021년 사이에 교모세포종 환자 18명(남성 10명, 여성 8명, 평균연령 57.5세)을 대상으로 연구를 진행했습니다. 모든 환자는 표준 치료(수술, 항암, 방사선)를 받았습니다.

식단은 하루 섭취 칼로리의 약 70~80%를 지방에서, 15~20%를 단백질에서, 5~10%만을 탄수화물에서 얻도록 하는 전형적인 케톤식이었습니다. 혈중 케톤 수치는 3.5mmol/L 이상, 혈당은 80mg/dL 이하로 유지하는 것을 목표로 삼았습니다. 또한 케톤식을 '6개월 이상 충실히 따른다'는 가이드라인을 환자들에게 요청했습니다.

아쉽게도 참여자 18명 중 6명(33%)만이 6개월 이상 케톤식을
유지했습니다. 케톤식을 유지한 6명 중 4명의 36개월 생존율은
66.7%였습니다. 이 중 1명은 84개월(7년) 이상 생존하는 놀라운 결
과를 보였습니다. 반면에 케톤식을 포기한 12명 중 1명만이 36개
월 이상 생존했습니다. 나머지 11명의 평균 생존 기간은 15.7개월
에 불과했으며, 36개월 생존율은 8.3%(12명 중 1명)에 그쳤습니다.
통계적으로 두 군의 생존율 차이는 58.4%나 났으며, 이는 우연이 아
니라 치료의 효과로 볼 수 있는 통계적 의미를 지닙니다.

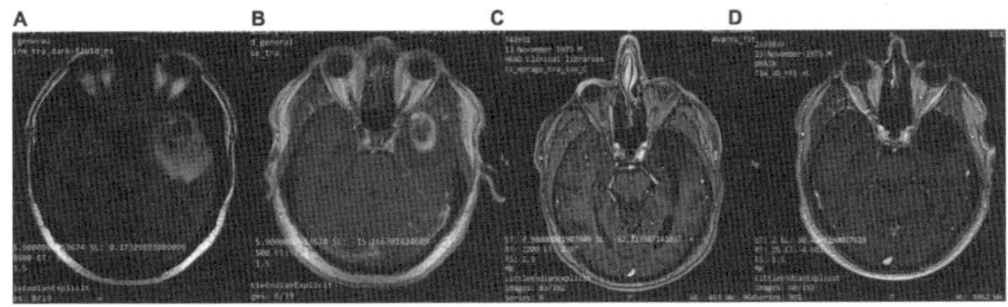

위 MRI 사진은 케톤식을 6개월 이상 유지했던 환자 중 가장 오래
생존한(84개월) 환자의 MRI 사진입니다. 진단은 2016년 12월에 받
았습니다. 그는 치료 전 지속적인 두통을 호소했고 정상적인 대화
에 어려움을 겪었습니다.

A는 수술 전 MRI 사진입니다. 오른쪽 하얀 부분이 종양입니다.
B는 조영제를 투여해서 종양이 더 선명하게 보입니다. C는 38개월

후 종양이 완전히 사라진 사진입니다. D는 80개월 후 MRI 사진인데요, 재발 없이 깨끗합니다! 케톤식은 항암 치료를 극대화할 수 있도록 도왔던 것입니다.

다음은 6개월 이상 케톤식을 준수했던 환자들의 최종 관찰 결과입니다. 6개월 이상 케톤식을 유지했던 환자들은 대부분 유의미한 효과를 보았으며 항암 치료 효과를 충분히 보완했음을 알 수 있습니다.

<6개월 이상 케톤식을 준수한 환자들의 임상 결과>

환자	유지 기간	혈당/케톤 지수	생존 기간	상태
P1	82개월	1.09-2.78	생존 중 (84개월)	정상
P2	41개월	0.83-2.1	생존 중 (43개월)	정상
P3	27개월	1.46-3.7	생존 중 (33개월)	정상
P4	40개월	1.26-2.36	사망 (43개월)	사망
P5	40개월	1.17-2.93	생존 중 (44개월)	활동 제한
P6	22개월	1.35-3.6	사망 (36개월)	사망

우리는 중요한 진실 하나를 기억해야 합니다. 암세포는 미토콘드리아가 망가져 있기 때문에 지방을 에너지원으로 삼을 수 없습니다. 주로 포도당을 소비합니다.

그런데 정상세포는 포도당뿐만 아니라 지방케톤도 활용할 수 있습니다. 암세포의 영양 보급로를 차단하는 방법, 그것은 포도당을 줄이고 지방케톤을 우리 몸에 공급해 주는 것입니다. 이 방법이 무엇일까요? 바로 '케톤식'입니다.

만약 당신이 밥, 빵, 면과 같은 탄수화물을 과도하게 먹는다면 포도당 수치가 빈번히 올라갈 것입니다. 이러한 탄수화물 식단은 계속해서 암세포에 포도당을 공급하는 셈입니다. 암세포는 고혈당 상태를 매우 사랑합니다. 그래서 암 환자는 탄수화물을 과다 섭취해서 혈당 수치를 올려서는 안 됩니다. 케톤식을 통해 식후 혈당 수치를 오르지 않도록 유지한다면 암의 진행을 더디게 할 수 있습니다.

더구나 혈당 불균형을 바로잡으면 신진대사가 안정을 찾을 수 있습니다. 대사가 안정되면 면역 체계가 좋아지며, 당연히 자연치유력이 높아집니다. 탄수화물을 제한하면 케톤 수치가 높아지는데, 케톤은 악성 세포의 성장을 막는다는 연구 결과가 지속적으로 보고되고 있습니다.

4부

식단 혁명 6주의 판결문

13장
암세포가 줄어들다

　담당의를 만난 지 6주가 지났습니다. 엄마와 저는 진료 시간 2시간 먼저 병원에 도착했습니다. 담당 간호사가 엄마의 혈액 샘플을 채취했습니다. 우리는 조용히 앉아 결과를 기다렸습니다. 문득 엄마가 2010년과 2013년 항암 치료를 받던 기억이 스쳐 지나갔습니다. 당시 두 번의 항암 약물 치료는 가혹했으며 그녀의 얼굴은 잿빛 표정을 하고 있었습니다. 암세포 수치는 떨어졌지만, 그녀는 늙고 약하고 지쳐 갔습니다. 허공을 멍하니 쳐다보던 엄마의 공허한 눈빛을 잊을 수 없습니다.

　지금 그때와 동일한 담당 의사의 진료 대기실입니다. 이번에는 암세포 수치가 얼마나 증가했을까요? 엄마가 다시 지옥 같은 항암 치료를 받지 않기를 간절히 바랐습니다. 제 마음은 평온함을 유지할 수 없었고 혼란의 도가니 자체였습니다. 다행스럽게 이번에는 상황이 좀 달라 보였습니다. 엄마는 더 나이가 들었음에도 그렇게 아파 보이지 않았습니다. 과거 엄마 주위를 배회했던 검은 그림자를 찾을 수 없었습니다. 아니, 제 마음이 걱정과 불안에서 벗어나기 위해 만든 거짓 환상일지도 모릅니다.

드디어 엄마의 차례입니다. 담당 의사의 진료실에 들어갔을 때 긴장의 끈은 팽팽한 활시위처럼 최고조에 달했습니다. 혈액 검사 결과지를 찬찬히 살피던 담당 의사는 흥분된 목소리로 다음과 같이 말했습니다.

"만성 림프구성 백혈병은 시간이 지날수록 호전되지 않습니다. 따님은 내과 의사이니 잘 아실 겁니다. 도리어 시간이 흐를수록 암세포의 확장 속도는 빨라집니다. 불과 6주 전만 해도 암세포 수치는 불과 두 달 만에 두 배로 증가했습니다. 알고 계시죠? 그런데 말입니다. 지금은 암세포 수치가 전혀 증가하지 않았습니다. 도리어 30%나 감소했습니다."

그 순간 엄마와 저는 눈물을 흘리며 흥분했습니다. 의사는 믿을 수 없다는 눈빛으로 우리를 빤히 쳐다보며 물었습니다.

"이런 일은 절대 일어나지 않습니다. 대체 6주 동안 무슨 일이 있었던 겁니까?"

그가 바쁜 진료 일정으로 자리에서 일어나기를 바랐지만, 그는 엄마와 저를 번갈아 가며 쳐다봤습니다. 우리는 아무 답변도 하지 않았고 짧은 침묵이 흘렀습니다. 그는 이렇게 말했습니다.

"무슨 일을 하든 계속하세요. 3개월 후에 다시 뵙겠습니다."

14장
과일은 좋은 친구가 아니다

과일을 좋아하시는 분은 제목을 읽고 인상을 찡그렸을지도 모릅니다. 그럼에도 저는 과일이 선하지 않다는 것을 과학적으로 증명하려 합니다. 오랜 시간 영양학자와 의사들은 과일이 건강에 좋다고 가르쳤습니다. 하지만 이는 사실이 아닙니다. 오해하지 마세요. 멋진 과일을 먹고 나면 달콤한 과즙으로 천상의 기분이 드는 것은 사실입니다. 하지만 신체 화학은 과일이 선하지 않다는 것을 증명합니다. 우리 몸에 대한 간단한 실험부터 시작해 보겠습니다.

· **1단계** : 지금 주방으로 가서 당이 가장 풍부하고 단맛이 나는 식품을 찾으세요. 라벨을 보고 탄수화물이나 당 함량이 가장 높은 것을 찾아보세요. 잼이나 꿀이 든 병이 보이나요?

· **2단계** : 지금 바로 그 음식을 1컵 가득 드십시오. 10분 정도면 솔잎과 나뭇잎이 타듯이 혈당이 로켓처럼 치솟을 것입니다.

· **3단계** : 혈당 상승으로 인해 췌장에서 인슐린이 분비되기 직전 손가락을 찔러 피 한 방울을 채취하세요. 혈당 수치가 100밀리그램으로 측정되었다고 가정해 봅시다.

· **4단계** : 유년기 시절 화학 수업을 떠올려 보세요. 모든 동맥과 정맥에 있는 혈액의 총량을 추정해 보겠습니다. 대부분의 사람은 전체 혈액량이 약 5~7리터입니다. 5리터의 혈액에는 약 5그램의 당이, 7리터의 혈액에는 약 7그램의 당을 함유하고 있습니다. 혈액에는 극히 낮은 당이 녹아 있습니다. 참고로 설탕 1티스푼은 탄수화물 4그램이 조금 넘습니다.

췌장은 당신이 먹은 탄수화물이 사탕수수 설탕에서 나왔는지, 부드러운 빵 조각에서 나왔는지, 사과 소스에서 나왔는지는 신경 쓰지 않습니다. 우리 몸은 탄수화물을 세포 속 미토콘드리아가 뜨겁고 빠르게 연소할 수 있도록 당으로 전환합니다.

식빵 한 조각 = 설탕 5티스푼

당신이 빵 한 조각을 먹으면 약 20g의 탄수화물 또는 5티스푼의 당이 혈류에 합류합니다. 즉, 빵 한 조각에 들어 있는 설탕 중 1티스푼은 포도당의 형태로 혈류로 순환하지만, 나머지 4티스푼의 당은 인슐린 호르몬에 의해 몸의 저장 창고로 보관됩니다. 인슐린은 과잉의 탄수화물을 지방 세포로 밀어냅니다.

밥 한 공기에는 설탕 15티스푼이 들어 있습니다. 이는 60그

밥 한 공기 = 설탕 15티스푼

램의 탄수화물이 들어있습니다. 파스타 한 그릇으로 바꾸면 설탕 20티스푼 또는 탄수화물 80그램이 들어 있습니다.

지금부터는 찬사를 한 몸에 받는 과일을 한번 살펴보겠습니다.

과일명	칼로리	지방	탄수화물	과일명	칼로리	지방	탄수화물
자두(건조)	204	0	54	레몬	31	0	10
무화과(건조)	186	1	48	파인애플	39	0	10
바나나	67	0	17	사과	33	0	9
포도	55	0	14	자두	38	0	9
망고	54	0	14	감로	31	0	8
키위	54	0	13	라임	20	0	7
체리	48	0	12	파파야	27	0	7
무화과	47	0	12	복숭아	30	0	7
구아바	56	1	12	라즈베리	32	0	7
블루베리	42	0	11	아보카도	120	11	6
오렌지	42	0	11	딸기	27	0	6
배	41	0	11	수박	23	0	6
자몽	38	0	10				

과일 부피 1/2컵 가량에 들어 있는 탄수화물의 양이 표시되어 있습니다. 가장 오른쪽에 있는 열을 보세요. 과일의 탄수화물(단위:g)을 확인할 수 있습니다. 설탕 1티스푼에는 탄수화물 4g이 들어 있다는 것을 기억하세요.

사과 반 컵에는 9그램의 탄수화물이 들어 있습니다. 사과가 반개 도 들어가지 않습니다. 사과 한 개는 18~25g의 탄수화물을 제공합니다. 바나나 반 컵에는 탄수화물 17g이 들어 있습니다. 말린 과일은 독보적인 1위입니다. 과거에 저는 환자와 아이들에게 섬유질 섭취를 위해 말린 과일을 먹으라고 말해왔습니다. 죄책감마저 듭니다.

저는 제 아이들에게 달콤한 건포도를 간식으로 권하곤 했습니다. 아마도 아이들의 혈당이 급상승하여 인슐린 분비를 촉발시켰을 것입니다. 아이들의 몸은 65개의 건포도 중 4개만을 에너지로 전환하고, 나머지 61개는 지방의 형태로 저장했을 것입니다. 잘못된 음식 권유였습니다. 지금이라도 미안하다고 말하고 싶을 정도입니다.

과일은 우리 모두에게 건강하고 영양이 풍부한 식품으로 여겨져

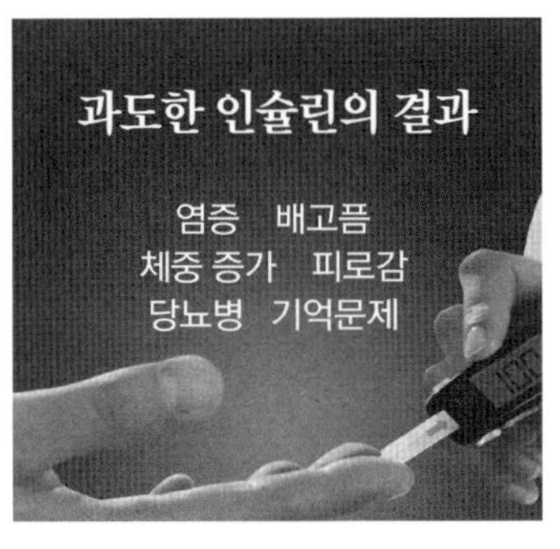

왔지만, 진실은 정반대입니다. 과일은 당분이 많은 탄수화물로 가득 차 있습니다. 과일은 필수적인 성분만 넘쳐나는 게 아닙니다. 과일은 가끔 먹어야 하는 간식입니다. 더욱이 최근 우리가 먹는 과일은 개량된 제품이기 때문에, 더 많은 당분을 함유하고 있어서 혈류가 수용할 수 있는 양을 훨씬 초과합니다. 우리는 '건강'이라는 명목으로 당을 온몸의 저장 공간에 밀어 넣고 있습니다. 과도한 당은 우리 몸을 노화시키고, 심장병을 유발합니다.

해결책은 무엇일까요? 과일 섭취를 제한하십시오. 그리고 케톤식을 시작하십시오. 케토시스를 위한 하루 탄수화물 섭취 목표는

'20g'입니다. 이에 대해서는 뒤에서 더 자세하게 설명하겠습니다. 만약 당신이 '케톤하는 몸'을 만들고 싶다면 지금 약국이나 온라인 쇼핑몰을 통해서 케톤 소변 스트립을 구입하세요. 의사의 처방전도 필요 없습니다.

이제부터 케톤 소변 스트립에 하루 한 번 소변을 보고 몸에서 케톤이 생성되는지 확인하세요. 스트립의 색깔이 진한 분홍색으로 변하면 케톤이 생성되고 있는 것입니다. 처음에 금방 케톤이 생성되지는 않을 것입니다. 하지만 괜찮습니다. 케톤식을 시작한 후, 짧으면 1주 길면 2주 안에 색깔의 변화를 만날 수 있을 것입니다. 후회하지 않는 선택이 될 것입니다.

15장
100년 전, 당뇨병 치료법의 화려한 귀환

케토시스의 가장 큰 매력은 자연스럽게 체중을 감량할 수 있다는 점입니다. 왜 그럴까요? 모든 퍼즐의 열쇠는 인슐린으로 귀결됩니다. 인슐린은 모든 지방 세포의 문을 열고 닫는 역할을 합니다. 지방을 저장하는 세포 근처에 인슐린이 있으면 모든 지방은 그 안에 갇혀 있게 됩니다. 지방 세포의 에너지를 사용하려면 인슐린이 휴가를 떠나야 합니다. 인슐린은 포도당을 세포 안으로 들여보내는 화학적 메신저이기 때문입니다. 인슐린이 없으면 포도당은 결코 세포 속 미토콘드리아에 들어갈 수 없습니다. 포도당은 세포 주위 혈류에서 방황하게 됩니다. 체중 감량은 지방 세포를 채우고 있는 내용물, 즉 지방을 제거하는 것을 의미합니다. 이 세포들은 매우 강력한 통치자의 지휘 아래 있습니다. 바로 '인슐린'입니다. 다음 규칙을 기억하세요.

[규칙] 인슐린 호르몬은 호르몬 제국의 왕입니다

에너지 저장은 인슐린에 의해 제어됩니다. 인슐린은 호르몬의 왕입니다. 인슐린이 존재하면 포도당이 혈액에서 제거됩니다. 포도당 분자는 어디로 갈까요? 두 가지 중 하나입니다.

1) 포도당 소비 : 인슐린은 혈류에서 세포 내부로 포도당을 들여보냅니다. 뇌, 간, 근육, 피부 등의 모든 조직의 세포는 이 포도당을 에너지로 사용합니다.

2) 포도당 저장 : 인슐린은 혈류를 떠돌아다니는 잉여 포도당을 지방 세포에 저장합니다. 그리고 인슐린은 모든 지방 세포의 출구를 잠글 것을 명령합니다. 지방 세포가 새로운 에너지를 몸의 시스템으로 방출하지 않도록 명령합니다.

당신의 지방 세포는 강력한 지휘자 인슐린의 명령만 따를 뿐입니다. 만약 당신이 오렌지 주스를 마셨다면 즉각적으로 혈당이 상승하고 인슐린이 분비됩니다. 이 인슐린 때문에 체내의 모든 당은 혈류에서 흡수되어 가장 가까운 저장 세포에 저장됩니다. 인슐린이 존재하는 한 지방 세포는 비워지지 않습니다.

우리 몸은 에너지를 교환하기 위해서 최소한의 인슐린이 필요합니다. 당신의 췌장이 인슐린을 생산하지 못하면 생존하지 못합니다. 그래서 제1형 당뇨병 환자들은 외부에서 주사 형태로 인슐린을 공급받는 것입니다. 제1형 당뇨병 환자인 제 남성 환자는 허벅지 양쪽에 두 개의 큰 지방 조직 덩어리가 있습니다. 그는 허벅지의 같은 부위에 매번 인슐린을 주사했습니다. 인슐린 주사는 그의 생명을 구했습니다. 그가 당뇨병으로 사망하지 않은 것은 인슐린 주사를 맞았기 때문입니다.

주사를 맞은 부위는 어떻게 되었을까요? 지방이 자랐습니다. 그리고 점점 더 커졌습니다. 그의 허벅지 근육 세포는 지방을 저장하도록 설계되지 않았습니다. 하지만 인슐린의 지시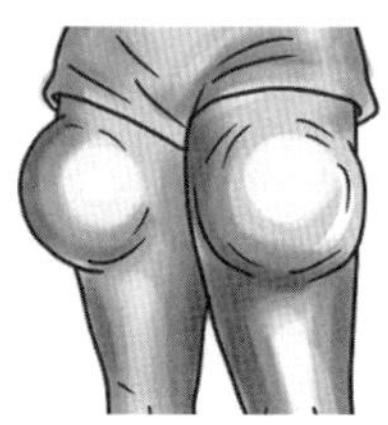에 따라 지방 세포는 명령을 따랐고, 포도당을 저장소로 빨아들였습니다. 그림 속 동그란 덩어리는 지방 세포가 과도하게 채워진 것입니다. 인슐린 주사는 근육 세포를 지방 세포로 바꿨습니다. 지방 세포는 주입된 인슐린의 영향을 반복적으로 받았기 때문에 원래보다 수백 배나 커졌습니다. 수십 년 동안 인슐린은 지방 세포 안에 지방을 가두었습니다. 허벅지에 저장된 지방은 수십 년 동안 쌓인 결과였습니다.

과거 인슐린 주사가 나오기 전, 의사들은 제1형 당뇨병 환자의 생명을 어떻게 구했을까요? 바로 '케톤식'입니다.

다음은 1915년에 발표된 제1형 당뇨병 환자에게 권장되었던 일일 권장 식단의 영양소 예시입니다.

· 탄수화물 : 10g, 40 칼로리(2%)

· 단백질 : 75g, 300 칼로리(17%)

· 지방 : 150g, 1350 칼로리(75%)

· 알코올 : 15g, 105 칼로리(6%)

· 총 섭취 음식 : 1,795 칼로리

QUANTITY OF FOOD Required by a Severe Diabetic Patient Welghing 60 kilograms. (joslin.)

Food	Quantity Grams	Calories per Gram	Total Calories
Carbohydrate	10	4	40
Protein	75	7	300
Fat	150	9	1,350
Alcohol	15	7	105
			1,795

STRICT DIET. (Foods without sugar.) Meats, Poultry, Game, Fish, Clear Soups, Gelatine, Eggs, Butter, Olive Oil, Coffee, Tea and Cracked Cocoa.

▲ 1915년, 제1형 당뇨병 환자에게 처방된 식단 예시

제1형 당뇨병 환자가 섭취한 대부분의 칼로리는 지방입니다. 1915년, 제1형 당뇨병 환자들의 식단 구성에서 케톤 생성을 방해하는 훼방꾼은 없었습니다. 식단에 알코올이 포함된 이유는 케톤산증을 예방하기 위한 안전장치로 보입니다. 케톤식은 제1형 당뇨병 환자에게만 도움이 될까요?

그렇지 않습니다. 우리 모두에게 도움이 됩니다. 현재 미국 인구의 60%가 당뇨 전 단계 및 당뇨병 환자입니다. 당뇨병이 해일처럼 몰아치고 있습니다. 100년 전 치료법의 귀환이 시급한 시점입니다. 지금 탄수화물 섭취를 줄이세요.

다음은 케토시스에 영향을 미치는 대표적인 식재료들입니다.

케토시스를 돕는 허용 식품

육류	소고기, 돼지고기, 양고기, 닭고기 등 모든 육류
가공육	살라미, 페퍼로니, 소시지, 스팸, 간부, 볼로냐, 핫도그, 베이컨, 햄 등 (전분이 없는 가공육 선택)
가금류	닭고기, 칠면조, 오리, 꿩 또는 모든 조류
달걀	달걀은 가성비 좋은 최고의 슈퍼푸드
해산물	모든 생선과 조개류. 연어, 넙치, 대구, 게, 새우, 조개, 굴, 홍합, 오징어, 문어, 건어물, 정어리, 참치 등
샐러드 및 잎채소 (1컵당 0.5~5g 탄수화물 함유)	잎채소, 민들레, 비트 채소, 케일, 겨자채소, 순무, 루콜라, 치커리, 엔다이브, 에스카롤, 펜넬, 라디치오, 로메인 상추, 케일, 근대, 파슬리, 상추, 부추, 새싹, 해초류 등
십자화과 채소 (1컵당 탄수화물 3~6g 함유)	양배추, 브로콜리, 콜리플라워, 순무, 냉이 등
흙 위에서 자라는 채소 (1컵당 탄수화물 2~4g)	샐러리, 오이, 호박, 부추, 아스파라거스, 가지 등
탄수화물 함량이 높은 생채소 (1컵당 탄수화물 3~7g 함유)	아스파라거스, 버섯, 죽순, 숙주, 피망, 무, 녹두, 왁스콩, 토마토
익힌 채소 (1 컵당 15~25g의 탄수화물)	완두콩, 아티초크, 오크라, 당근, 비트, 파스닙 등
치즈	저지방이 아닌 전지방 치즈를 선택
유제품	휘핑크림, 사워크림

케토시스를 방해하는 금지 식품

빵	밀가루, 호밀 가루, 또띠아, 와플, 롤, 파스타, 모든 빵
곡물	쌀, 현미, 밀, 시리얼, 쿠스쿠스, 그래놀라, 그릿, 파스타, 퀴노아, 만두피, 모든 곡물 음식
과일 주스	과일과 관련된 모든 주스
과일	사과, 살구, 바나나, 멜론, 체리, 자몽, 포도, 키위, 망고, 귤, 복숭아, 오렌지, 파파야, 배, 파인애플, 건포도 등
콩류	검은콩, 완두콩, 강낭콩, 리마콩, 두부, 대두 등
채소	옥수수, 감자, 호박, 참마, 고구마 등(뿌리채소)
우유	무지방 우유, 연유, 탈지유, 전유, 두유, 요거트 등
스낵	크래커, 팝콘, 감자튀김, 각종 칩 등
가공 음식	설탕 및 감미료가 함유된 모든 음식. 케이크, 비스킷, 브라우니, 사탕, 초콜릿, 쿠키, 달콤한 소스, 도넛, 아이스크림, 잼, 젤리, 케첩, 파이

케톤식을 개척한 선구자

이 책의 저자가 계속해서 강조하는 문구는 '하루 탄수화물 20그램'입니다. 케토시스의 세계로 가는 마법의 열쇠이기도 합니다. 이 열쇠를 처음 제안한 사람은 누구일까요? 바로 '로버트 앳킨스' Robert C. Atkins입니다. 그는 20세기 후반 가장 영향력 있는 다이어트 이론 중 하나를 제시한 의사입니다. 그가 집필한 〈앳킨스 다이어트 혁명〉Dr. Atkins' New Diet Revolution은 전 세계적인 베스트셀러가 되면서 엄청난 반향을 불러일으켰습니다. 앳킨스 박사의 이론은 모든 케톤식의 선구자로서 역할을 하였습니다. 이 책의 저자가 항암 투쟁의 무기로 선택한 이론도 앳킨스 박사의 케톤식 이론에 기반을 두고 있습니다.

지금부터 앳킨스 다이어트의 핵심 사항을 소개드립니다. 그의 프로그램은 매우 구체적이며 세분화되어 있습니다. 1단계 '전환'switch은 최소 2주 동안 진행하며 하루 탄수화물을 '20그램'으로 제한합니다. 이 책의 저자 아네트 보스워스가 가장 강조하는 부분이 1단계 '전환' 과정입니다. 이 전환 단계의 규칙을 따른다면 케토시스에 빠르게 진입할 수 있습니다.

2단계 '**지속 감량**'ongoing loss은 매주 하루 탄수화물을 5g씩 늘려갑니다. 2단계는 자신의 목표 체중에서 4.5kg 미달 시점까지 지속합니다. 3단계 '미세 조정'fine tuning은 매주 하루 탄수화물을 10g씩 늘려갑니다. 3단계는 '목표 체중'을 달성할 때까지 진행합니다. 자신이 원하는 목표 체중을 달성하면 본격적인 4단계 '평생 유지'life maintenance가 시작됩니다. 이때부터는 평생 지속하는 라이프 스타일이 됩니다.

〈앳킨스 영양학 프로그램 요약〉

Dr. Atkins Nutrition	1단계	2단계	3단계	4단계
	전환	지속 감량	미세 조정	평생 유지
하루 탄수화물	20그램 이하	20~50그램	50~100그램	탄수화물 임계점
매주 핵심 규칙	탄수화물 안녕!	5그램 증가	10그램 증가	체중 유지
단계 수행 기간	최소 2주 이상	목표 체중 4.5kg 미달 시점	목표 체중 달성	라이프 스타일
단계별 허용 음식: 고기, 생선, 해산물 / 모든 채소 녹말채소 제외 / 치즈, 버터, 오일 / 견과류 & 씨앗류 / 저탄수 과일 베리류 / 콩과 식물 / 모든 과일 / 녹말 채소 / 통곡물	전환 Switch / 지방을 태우는 몸으로	지속 감량 Ongoing Loss / 체중은 계속 줄어듭니다	미세 조정 Fine Tuning / 감량 속도를 늦추세요	평생 유지 Life Maintenance / 목적지에 도착했습니다

'전환' 단계에 진입하기 위한 12가지 규칙

1. 하루 20그램 이하의 탄수화물을 섭취하십시오.

2. 최소 '2주' 동안 진행하십시오.

3. 지방과 단백질이 풍부한 고지방 음식을 충분히 드세요.

4. 모든 밥, 빵, 면과 같은 곡물 음식과 결별하십시오.

5. 허용 식품 목록에 없는 음식은 먹지 마십시오.

6. 너무 배불리 먹지 말고, 만족감을 주는 양만큼 드세요.

7. 식품 라벨을 읽고, 탄수화물 수치를 확인하세요.

8. 소스와 드레싱에 숨겨진 탄수화물을 조심하세요.

9. 아스파탐과 같은 인공감미료를 피하세요.

10. 소금을 충분히 드세요. 부작용을 예방합니다.

11. 변비가 있다면 아마씨와 밀겨를 채소에 뿌려서 드세요.

12. 하루 최소 8잔의 물을 마시세요.

전환 단계에서 허용하는 음식

1. 모든 고기, 모든 가금류, 모든 계란, 모든 생선, 모든 해산물

2. 십자화과 채소는 허용합니다(뿌리채소는 허용하지 않음).

3. 버터, 치즈, 올리브오일, MCT오일, 코코넛오일

4. 설탕이 없는 향신료는 허용합니다.

5. 미네랄 워터, 생수, 육수, 소다수, 탄산수, 커피, 차

전환 단계의 핵심은 하루 탄수화물 '20그램'입니다. 이 기준을 지

키기 위한 간단한 규칙이 있습니다. 탄수화물이라고 생각되는 음식은 먹지 마십시오. 아니, 탄수화물을 먹지 않겠다고 생각하면 됩니다. 한국인은 전체 칼로리에서 탄수화물 비중이 60~70%를 섭취하고 있습니다. 하루 탄수화물 300~400g입니다. 너무 많은 탄수화물을 섭취하고 있습니다. 전환 단계를 진입하기 위해서는 먼저 밥, 빵, 면의 곡물 음식과 단호하게 결별하십시오.

마지막으로 당부드리고 싶은 말씀이 있습니다. 혈당 장애가 있거나, 탄수화물 중독자라고 자체 판단되는 분은 처음부터 과도한 욕심을 내지 않기를 바랍니다. 왜냐하면 탄수화물 식단에서 갑자기 하루 탄수화물 20g 규칙을 적용하게 되면 강력한 몸의 저항, 즉 '대사 저항성'에 직면할 수 있습니다. 그 저항은 다양한 케톤 전환 부작용의 형태로 다가올 수 있습니다.

왜, 이런 말씀을 드릴까요? 제가 직접 부작용을 경험했기 때문입니다. 저는 한 달 동안 불면증과 두통이라는 장애물을 경험해야 했습니다. 처음에는 케토시스 부작용인지도 몰랐습니다. 탄수화물 중독자였던 몸은 에너지 시스템 변환에 대해 강력한 반발을 했던 것입니다. 결국 한 달 만에 케톤 여행을 중도 포기해야 했습니다. 너무 의욕이 앞섰던 것입니다.

그렇다고 케톤 여행을 포기할 수는 없었습니다. 다음은 두 번째로 도전했던 방법입니다. 단계적으로 탄수화물 함량을 줄이는 방법을 선택했습니다.

예를 들면, 첫 2주는 하루 탄수화물 100g을 유지합니다. 이는 하루에 1끼만 밥 한 공기(햇반 기준 64g) + α(부식)를 먹는 것입니다. 그다음 2주는 하루 탄수화물 50g을 유지합니다. 하루 1끼만 밥 반 공기(햇반 기준 32g) + α(부식)를 먹는 것입니다. 그리고 한 달 후에, 본격적으로 하루 탄수화물 20g에 도전했습니다. 처음과 다르게 MCT오일을 섞은 사골 국물을 하루에 2~3잔씩 마셨습니다. 이 단계적 방법을 통해 부작용 없이 케톤 여행 궤도에 자연스럽게 올라설 수 있었습니다. 다분히 개인적인 견해이니 참고만 하시면 좋겠습니다.

다음은 일본 다카오 병원의 에베 코지 박사의 프로그램입니다. 앳킨스 박사에 비해 유연하고 단순한 방식이니 참고하시면 좋겠습니다.

3가지 식단	탄수화물 섭취 횟수			하루섭취 총탄수화물	3대 영양소 비율			하루기준 (밥)
	아침	점심	저녁		탄수화물	단백질	지방	
슈퍼	×	×	×	30~60g	15%	30%	55%	밥 안녕!
베이직	×	○	×	60~100g	30%	25%	45%	0.5공기
미니	○	○	×	100~130g	40%	20%	40%	1공기

<저탄수화물 3가지 방식>

위 식단에 대한 자세한 정보는 에베 코지 박사의 <탄수화물과 헤어질 결심>을 참고하시기 바랍니다.

5부

우리는 승리했지만...

16장
당신이 유혹에 무너질 때

"이런 일은 절대 일어나지 않습니다. 대체 6주 동안 무슨 일이 있었던 겁니까? 무슨 일을 하든 계속하세요. 3개월 후에 다시 뵙겠습니다."

담당의의 말을 몇 번이나 다시 되새겼는지 모릅니다. 6주간의 짧은 케톤 여행의 성과는 감동 그 자체였습니다. 케토시스는 암수치를 무려 30%나 감소시켰습니다. 줄행랑을 치는 암세포 군단의 뒷모습을 볼 수 있다니, 너무나 감격스러웠습니다. 저는 솔직히 암세포 수치가 줄어들 것이라고는 전혀 기대하지 않았습니다. 다만, 암세포가 더 이상 늘어나지 않기만을 기도했을 뿐입니다. 우리 가족은 함께 승리를 축하했습니다. 정말 뿌듯하고 감사했습니다. 케토시스는 암 군단의 거침없는 진격을 격퇴했습니다.

하지만 기쁨은 이내 분노로 바뀌었습니다. '왜 아무도 이 사실을 몰랐을까? 전문의들은 왜 모든 암 환자에게 이 방법을 권하지 않는 걸까?' 저도 책임에서 자유로울 수 없었습니다. 저 자신도 내과 의사로서 한창 전성기를 누리고 있었으니까요. 엄마가 죽음의 문턱 앞에 있는 지금, 이 사실을 알게 된 것이 부끄러웠습니다.

　종양 전문의와 만난 지 두 달이 지난 후, 엄마와 저는 케톤 규칙을 상당히 느슨하게 지키고 있다는 사실을 알게 되었습니다. 긴장의 끈을 놓고 있었던 거죠. 우리는 작은 승리의 기쁨에 도취해 있었습니다. 우리 둘 다 케톤 검사를 매일 하지 않고 있었습니다. 과거에 케톤 수치 목표에 도달한 적이 있으니, 이제는 케톤 수치를 매일 확인하지 않아도 괜찮다고 말입니다. 스스로에게 게으른 위로를 하고 있었던 것입니다.

　위기는 소리 없이 찾아온다고 합니다. 저 자신에게 진실을 말해야 했습니다. 솔직히 저는 매일 밤 달콤함이라는 악마의 속삭임에 시달리고 있었습니다. 단맛에 대한 갈망은 힘이 셌습니다. 설탕 대용품으로 선택한 스테비아, 자일리톨, 트루비아, 에리스리톨 등의 섭취가 점점 늘어났습니다. 의과대학 학위도 달콤함의 욕망을 억누르지는 못했습니다.

　저는 위로받고 싶었습니다. 유난히 스트레스가 많았던 날은 보상이라는 명목으로 단 것을 허용하기 시작했습니다. 저는 점점 더 많은 양의 설탕 대체품을 사용하고 있는 저 자신을 발견했습니다. 저의 극단적인 설탕 대용품 사용은 독성 수준에 이르렀습니다. 문제는 설탕 대체 식품의 단맛은 도리어 단맛에 대한 갈망을 불러일으켰던 것입니다. 단맛에 대한 자제력이 위협받고 있었습니다. 다시, 초심으로 돌아가야 했습니다.

17장
케톤 여행 9단계를 소개합니다

이제 케톤 여행을 떠날 준비가 되었나요? 먼저 이해해야 할 것이 있습니다. 자신과 굳은 약속을 할 시간입니다. 당신이 케톤 여행에 전념할 수 있다면, 미래에 변화된 자신을 기대해도 좋습니다. 매일 아침 새로운 열정과 함께 침대에서 일어날 것이며, 높아진 에너지에 활기찬 일상을 경험하게 될 것입니다.

혹시 체중을 감량하고 싶은가요? 좋습니다. 그럼, 자신만의 목표를 세우세요. 막연한 계획보다는 '10kg를 감량하겠어!'와 같은 구체적인 계획이 훨씬 더 좋습니다. 변화하고 싶은 그림을 마음속에 품고 있다면 성취할 가능성은 더 높아집니다. 넉넉한 뱃살은 건강에 문제가 생겼다는 몸이 보내는 이상 신호입니다. 또한 외모에도 영향을 줍니다. 과거 즐겨 입던 옷과도 헤어지게 만듭니다.

케톤 여행을 시작하고 실패하는 경우가 있습니다. 그 이유는 잠시 버스에 머무는 것처럼 이 여행을 시작했기 때문입니다. 그들은 체중 감량 목표를 달성한 뒤, 다시 과거의 식사 습관으로 돌아가곤 했습니다. 진정한 변화는 잠시 버스에 머무는 패키지 여행이 아닙니다. 잠시 버스를 타는 것처럼 생각하지 마십시오. 케톤 여행은 평생 지속해야 할 라이프 스타일의 변화입니다. 케톤 여행의 단계를 소개드립니다.

· 1단계 : 무설탕, 무전분, 고지방

케톤식을 가장 잘 설명하는 단어는 '무설탕, 무전분, 고지방'이라고 할 수 있습니다. 이 단어를 다시 한번 크게 읽어보세요. 이제 탄수화물과 헤어질 결심을 하십시오. 이제 건강한 지방을 만날 시간입니다.

· 2단계 : 마법의 숫자 '20' 기억하기

이 숫자가 당신을 구할 것입니다. 하루 탄수화물 '20그램'을 지키세요. 명확한 방법이 있습니다. 제가 허용하지 않은 식품은 최대한 먹지 마십시오. 당신이 탄수화물이라고 생각하는 모든 음식을 멀리하십시오. 다시 한번 강조합니다. 하루 탄수화물 '20그램'은 당신을 케토시스 세계로 입문할 수 있도록 돕는 마법의 열쇠입니다.

· 3단계 : 케톤 소변 스트립 구매하기

포도당 에너지에서 지방 에너지로 전환하기 위해서는 케톤 생성 여부를 알아야 합니다. 케톤 소변 스트립은 일반적으로 10달러가 채 되지 않습니다. 저는 여러 개의 스트립 병을 구입합니다. 집과 진료실 화장실에 이 스트립을 각각 놓아두었습니다. 이러한 환경을 만드는 것은 매우 중요합니다!

수십 년 동안 "선생님께서 권유한 식단은 저에게 효과가 없어요. 체중계의 숫자가 움직이지 않아요."라고 말하는 사람들을 코칭해 왔습니다. 이런 분들에게 케톤 소변 스트립은 매우 훌륭한 길잡이 역할을 할 것입니다. 스스로 자신의 진행 상황을 모니터링할 수 있게 해줍니다. 처음 2주 안에 케톤을 배출하면 좋습니다. 작은 성공의 경험은 계속 전진할 힘을 주기 때문입니다.

하지만 사람마다 '대사 저항성'metabolic resistance은 다릅니다. 어떤 이는 빠르게 케토시스에 돌입하기도 하지만, 다른 이는 저장된 당의 양과 인슐린 저항성의 크기에 따라 더 많은 시간이 필요하기도 합니다. 우리 몸은 수십 년 동안 당을 연료로 사용하는 데 익숙해져 있습니다. 일부 사람은 만성적으로 높은 인슐린 수치를 유지하며 살아왔을지도 모릅니다. 이분들은 시간과 인내심이 필요합니다. 혈당과 인슐린 수치가 모두 내려갈 때까지 케톤을 생성할 수 없다는 사실을 기억하세요.

내 몸의 인슐린 저항성은 어느 정도일까요? 답을 얻기 위해 혈액 검사를 받을 수 있습니다. 이 검사는 비용이 많이 들고 병원을 방문하기 위해 시간 투자를 해야 합니다. 대신에 케톤 소변 스트립을 사용하십시오. 비용도 높지 않고 매우 간단합니다. 스트립이 진한 분홍색으로 변하면 케톤이 생성되었다는 뜻입니다. 첫 케톤을 소변으로 배출하는 데 걸린 시간을 기록하세요. 스스로를 토닥이며 계속 나아가세요!

· 4단계 : MCT오일 구매하기

MCT오일은 케토시스 진입을 수월하게 도와줍니다. 'MCT'는 Medium Chain Triglycerides의 약자입니다. '중간 사슬 지방산'이라는 의미입니다. 이 지방산은 복잡한 대사 과정을 겪지 않고 바로 세포에 지방 에너지를 공급합니다. 즉, 빠르게 케톤 생성을 돕는 멋진 음식입니다. 저는 매일 아침 MCT오일을 섞은 사골 국물을 마십니다. 음식(국물)에 넣어서 먹어도 좋습니다. MCT오일에 대한 부분은 나중에 자세히 설명하겠습니다. 지역 상점에는 좋은 제품이 없을 가능성이 높으므로 인터넷에서 직접 구매하는 것이 좋습니다. MCT오일 제품 중에서 C8:C10 라벨 마크를 확인하세요.

· 5단계 : 주방 찬장 비우기

케톤식에 적응할 때 가장 어려운 장애물은 '유혹'에 대처하는 것입니다. 저는 의사였음에도, 엄마의 암 투병 동행자였음에도 달콤함의 유혹에 시달리곤 했습니다. 당신은 과거에 즐겨 먹던 고탄수화물 음식과 거리를 두어야 합니다. 아니, 결별이 필요합니다. 달콤함의 유혹을 원천적으로 차단하는 환경 설정이 중요합니다. 당신의 주방을 깨끗이 청소하세요. 단호해지세요. 당신이 여행을 지속하도록 도울 것입니다.

예를 들어, 알코올 중독자가 금주하기 위해서는 숨겨둔 술병부터 제거해야 하며, 마약 중독자가 단약을 하기 위해서는 주사, 숟가락,

라이터를 쓰레기통에 처넣어야 합니다. 탄수화물 중독자에게는 가공식품이 적입니다. 가공식품의 유혹은 생각보다 강렬합니다. 지금 주방과 냉장고를 채우고 있는 탄수화물 음식들을 제거하십시오. 집이라는 성역을 보호하세요. 머리띠를 질끈 묶고 지금 시작하세요.

아가베시럽	바베이도스 설탕	엿기름
블랙스트랩 당밀	흑설탕	버터 시럽
사탕수수당	캐러멜	캐럽 시럽
자당	옥수수 시럽	물엿
데이트 슈거	데메라라	덱스트란
당화 엿기름	수크로스	에틸 말톨
플로리다 크리스털스	과당	과일주스
갈락토스	글루코스	당밀
골든 시럽	포도당	액상 과당
사탕무당	전화당	락토스
말토덱스트린	말토스	메이플 시럽
무스코바도	원당	덱스트로스
정제 시럽	조청	수수 시럽
설탕	트리클	중백당

〈가면을 쓰고 있는 당의 얼굴〉

탄수화물이나 설탕 함량이 높은 식품은 모두 버려야 합니다. 보관할지, 버릴지 고민이 될 때는 제품의 뒷면을 읽어보세요. 가공 과정이 많이 된 식품이면 버리세요. 우리 가족은 밀가루, 쌀, 옥수수로 만들었거나, 설탕과 감미료가 들어간 음식은 모두 쓰레기통으로 추방하였습니다. 당은 다양한 가면을 쓰고 수많은 식품에 숨겨져 있습니다. 제품 라벨에서 첨가물을 확인하세요.

· 6단계 : 마법의 숫자를 기억하세요!

너무 중요한 숫자라 다시 강조합니다. 케토시스의 문에 들어서기 위해서는 하루 20g의 탄수화물만 섭취해야 합니다. 이제 당신이 계산해야 할 것은 오직 '탄수화물'뿐입니다. 칼로리도 아니고, 섬유질도 아니고, 지방과 단백질도 아닙니다. 탄수화물에만 집중하세요. 복잡한 순탄수화물이라는 단어도, 식이 섬유 양도 잊어버리세요. 오직 '20'을 기억하세요. 당신이 하루 탄수화물 20g 이하로 섭취했는지 어떻게 측정할 수 있을까요? 소변 속 케톤 색깔입니다.

지난 반세기 이상 미국의 의료계는 칼로리가 중요하다고 설교해왔습니다. 진짜일까요? 인슐린이 몸을 지배할 때는 칼로리가 중요하지 않습니다. 케톤 적응 후 칼로리 균형에 대해 이야기할 수 있습니다. 가장 먼저 집중해야 할 것은 혈중 인슐린 수치를 낮추는 것이며, 이는 고지방·저탄수화물을 의미합니다. 지금 당신의 임무는 탄수화물을 제한하는 것입니다.

· 7단계 : 포만감을 느낄 만큼 충분히 지방을 드세요

포만감은 케톤식이 다른 다이어트와 다른 중요한 차별점입니다. 굶주림이 없습니다! 음식에 대한 욕구가 줄어듭니다. 과장된 주장이 아닙니다. 케톤식은 배고픔을 느끼지 않을 만큼 충분히 지방 에너지를 몸에 공급합니다. 뇌는 포만감이라는 강력한 화학적 메시지를 전달받습니다. 이 과정은 탄수화물을 끊은 후 지방을 섭취할 때 시작됩니다.

쉽게 믿을 수 없다고요? 매일 아침을 방탄 커피와 시작해 보세요. 당신은 밤새 잠을 자느라 공복 상태입니다. 방탄 커피는 '커피 + 버터 + MCT오일 + 소금 + 물'로 제조합니다. 당신이 섭취하는 유일한 음식은 버터와 MCT오일입니다. 버터와 MCT오일은 대부분 포화 지방으로 이루어져 있습니다. 단지 커피 한잔이지만 아침에 느끼는 공복감이 사라지는 것을 느낄 수 있을 것입니다.

이제 식사를 할 때, 지방이 풍부한 육류, 생선, 해산물을 마음껏 드십시오. 지방이 뱃속을 가득 채우면 공복감은 사라지고 포만감이 찾아올 것입니다. 이제부터 몸이 하는 말을 주의 깊게 들어보세요. 뇌가 몸에 보내는 감각을 느껴보세요. 많은 사람들이 케톤식을 계속 지속하고 만족하는 이유입니다.

· 8단계 : 배고플 때만 음식을 드세요

불필요한 간식을 섭취하여 당에서 지방으로 전환하는 에너지 변환 프로젝트를 방해하지 마십시오. 아직 우리는 내 앞에 놓여있는 과자 봉지를 순식간에 비우는 습관이 남아있습니다. 습관은 무의식적인 상태에서 과거의 행동을 반복하도록 합니다. 그래서 습관은 무섭습니다. 자신의 습관을 알아차리세요. 처음에는 쉽지 않을 것입니다. 음식 일기를 작성하면 습관 교정에 도움이 됩니다. 이제 무의식을 지배하는 습관을 변화시킬 때입니다.

저는 아침 식사를 변화시키는 것이 어려웠습니다. 오랫동안 아침 식사가 하루 중 가장 중요한 식사라고 스스로를 세뇌해왔죠. 정말 배가 고픈 건지 아니면 습관적으로 아침을 먹는 건지 묻지 않았습니다. 당연한 것으로 생각하고 있었죠. 케톤식을 시작한 후, 제 아침 습관 변화를 위해 도전했습니다. 다음과 같은 미션을 정했습니다.

'배고픔을 느낄 때까지 음식을 섭취하지 않기!'

아침에 배고픔의 유령이 소리 없이 찾아오면 방탄 커피 한잔을 마시거나, 사골 국물을 마셨습니다. 얼마 지나지 않자, 아침 식사를 하지 않아도 공복감에 흔들리지 않게 되었어요. 이제 배가 고플 때만 드세요. 간식을 먹어야 한다면 탄수화물 대신 지방을 섭취하세요. 마카다미아와 같은 견과류는 지방 함량이 높아 든든한 지원군이 될 수 있습니다.

· 9단계 : 단백질 제한하기

제가 조언하는 환자들은 어느 순간 단백질을 과잉 섭취하곤 합니다. 그들은 지방을 늘리는 것과 단백질 섭취를 혼동하고 있습니다. 충분히 이해할 수 있습니다. 고단백 식단이 건강에 좋다는 개념은 오래전부터 존재해 왔습니다. 보디빌더와 건강식품을 홍보하는 사람들은 건강을 유지하기 위해 단백질 보충제를 권유합니다.

당연히 우리 마음속에는 단백질이 건강에 좋고, 고지방 식단은 부자연스럽다고 생각하게 되었습니다. 이러한 문화는 '사회적 통념'으로 자리 잡았습니다. 반면에 지방을 많이 섭취하는 것은 건강에 해롭다는 지방 공포증이 사회 깊숙이 침투하였습니다. 어쩌면 미디어가 이 게임에서 승리했을지도 모릅니다.

대사 시스템은 우리의 체중 감량을 제어합니다. 이 시스템에서 가장 중추적인 역할은 '인슐린 호르몬'이 담당하고 있습니다. 인슐린 수치가 낮으면 체중이 감소하고 반대로 인슐린 수치가 증가하면 체중은 증가합니다. 케톤식은 인슐린 호르몬 수치를 높이지 않습니다. 지방은 인슐린을 증가시키지 않으며, 탄수화물은 인슐린을 급증시킵니다. 과도한 단백질도 인슐린 수치에 영향을 줍니다. 제가 처음에 주방 찬장을 비우기에 돌입했을 때 가장 고민이 되었던 식료품도 단백질 파우더였습니다.

그렇다면 우리의 몸은 얼마만큼의 단백질이 필요할까요? 제가 환자들에게 가르치는 공식은 다음과 같습니다. 자신의 체중을 적어보세요. 예를 들어, 키가 175cm이고 체중이 65kg이라면 적절한 단백질 섭취량은 얼마일까요? 보통 체중 1kg에 단백질 1g입니다. 즉, 하루에 약 65g의 단백질을 섭취하면 됩니다. 이것은 단백질의 총량입니다. 당신이 먹는 고기의 중량과 헷갈리면 안 됩니다. 예를 들어,

삼겹살 100g에는 17g의 단백질이 함유되어 있습니다. 자연의 음식을 통해서 단백질 필요량을 초과하기는 어렵습니다. 단백질 필요량은 사람마다 달라질 수 있습니다. 높은 운동량과 근력 운동을 하는 사람은 1kg에 1.5~2g을 적정 단백질 섭취량으로 권합니다.

저는 케톤식 첫 달에 계속 실패했습니다. 케톤을 생성하지 못했습니다. 저는 매일 휘핑크림에 단백질 파우더 한 스쿱scoop을 보충해서 먹었습니다. 한 스쿱에는 50g의 단백질이 들어갑니다. 과도한 단백질로 인해 케토시스가 사라졌습니다. 지금 당신이 기억해야 할 숫자는 하루 탄수화물 '20g'입니다. 이 숫자는 유일한 숫자이며, 케토시스 진입을 위해 고수하기 바랍니다.

만약 당신이 케톤식 2주 차에 접어들었는데도 여전히 케톤이 나오지 않는다면 문제의 원인을 점검하십시오. 당신은 고지방 식단 대신, 고단백 식단을 섭취하고 있을 가능성이 높습니다. 제가 만나는 가장 흔한 실수입니다. 단백질을 너무 많이 섭취하면 몸에서 인슐린이 분출되기 시작합니다. 인슐린은 케톤의 적입니다.

18장
케톤은 어떻게 측정할까?

이제 칼로리를 신경 쓰지 말고 케톤을 측정하세요. 수십 년간의 식사 습관을 단번에 바꾸는 것은 간단하지 않습니다. 습관은 그리 만만한 친구가 아닙니다. 우리는 정확한 피드백 없이 습관을 바꾸는 것에 실패하곤 합니다. 케톤은 특별합니다. 케톤은 우연히 주어지는 것이 아닙니다. 측정하세요. 케톤을 생성할 수 있을 만큼 자신의 생활 습관을 개선했다는 것을 스스로 증명하세요.

그렇다면 케톤은 어떻게 측정할 수 있을까요? 케톤 생성 여부를 확인하는 방법에는 ① 혈액, ② 소변, ③ 호흡 3가지가 있습니다. 각 테스트는 3가지 유형의 케톤을 검사합니다. 3가지 케톤은 ① 아세토아세테이트, ② 베타-하이드록시 부티레이트, ③ 아세톤입니다. 이 중 두 가지 화학 물질, 아세토아세테이트와 베타-하이드록시 부티레이트는 우리 몸의 에너지원입니다. 우리 몸은 케톤 에너지를 생성할 때 부산물로 아세톤을 생성합니다.

· 아세토아세테이트 (acetoacetic acid: AcAc)

이 케톤은 혈액에서 발견되는 케톤 중 하나입니다. 간의 미토콘드리아 내부에서 만들어집니다. 아세토아세테이트는 간세포를 빠져나와 순환계로 들어가 에너지를 필요로 하는 다른 세포에 연료를 공급합니다. 몇 주 동안 케톤이 만들어지면 몸의 모든 세포가 케톤을 에너지로 사용하도록 훈련받게 됩니다. 이러한 상태를 '케톤 적응'ketone adaptation이라고 합니다.

간이 지방에서 연료 공장을 가동하게 되면 혈류에 많은 케톤 에너지가 공급됩니다. 혈중에 케톤 농도가 너무 높아지면 몸은 바로 조치에 들어갑니다. 혈류에 케톤이 과도하게 많으면 좋지 않기에, 우리 몸에는 이를 방지하기 위한 보호 기능이 내장되어 있습니다. '케톤산증'상태에 도달하기 전에 과잉 케톤을 제거합니다.

몸은 소변을 통해 아세토아세테이트를 배출합니다. 케톤 소변 스트립의 색깔이 진한 분홍색으로 변하는 것은 이 아세토아세테이트가 스트립에 화학 반응을 일으키기 때문입니다. 케톤 소변 스트립의 색깔이 변하는 것은 당신의 몸이 지방을 태우고 있다는 것을 증명하는 것입니다. 당신의 케토시스 상태를 체크하십시오.

· 베타-하이드록시부티레이트 (β-hydroxybutyrate: BHB)

이 케톤은 '아세토아세테이트'AcAc와 마찬가지로 혈액을 순환하는 연료입니다. 간세포의 에너지 발전소인 미토콘드리아에서

'베타-하이드록시부티레이트'BHB가 생성되면 몸의 에너지로 사용됩니다. 혈액 케톤 검사기는 혈액에 순환 중인 이 케톤의 양을 측정합니다. 이 수치는 '영양적 케토시스'nutritional ketosis를 가장 정확하게 측정하는 방법입니다.

· 아세톤 (acetone)

이 케톤 물질은 연료가 아닙니다. 아세톤은 혈류에서 아세토아세테이트AcAc가 만들어내는 노폐물입니다. 아세톤은 호흡을 통해 몸 밖으로 빠져나갑니다. 당신이 케톤식을 통해서 케토시스 상태에 진입하면 입에서 아세톤 냄새가 날 수 있습니다. 아세톤은 매니큐어를 지우는 데 사용되는 약품으로 알려져 있습니다. 주위 사람들이 당신에게 아세톤 냄새가 난다고 말할 수도 있습니다. 사람들에게 이런 지적을 받는다면 밝은 표정으로 이렇게 말씀하십시오.

"난 지방을 태우는 몸이 되고 있어!"

그렇다면 케톤을 측정하는 가장 쉬운 방법은 무엇일까요?

첫째, 저는 '소변'이라고 생각합니다. 저는 모든 환자에게 케톤 소변 스트립으로 시작하라고 말합니다. 이 스트립은 저렴하고 휴대가 간편합니다. 포도당에서 케톤으로 처음 전환할 때 매우 신뢰할 수 있습니다. 케톤 소변 스트립을 활용하십시오. 저는 혈액 케톤 측정기를 구입하기 전까지, 6개월 동안 이 방법을 사용했습니다. 왜 그랬을까요? 소변 케톤 검사는 고통스럽지 않고, 비용이 저렴하고, 휴대가 간편한 방법이기 때문입니다.

소변 케톤 스트립은 케토시스를 확인할 수 있는 훌륭한 도구입니다. 하지만 자신이 '얼마나 많은' 케톤을 생성하는지 알려주는 지표로 지나치게 의존하지 마세요. 일단 케톤에 적응되면, 소변 스트립으로 측정된 수치를 신뢰할 수 없으며 케토시스 여부만 확인할 수 있습니다. 케톤 수치에 너무 집착하지 마세요.

장점	단점
가격이 가장 저렴	소변 스트립은 케톤 연료의 부산물로 케톤을 측정합니다.
통증 없고 사용이 편리함	소변 스트립은 항상 정확하지는 않습니다. 공기 중에 너무 오래 방치되면 변질됩니다. 소량으로 구매하고 소변스트립을 밀봉해서 보관하세요.
몇 초 안에 결과 확인 가능	결과를 항상 신뢰할 수 없습니다. 케톤 적응 후에는 몸이 케톤을 더 효율적으로 사용합니다. 케톤을 연료로 사용하지만 소변으로 부산물을 배설하지 않을 수 있습니다. 이 경우 소변에는 케톤이 나타나지 않지만, 몸은 계속해서 케톤을 생산하고 사용합니다.

■ 소변 케톤 검사

둘째, 호흡으로 케톤을 측정할 수도 있습니다. 이 도구는 호흡으로 아세톤 분자를 감지할 수 있습니다. 아세톤 분자가 호흡으로 분출된다면 당신의 케토시스 상태를 측정할 수 있습니다. 이 측정 도구의 장점은 매번 소모성 스트립이 필요 없다는 사실입니다. 반면에 측정 도구가 다른 기구에 비해 다소 비싼 것이 단점입니다.

장점	단점
사용 방법 매우 쉬움	판매점이 제한되는 경우가 많아서 온라인에서 구입하는 것이 좋습니다.
어디서나 할 수 있음	모든 사람이 10-30초 동안 계속해서 측정기에 호흡을 불어넣을 수 있는 것은 아닙니다.
정확도가 혈액 검사에 가깝지만 완전히 동일하지는 않음	신체 연료인 케톤이 아닌 부산물로 배출되는 케톤을 측정합니다.
완전 무통증	초기 비용 높음. 구매 후에는 추가 비용 없이 테스트할 수 있습니다.

■ 호흡 케톤 검사

마지막으로 혈액으로 케톤을 측정할 수 있습니다. 혈중 케톤을 측정하는 것은 케토시스를 가장 정확하게 알 수 있는 방법입니다.

장점	단점
가장 정확한 측정 방법. 연료로 사용하는 케톤의 부산물이 아닌 직접적인 측정입니다.	케톤 혈액 검사 스트립은 비쌉니다.
케톤을 생성한 지 얼마나 되었든 관계없이 신뢰할 수 있는 결과를 제공합니다.	시중에서 혈중 케톤 검사 스트립을 구하기 어렵습니다. 인터넷 구매가 최선입니다.
연구자들은 데이터를 위해 이 방식의 케톤 측정법을 사용합니다. 건강상의 이유로 케톤식을 할 때, 이것만큼 과학적인 방법은 없습니다.	손가락 채혈이 필요합니다. 통증이 있습니다.

■ 혈중 케톤 검사

소변이나 호흡 측정과 달리 혈중 케톤은 케톤을 직접적으로 측정합니다. 이 검사는 '베타-하이드록시부티레이트'BHB라는 케톤을 측정합니다. 실험실이나 병원에 갈 필요는 없습니다. 몇 초 안에 당신의 케톤 수치를 알 수 있습니다. 정확하고 즉각적인 피드백을 받을 수 있습니다. 단점은 매번 손가락 끝을 찔러야 하는 고통이 발생하며, 일회용 케톤 스트립의 비용이 다소 높습니다.

혈중 케톤 수치 범위는 리터당 0.5~10밀리몰mmol/L입니다. 0.5보다 높은 수치는 당신이 현재 케토시스 상태에 진입했다는 것을 보여줍니다. 미리, 축하드립니다! 몸이 지방을 활활 태우게 되면 혈중 케톤 수치가 3.0~6.0으로 치솟을 수 있습니다. 몸이 케톤 에너지에 익숙해지면 케톤 수치BHB는 0.5~1.5 범위로 안정화됩니다. 참고로 케톤 소변 스트립은 혈중 케톤이 0.5 이상이면 진한 분홍색으로 바뀝니다. 혈중 케톤 수치는 당신이 원하는 바에 따라 목표 수치 범위가 다릅니다. 제가 임상에서 활용하는 케톤 수치는 다음과 같습니다.

- 체중 감량을 원할 때: 0.5mmol/L 이상
- 운동 능력 향상을 원할 때: 0.5mmol/L 이상
- 정신 능력 향상을 원할 때: 1.0~3mmol/L
- 특정 질병 치료를 원할 때: 2~6mmol/L

※ 저는 초기 6개월 동안 케톤 소변 스트립을 통해서 케톤 생성 여부를 체크했습니다. 6개월 후부터 혈중 케톤 검사를 시작했습니다. 초기에는 케톤 소변 스트립으로 시작하세요.

어떤 지방(기름)으로 요리해야 할까?

케톤식을 이끌어가는 영양소는 단연 '지방'입니다. 지방의 이해를 돕기 위해 '지방의 화학 구조'에 대한 설명을 부연합니다. 좀 복잡하더라도 끝까지 읽어주시면 감사합니다. 지방은 요리할 때 반드시 필요한 존재입니다. 지방이 없으면 맛이 없기 때문입니다. 지방은 기름, 오일, 유지와 같은 다양한 용어로 쓰이지만 본질적으로 같습니다. 지방을 구체적으로 살펴보면 다음과 같습니다.

포화 지방			육류, 달걀, 버터, 치즈, 코코넛 오일, 팜유
불포화 지방	단 불포화	오메가9	올리브 오일
	다 불포화	오메가6	콩기름, 옥수수기름, 홍화씨유, 카놀라유, 유채씨유
		오메가3	들기름, 아마씨유, 생선 기름
트랜스 지방			마가린, 쇼트닝

상온에서 고체의 형태를 띠면 포화 지방, 상온에서 액체의 형태를 띠면 불포화 지방이라고 합니다. 포화 지방이 상온에서 고체인 것은 화학적으로 안정적 상태이며, 불포화 지방이 액체의 형태인 것

은 화학적으로 불안정한 상태임을 말합니다. 다음은 포화 지방의 화학 구조입니다.

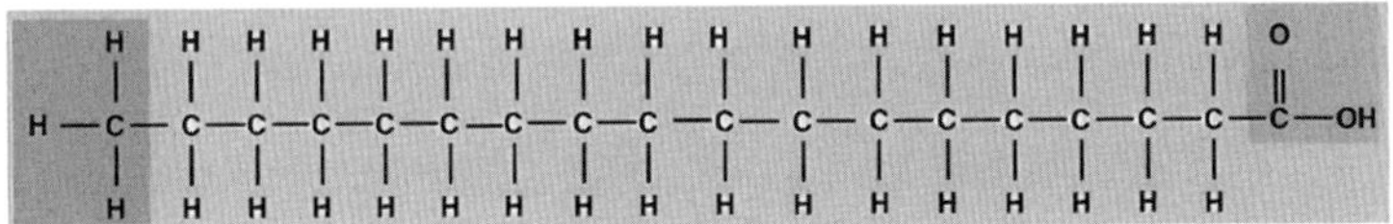

〈포화지방산(팔미틱산) – 탄소 이중 결합 없음〉

지방은 탄소C와 수소H의 결합체입니다. 포화 지방은 탄소C와 수소H가 안정적으로 결합되어 있는 것을 볼 수 있습니다. 이에 반해 불포화지방은 아래와 같습니다.

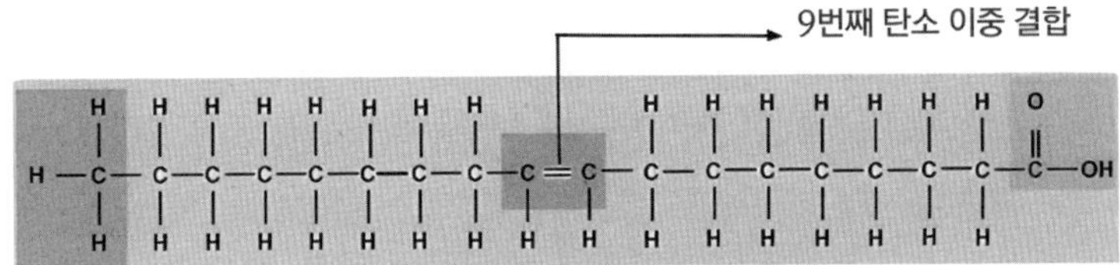

〈불포화지방산(올레인산 = 오메가9) – 이중 결합 1개〉

올리브오일의 화학 구조입니다. 불포화 지방은 상온에 액체를 띠고 있습니다. 그림 가운데 부분을 보시면 수소H가 부족해서 탄소C끼리 손을 맞잡고 있습니다. 이를 '이중 결합'double bond이라고 합니다. '올레인 산', 즉 '오메가 9'라고 부릅니다. '오메가 9'라고 부르는 이유는 9번째 탄소가 이중 결합을 했기 때문입니다.

이중 결합이 1개인 불포화 지방을 '단單불포화 지방'이라고 부릅니다. 핵심은 이중 결합이 많을수록 '산화'oxidation가 일어날 가능성이 높아집니다. 이를 '약한 고리'라고 생각해도 좋습니다.

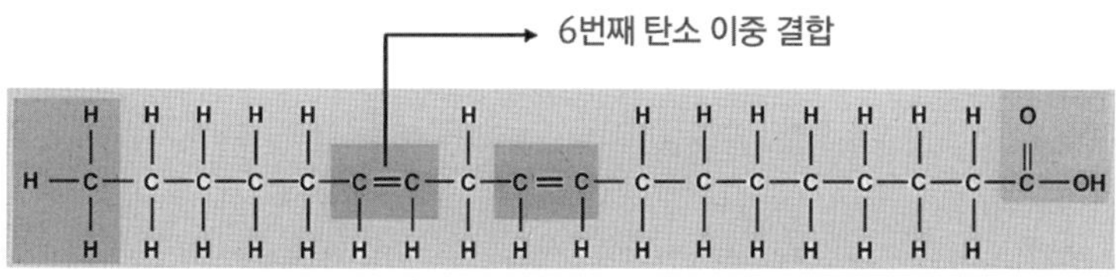

불포화지방산(리놀레산 = 오메가6) - 이중 결합 2개

　일반적인 식용유의 화학 구조입니다. 6번째 탄소가 이중 결합을 하므로 '리놀레산' 즉, '오메가6'라고 부릅니다. 오메가6는 그림에서 보면 이중 결합이 2개입니다. 그래서 다多불포화 지방으로 분류합니다. 이중 결합의 숫자가 늘어날수록 산화는 폭증하는 것입니다. 단불포화 지방은 이중 결합이 1개, 다불포화 지방은 이중 결합이 2개 이상입니다. 단순히 산화가 2배 일어나는 것이 아니라, 핵폭탄처럼 무수한 연쇄반응이 일어납니다.

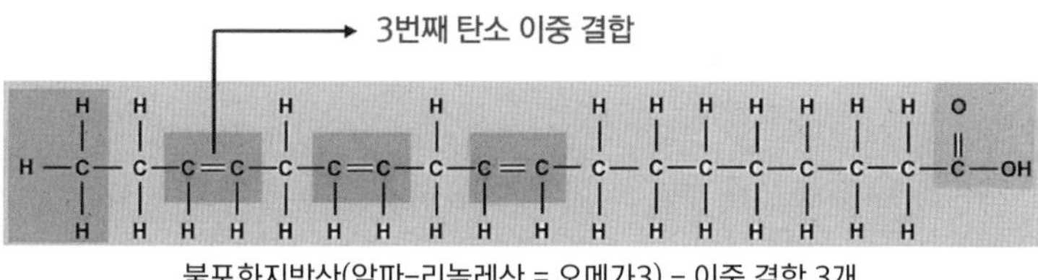

불포화지방산(알파-리놀렌산 = 오메가3) - 이중 결합 3개

　들기름의 화학 구조입니다. 3번째 탄소가 이중 결합을 하므로 '알파-리놀렌산', 즉 오메가3라고 부릅니다. 오메가3는 이중 결합이 3개입니다. 다多불포화 지방으로 분류됩니다. 그래서 오메가3는 산화 or 산패되기 쉽고, 보관하기가 무척 어려워서 조리용에 적합하지 않습니다. 직접 섭취하는 것이 좋습니다.

　결론적으로 포화 지방은 이중 결합이 없는 안정적인 화학 구조로 되어 있으며, 불포화 지방은 이중 결합이 있어서 불안정한 화학 구조로 되어 있습니다. 그래서 포화 지방은 요리할 때 '산화'가 일어날 가능성이 작습니다. 당연히 몸에 염증을 일으키지도 않습니다. 포화 지방이 불포화 지방보다 우월함을 알 수 있습니다. 이제 어떤 지방으로 요리해야 할까요? 바로 '포화 지방'입니다.

6부

케톤 여행을
시작하자!

19장
케톤, 엄마의 소원을 이루게 하다

엄마는 남은 여생을 최대한 즐기며 살고 싶었습니다. 그래서 자신만의 버킷리스트 목록을 하나하나 채워갔습니다. 저는 엄마의 버킷리스트 1위가 궁금했습니다. 그녀는 브로드웨이 라이브 쇼를 보고 싶어 했습니다. 하지만 오른발에 심한 무지 외반증을 고치기 전까지는 뉴욕 시내를 제대로 걸을 수 없었습니다. '무지 외반증'hallux valgus은 엄지발가락이 과도하게 휘어져서 변형된 상태를 말합니다.

10년 동안 엄마의 발가락은 뒤얽힌 칡뿌리처럼 덩어리로 진화했습니다. 엄마는 버킷리스트 여행을 위해 수술을 받기로 결심했습니다. 제 걱정은 수술 합병증이었습니다. 그녀는 암 환자였기 때문이죠. 우려가 현실이 되었습니다. 15분이면 끝날 수술이 무려 3시간이 넘게 걸렸습니다. 담당 외과 의사가 수술실을 나오며 말했습니다.

"흐물흐물한 뼈에 나사를 고정하는 것은 축축한 골판지에 못을 박는 것과 같았습니다. 최선을 다했지만, 죄송합니다."

엄마의 뼈는 정상인의 뼈와 달랐습니다. 날카로운 금속 물체를 받아들이기에는 너무 약했습니다. 결국 엄마의 발가락 수술은 실패했고 브로드웨이 쇼는 바람과 함께 사라졌습니다. 이 수술의 결과로 엄마는 한 달 넘게 목발에 의지해야 했습니다. 동시에 면역 체계에도 좋지 않은 영향을 주었습니다. 고령의 나이는 수술을 감당하기에도, 예기치 못한 감염에도 취약했습니다.

엄마의 노쇠한 발가락은 먹이와 피난처를 찾는 세균들에게 낙원 같은 곳이 되었죠. 나사가 발을 제대로 고정할 수 없었기에, 수술의는 엄마의 약한 뼈 사이로 여러 개의 철사를 밀어 넣었습니다. 약한 뼈를 고정하기 위해 외부 고정 장치를 사용했습니다. 발 전체를 철제 틀로 둘러싼 후, 발가락을 관통해서 철사를 그 틀에 연결하는 방식이었습니다. 마치 상처 부위를 철망에 가둬 움직이지 못하게 하는 것과 같았습니다.

문제는 엄마의 발을 감싼 장치가 어떤 물체에 부딪혔을 때였습니다. 엄마는 고통에 비명을 질렀습니다. 외부의 충격은 철사를 따라 발가락 뼈 깊숙이 요동쳤습니다. 더구나 이 철사들은 감염이 침투하는 직접적인 통로이기도 했습니다. 수술로 인한 상처는 감염의 출입구 역할을 했습니다. 메스는 당신의 최고 방어선인 피부를 찢기 때문입니다. 건강한 사람의 몸은 상처를 며칠 안에 봉합하지만, 엄마는 그렇지 못했습니다. 엄마의 면역 체계는 너무나 무너져 있었습니다.

　담당의도, 저도 엄마에게 드리워진 암울한 미래를 예상했습니다. 엄마의 망가진 발을 보면서 문득 환자들이 저에게 던졌던 질문이 떠올랐습니다.

　"선생님, 저라면 어떻게 하실 건가요?"

　"어떻게 제 문제를 해결하실 건지요?

　그 질문이 제 머릿속을 맴돌자, 엄마의 수술을 허용한 것에 대해 스스로를 책망했습니다. 최악의 경우, 엄마는 발가락을 절단할지도 몰랐습니다. 발가락을 지킬 수 있는 유일한 방법은 염증이 줄어들고, 감염이 발생하지 않고, 붓기가 빠지는 것이었습니다. 이제 진료실의 환자들이 던졌던 질문에 대해 스스로 답해야 했습니다. 제 대답은 하나였습니다.

　'다시 엄격한 케톤식으로 돌아가자!'

　아빠도 엄마의 망가진 발을 보면서 든든한 지원군이 되기로 다시 결심했습니다. 우리 가족 모두 함께 신발끈을 조여 매고 새로운 여정을 다시 떠나기로 했습니다. 우리는 케톤식을 엄격히 지켜 나갔습니다. 엄마에게 버킷리스트를 상기시키면서 격려했습니다. 이 과정을 통해서 우리는 더 많은 것을 배울 수 있었습니다.

　발가락 수술 3개월 후, 케톤은 우리를 배신하지 않았습니다. 케톤을 생산하기 시작한 이후 엄마의 몸속 깊은 곳에서는 심오한 일이 일어나고 있었습니다. 엄마는 어떠한 합병증도 없이 완벽히 치유되었습니다. 다시 걷게 된 것입니다. 치유의 효과가 쉽게 믿기지 않았습니다. 20년 동안 진료를 통틀어 한 번도 본 적 없는 임상 사례였습니다. 엄마는 크리스마스이브에 브로드웨이 라이브 쇼를 볼 수 있었습니다. 그녀의 생전에 이루어지지 않을 것만 같았던 소원 하나가 실현된 것입니다.

엄마가 케톤 여행을 시작한 지 7개월이 지났습니다. 엄마는 천천히 하지만 너무 쉽게 체중을 감량했습니다. 총 11kg이 줄어들었습니다. 그녀의 피부는 5월의 아름다운 신부처럼 광채로 빛났습니다. 엄마는 잘 견뎌냈습니다. 아주 잘 말입니다. 그녀의 에너지는 우리 가족을 놀라게 했습니다. 제가 십 대 때 기억하는 열정적인 여인의 표정을 짓고 있었습니다. 그녀는 빛이 났습니다.

20장
케톤 전환 5단계 로드맵

케톤식의 치유 효과가 이렇게 엄청난데, 왜 모든 사람이 이 식단을 따르지 않을까요? 문제의 중심에 바로 '미국 표준 식단'Standard American Diet: SAD이 있습니다. 미국 표준 식단은 전체 칼로리에서 탄수화물이 무려 60%를 차지하고 있습니다. 지방 25%, 단백질 15% 비율을 권유하고 있습니다. 이런 식으로 식사를 하면 몸의 모든 세포는 전적으로 포도당으로부터 연료를 공급받습니다. 뇌부터 피부까지 우리 몸은 당을 에너지로 사용합니다. 다량의 솔잎과 나뭇잎을 단시간에 태우는 것과 같습니다.

특히 과체중과 비만인 사람들은 체내 인슐린 시스템이 이미 망가져 있을 가능성이 있습니다. 그들의 높은 인슐린 수치는 지방을 세포 안에 머물게 하고, 식욕을 불러일으키고, 인슐린을 끊임없는 악순환에 빠지게 합니다. 이러한 악순환을 멈출 수 있는 마법의 숫자가 있습니다. 바로 '하루 탄수화물 20g'입니다. 케톤 전환의 단계를 자세히 설명하겠습니다.

1단계 - 혈액 내 포도당을 사용합니다

· 진입 시간: 탄수화물 제한 4시간 전후

· 진행 과정: 혈중에 존재하는 당을 연소시킵니다. 연료는 100% 포도당입니다. 신체의 어떤 부위에서도 케톤을 에너지로 사용하지 않습니다. 당연히 뇌도 포도당으로만 구동됩니다.

1단계는 혈액에 있는 포도당을 처리하는 것으로 시작됩니다. 당신이 탄수화물을 섭취할 때마다 몸은 1단계 시점으로 다시 재설정됩니다. 1단계는 짧습니다. 탄수화물을 추가로 섭취하지 않는다면 4시간 전후에 종료됩니다. 마지막 탄수화물 섭취 후 2시간 후에, 잠자리에 드세요. 수면 중에 자연스럽게 1단계가 종료되어 있을 것입니다. 축하합니다!

■ 케톤 전환 1단계

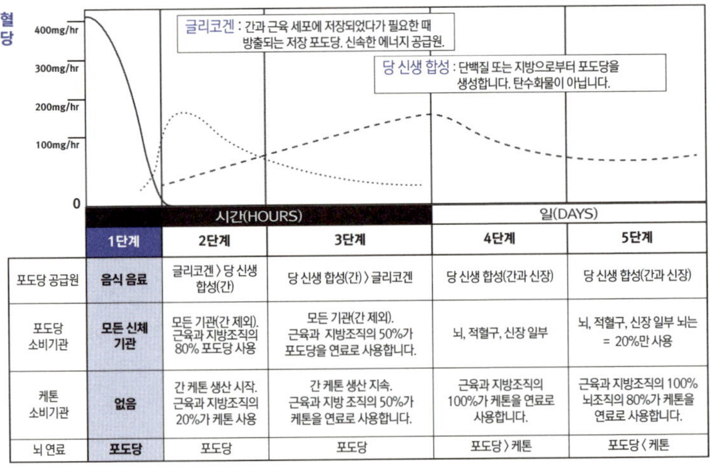

	1단계	2단계	3단계	4단계	5단계
포도당 공급원	음식 음료	글리코겐 〉당 신생 합성(간)	당 신생 합성(간) 〉글리코겐	당 신생 합성(간과 신장)	당 신생 합성(간과 신장)
포도당 소비기관	모든 신체 기관	모든 기관(간 제외). 근육과 지방조직의 80% 포도당 사용	모든 기관(간 제외). 근육과 지방조직의 50%가 포도당을 연료로 사용합니다.	뇌, 적혈구, 신장 일부	뇌, 적혈구, 신장 일부 뇌는 = 20%만 사용
케톤 소비기관	없음	간 케톤 생산 시작. 근육과 지방조직의 20%가 케톤 사용	간 케톤 생산 지속. 근육과 지방 조직의 50%가 케톤을 연료로 사용합니다.	근육과 지방조직의 100%가 케톤을 연료로 사용합니다.	근육과 지방조직의 100% 뇌조직의 80%가 케톤을 연료로 사용합니다.
뇌 연료	포도당	포도당	포도당	포도당 〉케톤	포도당 〈 케톤

2단계 - 간에 저장된 포도당을 연소합니다

· 진입 시간: 탄수화물 제한 12시간 전후

· 진행 과정: 몸의 연료는 여전히 100% 포도당이지만, 연료는 글리코겐이라는 저장된 당에서 나옵니다. 이 과정에서도 뇌는 포도당으로만 구동됩니다.

당신은 혈류에 순환하는 당분을 연소시켰습니다. 탄수화물을 추가로 섭취하지 않는다면 당신의 간은 저장된 당을 사용합니다. 이 당은 '글리코겐'glycogen이라는 포도당 저장 창고에서 나온 것입니다. 글리코겐은 간과 근육에 저장되어 있습니다. 글리코겐에 저장된 당을 모두 소모하는 데는 얼마나 걸릴까요? 사람마다 모두 다릅니다. 간과 근육의 크기와 에너지 사용량에 따라 달라집니다.

■ 케톤 전환 2단계

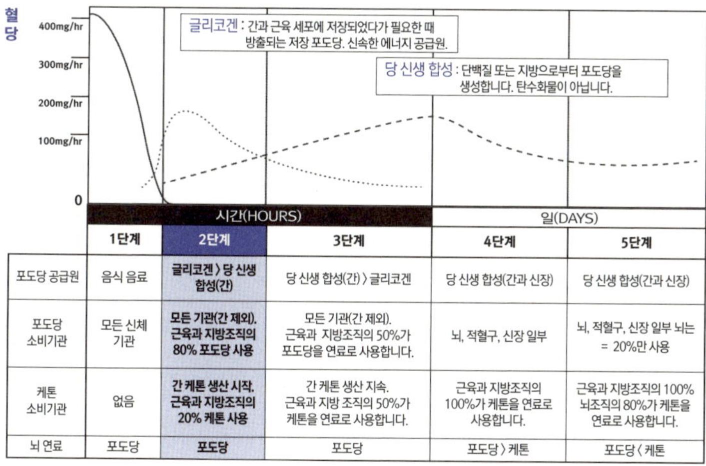

	1단계	2단계	3단계	4단계	5단계
포도당 공급원	음식 음료	글리코겐 〉당 신생 합성(간)	당 신생 합성(간) 〉글리코겐	당 신생 합성(간과 신장)	당 신생 합성(간과 신장)
포도당 소비기관	모든 신체 기관	모든 기관(간 제외). 근육과 지방조직의 80% 포도당 사용	모든 기관(간 제외). 근육과 지방조직의 50%가 포도당을 연료로 사용합니다.	뇌, 적혈구, 신장 일부	뇌, 적혈구, 신장 일부 뇌는 = 20%만 사용
케톤 소비기관	없음	간 케톤 생산 시작. 근육과 지방조직의 20% 케톤 사용	간 케톤 생산 지속. 근육과 지방 조직의 50%가 케톤을 연료로 사용합니다.	근육과 지방조직의 100%가 케톤을 연료로 사용합니다.	근육과 지방조직의 100% 뇌조직의 80%가 케톤을 연료로 사용합니다.
뇌 연료	포도당	포도당	포도당	포도당 〉케톤	포도당 〈 케톤

간의 크기는 과거 당신이 받아온 스트레스에 따라 달라지기도 합니다. 간은 스트레스를 감당하기 위해 끊임없이 새로운 세포를 성장시킵니다. 만약 당신이 수십 년 동안 과도한 음주를 했다면 간세포가 더 많이 만들어졌을 가능성이 높습니다. 마찬가지로, 탄수화물을 과도하게 섭취했다면 잉여 당을 저장하기 위해 간의 크기가 클 가능성이 높습니다.

제 경험상 간이 큰 환자는 알코올 중독자가 아니었습니다. 탄수화물에 중독된 환자들의 간의 크기가 더 컸습니다. 그들은 오랜 시간 과도하게 탄수화물을 섭취하는 습관으로 간을 과도하게 채웠습니다. 그들은 저장된 당을 비우는데 충분한 시간을 갖지 않았습니다. 또한 탄수화물 중독자 대부분은 비알콜성 지방간을 앓고 있었습니다.

당뇨병 환자의 간은 섭취한 탄수화물의 압력으로 인해 부담을 받아온 경우입니다. 당뇨병 환자의 간은 탄수화물의 공세를 따라잡기 위해 점점 더 많은 간세포를 만들어냅니다. 인슐린 호르몬은 포도당을 미토콘드리아의 용광로로 보내기 위해 초과 근무를 하게 됩니다. 인슐린의 위험 신호는 끊임없이 울립니다. 인슐린은 비명을 지르면서 끊임없는 경보 신호를 보냅니다.

당신의 간은 안녕한가요? 주기적으로 포도당 저장 창고를 비우고 있나요? 한번 확인해 보십시오. 12시간 동안 물만 마신 상태에서 공복 혈당을 확인해 보세요. 혈당 측정기를 마련하는 것도 좋은 선택입니다. 이 측정 도구는 저렴한 가격으로 판매되고 있습니다. 당신의 몸이 글리코겐을 모두 비웠다면 공복 혈당은 55~80mg/dL일 것입니다. 이 수치는 당신의 간 크기가 정상이라는 확실한 증거입니다.

최근 몇 년 동안 탄수화물을 너무 많이 섭취하는 습관을 갖고 있었다면, 12시간 안에 저장된 탄수화물을 모두 태우지 못할 수 있습니다. 아니, 20시간이 걸릴 수도 있습니다. 일부 중증 과체중 환자는 일주일이 걸리기도 했습니다. 12시간 후 공복 혈당이 120mg/dL 이상이면 혈당 장애가 있는 것입니다. 바로 '당뇨병' 상태입니다.

3단계 - 간에서 케톤을 생성하기 시작합니다

· 진입 시간: 탄수화물 제한 24시간 전후

· 진행 과정: 몸의 에너지는 여전히 포도당이지만 간에서 케톤을 만들기 시작합니다. 일부 신체 기관에서 케톤을 연료로 사용합니다. 뇌는 여전히 포도당으로만 구동됩니다.

체중 감량에 어려움을 겪는 비만 및 과체중 환자들은 다음과 같이 자신의 심정을 털어 놓곤 합니다.

"모든 다이어트를 다 해봤어요. 하나도 효과가 없었어요."

"남성인데 임신한 배를 갖고 있어요. 고칠 수 있을까요?"

"위 우회술로 체중이 줄었지만, 원상태로 돌아왔습니다."

위와 같이 말하는 사람들은 오랫동안 간에 문제가 있었을 가능성이 높습니다. 일부 환자들은 과체중과 비만으로 위 우회술, 위 밴드 수술의 결단을 내리기도 합니다. 수술 후 체중이 줄어들지만 시간이 흘러 과거의 체중으로 돌아오곤 합니다. 다이어트 약과 항우울제를 복용하고 호르몬 주사를 투여했음에도 불구하고 말입니다.

이런 요요 현상을 경험하는 사람들은 모두 체중 감량을 막는 숨겨진 악동과 지난한 싸움을 하고 있습니다. 그 적의 이름은 바로 '인슐린 저항성'insulin resistance입니다. 그들은 오랜 시간 고혈당으로 인해서 높은 인슐린 수치를 갖고 있었습니다. 이를 '고인슐린혈증'hyperinsulinemia이라고 합니다. 그들 대부분은 비알코올성 지방간이 있는 경우가 많습니다.

■ 케톤 전환 3단계

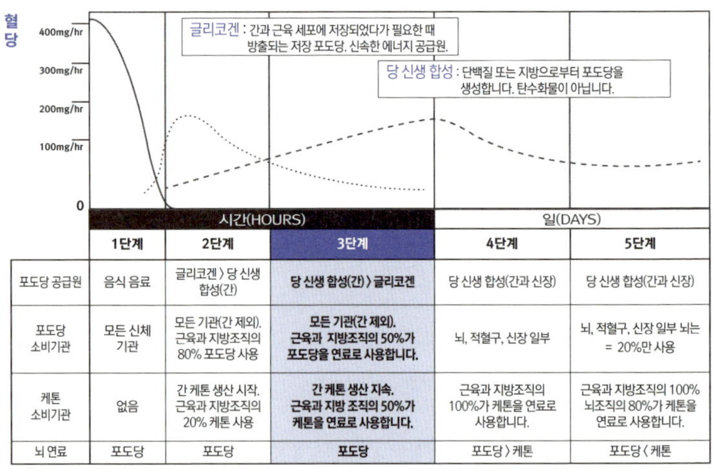

	1단계	2단계	3단계	4단계	5단계
포도당 공급원	음식 음료	글리코겐 〉 당 신생 합성(간)	당 신생 합성(간) 〉 글리코겐	당 신생 합성(간과 신장)	당 신생 합성(간과 신장)
포도당 소비기관	모든 신체 기관	모든 기관(간 제외). 근육과 지방조직의 80% 포도당 사용	모든 기관(간 제외). 근육과 지방조직의 50%가 포도당을 연료로 사용합니다.	뇌, 적혈구, 신장 일부	뇌, 적혈구, 신장 일부 뇌는 = 20%만 사용
케톤 소비기관	없음	간 케톤 생산 시작. 근육과 지방조직의 20% 케톤 사용	간 케톤 생산 지속. 근육과 지방 조직의 50%가 케톤을 연료로 사용합니다.	근육과 지방조직의 100%가 케톤을 연료로 사용합니다.	근육과 지방조직의 100% 뇌조직의 80%가 케톤을 연료로 사용합니다.
뇌 연료	포도당	포도당	포도당	포도당 〉 케톤	포도당 〈 케톤

이제 당신의 대사 시스템을 망가뜨리고 있는 인슐린 저항성의 사슬을 끊을 필요가 있습니다. 그 사슬을 끊을 수 있는 구원투수가 바로 '케톤'입니다. 2단계에서 3단계로 진입한 시점은 정확히 알 수 있습니다. 어떻게요? 소변에서 케톤이 나오기 시작한다는 점입니다! 물론 케톤 배출의 시기는 사람마다 간의 변수로 인해서 다릅니다. 3단계에 도달하는 데 걸리는 시간을 기록해 보세요.

3단계로 진입할 방법은 단순하고 명확합니다. 하루 탄수화물 섭취량을 20g 이하로 줄이세요. 이렇게 하면 당에 의존하는 시스템에 충격을 줍니다. 3단계에서는 신체의 특정 부위가 케톤을 연료로 사용하도록 전환합니다. 지방 세포, 근육, 피부, 내부 장기(심장, 폐, 신장), 뇌 등이 케톤 에너지를 단계적으로 활용합니다. 이것은 케톤 사용에 가장 잘 적응하는 세포부터 가장 적응하지 못하는 세포까지 순위를 매긴 것입니다. 뇌는 에너지 전환에 대해 가장 저항력이 강해서, 지방 에너지로의 전환에 가장 늦게 적응합니다. 뇌가 지방 에너지에 적응하면 기분이 정말 좋아집니다.

제가 추천하는 단계별 전환 방법은 다음과 같습니다. 다음 과정을 참고해 주세요. 당신이 저녁 7시에 탄수화물 중심의 식사를 하고 밤 11시에 잠자리에 들었다고 가정해 보겠습니다. 다음 날 아침 7시에 기상한다고 한다면 12시간 공복을 유지한 상태일 것입니다. 지금부터 '저장 창고'를 채우고 있던 당이 서서히 줄어들기 시작합니다.

저는 매일 아침 MCT 사골 국물 또는 버터를 섞은 방탄 커피, 그리고 달걀 음식을 제한 없이 마음껏 먹습니다. 병원으로 출근할 때는 식사 중간에 간식으로 먹을 수 있는 고지방 치즈와 소시지를 준비합니다. 점심에 소시지 패티나 베이컨 두 개를 먹습니다. 저녁을 외부 식당에서 해결할 경우는 치즈 드레싱에 찍어 먹는 버팔로 윙을 주문합니다. 배가 부를 때까지 식사합니다. 음료는 물만 추가합니다.

저녁 9시에 귀가합니다. 이 시간에는 제 간에 저장된 당은 모두 비어 있을 것입니다. 지금부터 서서히 케톤이 생성되기 시작합니다. 평소처럼 탄수화물 간식을 먹는 것은 잊어버리세요. 휴식을 갖고 바로 잠자리에 드세요. 이제 탄수화물을 마지막으로 섭취한 지 24시간이 지났습니다. 다음 날 아침 7시에 일어나면 탄수화물을 섭취한 지 36시간이 지났습니다. 당신은 자연스럽게 3단계에 접어든 것입니다.

아침에 케톤 소변 스트립을 확인하세요. 스트립의 색깔이 옅은 분홍색이면 성공입니다. 만약 당신이 과도한 업무를 했거나, 스트레스 상황에 있거나, 탄수화물을 섭취했다면 아직 3단계에 도달하지 못할 수도 있습니다. 탄수화물 중독이 심하거나, 오랜 시간 과체중이거나, 당뇨병이 있는 경우, 케톤 검사 결과가 양성으로 나오기까지 하루가 더 걸릴 수 있습니다. 매일 아침 소변을 볼 때마다 케톤 소변 스트립을 확인하세요. 너무나 중요한 습관입니다.

현재 내가 어느 단계에 있는지 아는 것은 중요합니다. 2단계에 있나요? 아니면 3단계에 도달했나요? 케톤 소변 스트립을 확인하는 습관은 당신이 포기하고 싶을 때, 당신이 지루함에 빠졌을 때, 당신의 여정을 돕는 셰르파 역할을 할 것입니다. 중도에 포기하는 것은 내 몸에서 무슨 일이 일어나고 있는지 모를 때 시작됩니다. 케톤 스트립의 분홍색 색깔은 멋진 성과의 증거입니다.

저는 나약한 의지를 갖고 있었습니다. 케톤식 시작 후, 1주일 만에 분홍색 케톤 스트립을 만날 수 있었습니다. 하지만 그 후에 한 달 동안 분홍색은 자취를 감춰버렸습니다. 도대체 어디로 갔는지 돌아올 생각이 없었습니다. 그 실망감은 한 달 내내 계속되었습니다. 제 케톤식이 실패한 원인을 나중에야 알 수 있었습니다.

저는 인슐린 저항성이 있었고 단백질을 너무 많이 먹고 있었습니다. 아무 생각 없이 단백질 보충제를 용량 초과해서 먹고 있었던 것입니다. 껌, 기침약, 음식 소스에 탄수화물이 숨어 있다는 사실도 몰랐어요. 저는 마요네즈와 밀가루로 만든 수프도 즐겼습니다. 음식에 숨겨진 탄수화물을 간과했던 것입니다. 케톤이 사라졌던 것도 무리가 아니었죠. 만약 케톤 소변 스트립이 없었다면 분명 중도 포기했을 것입니다. 제가 어떤 실수를 하고 있는지 알 수 없었을 겁니다. 처음 몇 주 동안은 하루에 여러 번 소변 케톤을 확인해도 좋습니다.

4단계 – '전환' TRANSITIONING

· **진입 시간:** 탄수화물 제한 2주(14일) 전후

· **진행 과정:** 이제 당신의 에너지는 케톤과 포도당을 함께 사용합니다. 시간이 흐를수록 더 많은 구간에서 케톤을 연료로 사용합니다. 뇌는 대부분 포도당으로 구동되지만, 일부 뇌세포는 케톤을 사용합니다.

■ 케톤 전환 4단계

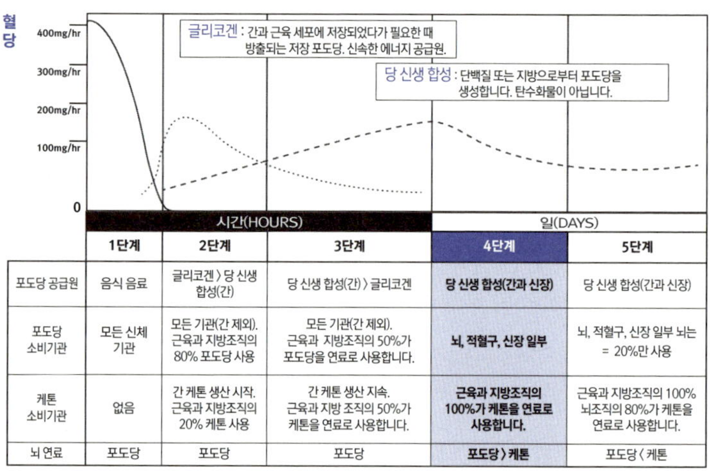

	1단계	2단계	3단계	4단계	5단계
포도당 공급원	음식 음료	글리코겐 〉 당 신생 합성(간)	당 신생 합성(간) 〉 글리코겐	**당 신생 합성(간과 신장)**	당 신생 합성(간과 신장)
포도당 소비기관	모든 신체 기관	모든 기관(간 제외). 근육과 지방조직의 80% 포도당 사용	모든 기관(간 제외). 근육과 지방조직의 50%가 포도당을 연료로 사용합니다.	**뇌, 적혈구, 신장 일부**	뇌, 적혈구, 신장 일부 뇌는 = 20%만 사용
케톤 소비기관	없음	간 케톤 생산 시작. 근육과 지방조직의 20% 케톤 사용	간 케톤 생산 지속. 근육과 지방 조직의 50%가 케톤을 연료로 사용합니다.	**근육과 지방조직의 100%가 케톤을 연료로 사용합니다.**	근육과 지방조직의 100% 뇌조직의 80%가 케톤을 연료로 사용합니다.
뇌 연료	포도당	포도당	포도당	**포도당 〉 케톤**	포도당 〈 케톤

4단계에 진입하면 간은 케톤을 잘 만들어냅니다. 혈액에는 케톤이 풍부해집니다. 혈중 케톤 농도는 2~3mmol/L로 상승합니다. 간에서 이 연료를 꾸준히 배출하는 동안 대부분의 신체 부위는 케톤 에너지 사용에 익숙해집니다. 4단계가 끝나면 혈중 케톤 수치는 0.5~1.5mmol/L 범위로 안정화됩니다.

여기서 질문 하나가 떠오릅니다. 왜 소변으로 케톤이 배출될까요? 왜 소중한 케톤 연료가 소모되는 걸까요? 4단계에 이르면 간의 케톤 생산 능력과 몸의 케톤 사용 능력 사이에 불일치가 발생합니다. 신장은 이 과정을 면밀히 관찰합니다. 케톤이 너무 많으면 신장은 케톤을 소변으로 배출합니다. 신장과 폐는 과잉의 케톤을 배출하는 밸브 역할을 합니다.

귀중한 케톤이 낭비된다고 실망하지 마세요. 케톤은 원래 지방 칼로리였다는 사실을 기억하세요. 말 그대로 과잉의 칼로리가 소변으로 배출되는 것입니다! 배출의 양만큼 당신의 체지방이 녹아내리는 것입니다. 즐거운 체중 감량이 시작됩니다. 4단계가 끝나면 거의 모든 세포가 케톤 연료로 활성화됩니다. 탄수화물을 하루에 20g 미만으로 섭취하면 탄수화물 저장 탱크가 비어 있을 수 있습니다. 더 많은 세포가 케톤을 사용함에 따라 우리 몸은 포도당을 점점 더 적게 만들어냅니다.

그런데 이런 의문이 듭니다. 탄수화물을 섭취하지 않고 저장 창고의 당을 모두 소모했는데 미량의 포도당은 어디에서 오는 걸까요? 그것은 당신의 체지방에서도 나옵니다. 지방산은 '3개의 사슬' 글리세롤으로 이루어져 있습니다. 이 3개의 사슬은 포도당으로 변환될 수 있습니다. 이 소량의 포도당은 아직 케톤을 받아들이지 못하는 장기를 위해 사용됩니다.

5단계 – 케톤 적응 단계

· 진입 시간: 한 달 전후 + 남은 인생

· 진행 과정: 몸의 에너지는 대부분 케톤이며 더불어 약간의 포도당도 사용됩니다. 뇌는 케톤으로 구동되지만, 여전히 포도당도 일부 사용합니다.

5단계는 몸이 원래 설계된 대로 잘 작동하는 시기입니다. 세포 속 미토콘드리아는 이제 케톤 연료를 효율적으로 생산하고 처리합니다. 케톤이 꾸준하고 지속적으로 공급되므로 세포의 케톤 처리 효율이 높아집니다. 5단계에서는 케톤의 생산과 소비가 균형을 이루기 시작합니다. 5단계는 혈중 케톤이 현저히 감소하는 시기이기도 합니다. 소변으로 배출되는 케톤의 양도 감소합니다.

■ 케톤 전환 5단계

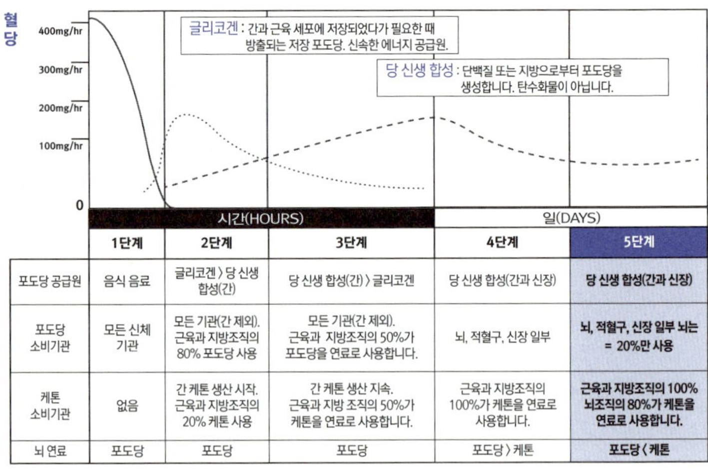

	1단계	2단계	3단계	4단계	5단계
포도당 공급원	음식 음료	글리코겐 〉당 신생 합성(간)	당 신생 합성(간) 〉글리코겐	당 신생 합성(간과 신장)	당 신생 합성(간과 신장)
포도당 소비기관	모든 신체 기관	모든 기관(간 제외). 근육과 지방조직의 80% 포도당 사용	모든 기관(간 제외). 근육과 지방조직의 50%가 포도당을 연료로 사용합니다.	뇌, 적혈구, 신장 일부	뇌, 적혈구, 신장 일부 뇌는 = 20%만 사용
케톤 소비기관	없음	간 케톤 생산 시작. 근육과 지방조직의 20% 케톤 사용	간 케톤 생산 지속. 근육과 지방 조직의 50%가 케톤을 연료로 사용합니다.	근육과 지방조직의 100%가 케톤을 연료로 사용합니다.	근육과 지방조직의 100% 뇌조직의 80%가 케톤을 연료로 사용합니다.
뇌 연료	포도당	포도당	포도당	포도당 〉케톤	포도당 〈 케톤

케톤 생산과 소비가 완벽하게 일치하여 소변에 케톤 부산물이 배출되지 않는 경우도 드물게 있습니다. 소변 케톤만 확인하는 경우, 케톤 스트립이 변화하지 않아 당황할 수 있습니다. 혹시 탄수화물을 많이 먹었나? 술을 마셨나? 케톤 스트립이 변질되었나? 이런 질문으로 당황하지 마십시오. 당신의 몸이 케톤 시스템에 적응했다고 생각하십시오. 5단계는 축제의 시간입니다. 이 상태에 도달하면 당신의 뇌는 케톤 라이프 스타일에 완벽히 적응한 상태입니다. 에너지가 넘치고, 우울함이 줄어들고, 집중력이 향상되고, 깊은 수면을 취하게 되고, 행복감을 느낄 수 있습니다.

우리가 5단계에 도달하려면 어떤 방법이 있을까요?

첫째, 엄격한 단식입니다. 단식은 음식 섭취를 하지 않는 것을 말합니다. 물, 차 또는 커피만 마실 수 있습니다. 그게 전부입니다. 이 규칙들만 엄격히 준수하면 한 달 안에 5단계에 도달할 수 있습니다. 물론 한 달 동안 금식을 한다는 것은 결코 쉽지 않습니다. 저는 이 방법을 추천하지 않습니다. 특히 과거 고탄수화물 식단에 익숙했던 경우는 더욱 그렇습니다.

둘째, 케톤식을 활용하여 5단계로 전환합니다. 보통 몇 주 동안 고지방 식단을 지속하면 케톤을 배출합니다. 이 방법은 당신의 몸이 케톤에 적응할 시간을 줍니다. 고지방 저탄수화물을 처음 섭취할 때 종종 실수가 발생합니다. 술을 마실 수도 있고, 단백질을 너무 많이 섭취할 수도 있습니다. 스트레스를 많이 받은 날에 무심코 아이스크림을 폭식할 수도 있습니다. 친한 지인의 기념일을 축하해 주며 달콤함의 유혹에 넘어갈 수도 있습니다.

괜찮습니다. 습관의 변화는 생각보다 어렵습니다. 흡연자가 어느 날 갑자기 평생 담배를 끊을 수 있겠다는 생각은 환상에 불과합니다. '갑자기' 담배를 끊은 사람은 실제로 담배를 끊기까지 몇 달, 심지어 몇 년 동안 금연에 대해 고민해 왔을 것입니다. 금연은 주변의 환경이 커다란 영향을 미칩니다. 주변 사람들이 매번 담배로 유혹한다면 금연에 성공할 가능성은 매우 희박합니다.

케톤 여행에 도전하겠습니까? 그렇다면 주변 사람들의 지원과 응원이 필요합니다. 케톤식은 단거리 경주가 아니라 장거리 마라톤입니다. 아니, 평생의 라이프 스타일입니다. 당신이 5단계를 6주 만에 도달하든, 6개월 만에 도달하든 괜찮습니다. 처음 케톤식을 결심한 이유를 잊지 마십시오. 초심을 잃지 마세요.

〈케톤 적응의 대사적 이점〉

구분	세부 내용	설명
정의	대사 전환	신체의 주요 연료가 포도당에서 케톤 선호로 변화된 상태
시기	소요 기간	케톤 생성 시작 후 2~4주가 소요됨
대사 변화	에너지 생산	케톤 생산량 증가, 미토콘드리아 기능 향상, 기초대사 기능 향상
	호르몬 변화	글리코겐 저장량 감소, 인슐린 감수성 향상
	항산화 효과	산화 스트레스 및 활성 산소 감소
신체 혜택	체중 감량	지방은 감소하고, 근육량은 그대로 유지
	신체 성능	근육세포에 산소 전달 효율이 향상, 피로도 감소
	회복력	신체 수리 및 회복 속도 향상
인지 혜택	뇌 기능	뇌에 안정적인 에너지 공급으로 인지 기능 향상

* 출처 : Volek et al, Strength & Conditioning Journal 32(4):42-47, 2010

식물성 기름, 침묵의 살인자

과거 보건 당국은 건강을 위해서 '포화 지방을 피하고, 불포화 지방 섭취를 늘리라!'고 정책적으로 안내해 왔습니다. 포화 지방은 나쁜 지방, 불포화 지방은 좋은 지방이라고 말입니다. 하지만 이는 무지無知에 근거한 잘못된 보건 정책의 표본입니다.

이러한 논리가 일반인들에게 설득력이 있었던 것은 상온에서 고체인 포화 지방을 먹으면 우리 몸에 들어가서도 그대로 고체의 형태를 유지하여 혈관을 막히게 할 수 있다는 '논리의 단순성'에 있습니다. 돼지기름을 하수구에 버리면 상수도관이 막힐 수 있다는 논리와 유사합니다. 이는 생리학에 대한 몰이해에서 비롯된 엉터리 상식입니다. 우리가 먹는 지방은 바로 지방의 형태로 혈관을 돌아다닐 수 없기 때문입니다.

포화 지방은 불포화 지방과 달리 우리 몸에 산화와 염증을 일으키지 않습니다. 우리의 건강을 위협하는 가해자는 포화 지방이 아니라 불포화 지방인 '씨앗 기름'오메가6입니다. 어느새 씨앗 기름은 기름 영역에서 독보적인 존재로 전체 시장을 독점하고 있습니

다. 예를 들어, 콩기름, 옥수수기름, 카놀라유, 유채씨유, 해바라기
씨유, 홍화씨유 등입니다. 명절에 가장 흔하게 유통되는 선물 세트
이기도 합니다.

씨앗 기름의 가장 큰 장점은 가격이 매우 쌉니다. 보관이 용이하
며 요리할 때 사용하기 편합니다. 일반 식당에서는 음식의 맛을 높
이기 위해 씨앗 기름을 거의 들이붓듯이 쓰고 있습니다. 오메가3 지
방과 오메가6 지방은 우리 몸이 원하는 필수 지방입니다. 오메가3
지방은 염증과 산화를 낮추며, 오메가6 지방은 세포의 성장과 뇌와
피부 건강에 중요한 역할을 합니다.

그런데 씨앗 기름은 왜 문제가 될까요? 첫째, 너무나 많이 소비
되고 있기 때문입니다. 우리가 건강한 몸을 유지하기 위해서는 오
메가3 지방과 오메가6 지방이 균형을 이뤄야 합니다. 오메가3와 오
메가6의 최적 상태는 1:1 비율입니다. 그런데 현재 두 지방의 소비
비율은 1:15, 즉 오메가6 지방을 15배 이상 섭취하고 있습니다. 더
구나 오메가6 지방의 섭취는 매년 늘어나고 있습니다. 미국의 경우,
최근 100년 동안 버터, 탤로, 라드와 같은 포화 지방의 소비는 현격
히 줄어들었습니다. 반면에 '식물성 기름'씨앗 기름의 소비는 천정부
지로 증가하였습니다.

씨앗 기름은 모든 가공식품의 주된 원료로 쓰이고 있습니다. 공
장에서 대량으로 생산되는 대부분의 가공식품에는 다량의 씨앗 기
름과 합성 감미료가 투하되고 있습니다. 씨앗 기름을 과다하게 섭

취하면 몸에서는 산화와 염증이 폭풍처럼 일어납니다. 이러한 연쇄 반응은 세포에 치명적인 영향을 미칩니다. 특히 세포의 미토콘드리아에 치명적인 장애를 일으킵니다.

예를 들어 자동차가 운행되기 위해서는 가솔린과 엔진 오일이 필요합니다. 우리 몸에서 엔진 오일의 역할을 하는 것이 바로 '필수 지방'오메가3,6이라고 할 수 있습니다. 그런데 과도한 씨앗 기름의 섭취는 차량 연료통에 가솔린 대신 엔진 오일을 들이붓는 것과 같습니다. 그러면 자동차는 어떻게 될까요? 오래되지 않아 엔진이 망가져서 작동 불능 상태가 될 것입니다. 우리가 과도한 씨앗 기름을 먹는 것도 이와 다르지 않습니다.

둘째, 씨앗 기름을 생산하는 과정 자체에 문제점이 있습니다. 콩, 옥수수 등의 씨앗 곡물은 가루로 만들어도 기름을 쉽게 뽑아낼 수 없습니다. 기름을 추출하려면 '헥산'hexane이라는 등유 성분을 사용합니다. 유기 용매인 헥산을 사용해서 식물 씨앗에 들어있는 기름 성분을 녹여내는 것입니다. 이 용제는 인체에 유해하며 독특한 냄새를 갖고 있습니다. 그래서 공정 단계에서 섭씨 250도 정도로 가열해서 용제를 휘발시킵니다. 이 과정에서 독성물질인 '하이드록시노네날'HNE이 일부 발생합니다.

정제 씨앗 기름은 높은 온도에서 요리할 경우, 트랜스 지방으로 변성되는 비율도 높습니다. 이러한 값싼 기름이 우리가 시중에서 흔히 사용하는 식용유씨앗 기름입니다. 옥탄가가 낮은 저질 휘발유를 사용하면 자동차의 엔진이 손상됩니다. 인체도 마찬가지입니다. 정제 씨앗 기름은 세포의 염증과 산화를 일으키는 물질로 작용하고 있습니다.

마지막으로 말씀드릴 지방은 마가린, 쇼트닝, 팻스프레드fat spread 등의 트랜스 지방입니다. 씨앗 기름보다 더 나쁜 가공 지방입니다. 이 지방은 씨앗 기름에 '수소 첨가'라는 화학 처리를 통해서 만듭니다. '수소 첨가'란 탄소의 이중 결합 부분에 수소를 붙여 분자 구조를 안정화하는 처리법입니다. 즉, 석유를 화학 처리해서 플라스틱을 만들듯이 식용유를 화학 처리해서 마가린이나 쇼트닝을 만든다고 생각하면 됩니다.

이 경우 상온에서도 고체 상태를 유지하고 산화에 강해져서 보존성이 높아집니다. 마가린, 쇼트닝과 같은 트랜스 지방은 영구적인 유통 기한을 약속합니다. 이것은 무슨 의미일까요? 미생물조차도 거들떠보지 않는 식품이라는 것입니다. 미생물조차 분해하지 않는 식품, 이것은 식용 플라스틱과 다를 것이 없습니다.

그럼, 우리는 어떤 기름을 먹어야 할까요? 포화 지방을 드십시오. 포화 지방은 안정적인 화학 구조로 되어 있어서 산화가 잘되지 않습니다. 그래서 안전하게 사용할 수 있습니다. 포화 지방으로 라드, 탤로, 버터, MCT오일, 코코넛오일을 드십시오. 불포화 지방으로는 올리브오일, 아보카도오일, 들기름을 가열하지 말고 샐러드에 생生으로 뿌려서 드십시오.

7부
새로운 장애물이 나타나다

21장
케톤 단식, 대장 천공을 멈추다

잠시 타임머신을 타고 10년 전으로 돌아가 보겠습니다. 그때는 새해 전야였습니다. 동네 사람들은 새해 전야제 파티를 즐기고 있었습니다. 즐거움과 설렘이 교차하는 날에 엄마는 심한 복통으로 응급실을 찾았습니다. CT 검사 결과, 결장에서 세균에 감염된 게실 주머니가 발견되었습니다. 게실은 대장에 생기는 비정상적인 풍선 모양의 작은 주머니입니다.

엄마의 가녀린 혈관으로 각테일 약물이 흘러 들어갔습니다. 진통제, 항생제, 식염수가 정맥 주사로 주입되었습니다. 저도 엄마가 입원해 있는 병원에서 밤을 보내야 했습니다. 얼마나 시간이 흘렀을까요? 다음 날 아침, 담당 병리과 의사가 엄마를 찾아왔습니다. 그는 엄마의 인생을 송두리째 바꿀 수 있는 소식 하나를 전했습니다.

"어머님, 암세포가 발견되었습니다. 백혈병입니다."

암과의 싸움은 그렇게 시작되었습니다. 우리 가족은 매년 새해를 맞이할 때마다 엄마의 살아있음에 감사했습니다. 암세포는 거침없이 영토를 확장했고, 엄마의 게실에도 문제가 생겼습니다. 주머니에 오래된 대변이 쌓였고 세균 감염에 취약해졌습니다. 항암 치료로 면역력이 약해진 상황에서 이런 상황은 매우 치명적일 수 있었습니다. 좀비 백혈구가 엄마의 몸속 구석구석에서 활개치고 있었기 때문입니다.

10년 동안 엄마는 장 문제를 앓아왔습니다. 최근 몇 달 동안 성공적으로 케톤을 생성했음에도 불구하고, 결국 엄마의 게실 주머니는 농양으로 가득 찼습니다. 감염으로 가득 찬 농양 부위가 점점 엄마의 대장을 점령해 갔습니다. 면역력이 약해진 대장은 저항력을 발휘하지 못했습니다. 결국 대장에는 작은 '천공'구멍이 생겼습니다. 항생제는 도움이 되었지만, 문제의 근본을 치료할 수는 없었습니다. 세균 감염은 점점 더 많은 공간을 차지했습니다. 농양을 빼내야 했습니다. 약한 몸은 수술을 감당할 수 없었습니다.

의사들은 수혈을 하고, 항생제를 투여하고, 모르핀으로 통증을 가라앉히고, 허약한 몸에 충분한 수분을 공급했습니다. 엄마의 대장이 부풀어 올랐습니다. 대장은 음식의 찌꺼기, 즉 대변이 끊임없이 흘러가는 기관입니다. 독성 물질에서 자유로울 수 없었습니다. 장이 부어오르는 것을 어떻게 멈출 수 있을까요? 먹지 않으면 대변도 멈출 것입니다. '단식'fasting이 필요했습니다. 엄마의 목숨은 배변을 멈추는 데 달려 있었습니다. 엄마의 침상에는 다음과 같은 이름표가 달렸습니다.

"NPO = 완전 금식!"

NPO는 'nil per os'의 라틴어 약자인데, nil(아무것도 아니다) +

per(~를 통해서) + os(입)를 의미했습니다. 엄마에게 물과 음식 섭취가 완전히 금지되었습니다. 간호사들은 엄마를 '복도 끝에 있는 NPO 환자'라고 불렀습니다. 엄마는 음식을 섭취하는 대신, 정맥으로 천천히 흘러내리는 수액 주사를 맞아야 했습니다.

저는 엄마를 응원하기 위해서 함께 단식하기로 결심했습니다. 처음 48시간은 제가 더 힘들어했습니다. 엄마의 몸은 6개월간의 케토시스 연습으로 케톤 연료를 사용할 준비가 되어 있었습니다. 칼로리 섭취를 엄격히 절제하자 엄마의 시스템은 즉시 체지방을 태우는 시스템으로 전환되었습니다. 물론 누구라도 강제로 금식해야 한다면 이러한 전환 과정을 겪을 것입니다.

엄마는 72시간이 지나자 배고픔을 느끼지 않았습니다. 단식 86시간이 되던 날, 신神은 우리 가족의 기도를 들어주었습니다. 골반 깊숙한 곳의 농양이 흘러나오기 시작한 것입니다. 그날 밤, 저는 엄마의 장례식을 준비하는 대신 장기 단식에 대해 모든 것을 공부했습니다. 애초에 엄마의 대장에 농양이 생긴 이유는 감염과 싸울 만큼 강력한 방어 시스템이 없었기 때문입니다.

엄마의 백혈구는 세균과 싸우기에는 너무 약했습니다. 항암 요법이 필요했습니다. 엄마의 골수는 건강한 세포가 다시 자랄 수 있는 공간의 재설정이 필요했습니다. 하지만 항암 요법은 농양의 불길을 다시 타오르게 할 위험이 있었습니다. 엄마는 항암 치료를 견딜 수 있을 정도로 건강해져야 했습니다.

22장
간헐적 단식은 대사 혁명이다

'간헐적 단식'intermittent fasting: IF은 저칼로리 식단이 아닙니다. 간헐적 단식과 굶는 것은 명백히 다릅니다. 혼동하지 마세요. 분명히 말씀드립니다. 케톤식은 굶는 것을 허용하지 않습니다! '간헐적 단식'IF은 저칼로리 식단의 단점을 보완합니다. 사실, 이 두 식단은 서로 정반대라고 할 수 있습니다. 왜냐하면 간헐적 단식은 저칼로리 식단과 정반대 방향으로 몸의 대사 시스템을 변화시키기 때문입니다.

칼로리를 줄이는 방법은 '고문 식단'이라고 부르는 것이 더 정확할 것입니다. 저칼로리 식단은 우리 몸의 대사 시스템이 계속해서 지방을 저장하도록 합니다. 섭취 음식의 에너지를 지방 세포에 저장하도록 유도하는 것입니다. 지방 세포에 더 많은 에너지를 저장하고 싶다면 저칼로리 식단을 시작하세요. 모든 영양학 연구가 이를 반복해서 입증하고 있습니다.

예를 들어, 초 저칼로리 식단은 단백질 보충제를 하루 800kcal 가량 섭취할 것을 권장합니다. 결과는 어떨까요? 몇 주 후, 이 다이어트를 하는 사람들은 상당한 체중 감소를 경험할 수 있습니다. 그러나 그들의 몸은 위기 상황에 처하게 됩니다. 대사 시스템에 문제가 생겼다는 것은 이들의 스트레스 호르몬을 측정한다면 쉽게 증명할 수 있습니다.

손쉬운 측정 방법도 있습니다. 저칼로리 식단을 오래 지속한 사람들은 피곤하고 기운이 없으며 다시 식사를 시작할 수 있는 날을 손꼽아 기다립니다. 신진대사가 가장 큰 고통의 시간을 보내게 됩니다. 그 시련을 거치는 동안 몸은 '저장하기' 모드로 전환됩니다. 만약 다시 음식 섭취를 과거처럼 재개한다면 조심하세요! 먹는 칼로리는 에너지로 방출되지 않고 지방 세포로 빨려 들어갈 것입니다. 당신은 '요요 현상'을 경험하게 됩니다.

몸이 이렇게 반응하는 이유는 무엇일까요? 몸은 음식이 제한되면 미래에 굶주림에 직면할 것이라고 세포에게 메시지를 전달합니다. 인류의 진화는 식량 부족의 역사에 익숙합니다. 그래서 몸은 음식이 부족해지면 기근이 닥칠 수 있으므로 칼로리를 저장해야 한다고 세포와 유전자에 가르쳐왔습니다.

저칼로리 식단은 신진대사 가동을 서서히 느리게 합니다. 몸은 최대한 칼로리를 절약하여 앞으로 닥칠 위기에 대비합니다. 세포의 발전소 '미토콘드리아'도 에너지 생산 속도를 감축하게 됩니다. 이러한 생산 감축은 배고픔, 신경 과민성, 불안감의 형태로 발현되기도 합니다.

저칼로리 식단, 즉 고문 다이어트를 오래 지속할수록 당신의 신진대사는 망가집니다. 바닥을 모르는 추락을 경험하게 됩니다. 몇 달, 심지어 몇 년 동안 저칼로리 식단을 유지한 환자들의 기초대사가 하루 600칼로리까지 급감한 경우도 있었습니다. 이렇게 절식 다이어트를 오랜 지속한 사람들은 600칼로리 이상 섭취하는 모든 음식을 바로 지방으로 저장하게 됩니다.

대사 시스템이 망가진 몸은 부족한 칼로리에 대해 보상받고 싶어 합니다. 앞으로 음식이 공급되지 않을지 모른다는 공포로 말입니다. 제 임상에서 이 망가진 신진대사를 바로잡는 데는 경험적으로 6~12주가 걸렸습니다. 요약하자면, 저칼로리 식단을 진행하면 신진대사가 느려지고 항상 배가 고픕니다. 자신의 호르몬과 싸우고 있기 때문입니다.

그렇다면 저칼로리 식단과 단식은 어떤 차이가 있을까요? 단지 칼로리의 차이에 불과하지 않을까요? 그렇지 않습니다. 칼로리 제한과 단식은 명백히 다릅니다. 쉽게 말씀드리면, 저칼로리 식단은 포도당 대사로 움직이지만 단식은 케톤 대사로 움직이기 때문입니다.

이렇게 설명해 보도록 하겠습니다. 저칼로리 상태에서 몸은 배고픔에 반응하여 음식을 먹으라고 신호를 보냅니다. 하지만 당신의 뇌는 칼로리 섭취를 억제하라는 명령 신호를 보냅니다. 그러면 몸은 곧 다가올 굶주림에 대비해 많은 칼로리를 저장합니다. 단식의 경우, 몸은 음식이 없다는 화학적 메시지를 모든 세포에 보냅니다. 메시지는 다음과 같습니다.

"다음 식사 때까지 생존하세요. 저장된 에너지를 사용하세요."

이제 몸은 다시 음식을 먹을 수 있을 때까지 스스로 생존해야 합니다. 이 신호는 명확하고 효과적입니다. 12시간 이내에 몸의 대사 시스템은 점차 바뀌기 시작합니다. 공복의 화학 신호는 공복 72시간 후에 가장 선명하게 전달됩니다. 몸 전체에 화학 신호가 급증하여 세포가 에너지 저장 창고, 즉 지방에서 칼로리를 연소하도록 지시합니다!

간헐적 단식은 12시간, 24시간 또는 36시간 동안 칼로리를 섭취하지 않는 것에 적응하도록 신체에 화학적 메시지를 보냅니다. 이 기간에 탄수화물이나 과도한 단백질로 화학적 신호를 방해하지 마세요. 대신 케톤식을 따르세요. 인슐린 수치를 낮게 유지하고 세포가 체내에 저장된 칼로리를 사용할 수 있습니다.

지금부터는 1년 만에 무려 22.7kg 이상 체중을 감량한 여성분을 소개합니다. 그녀는 저칼로리 다이어트를 시작했었고 하루 800Kcal까지 신진대사를 낮췄습니다. 그녀는 생명을 유지하려면 800칼로리가 필요했습니다. 그녀의 시스템은 800칼로리를 사용하여 생명을 유지하고 모든 미토콘드리아에 속도를 늦추라는 신호를 보냈을 것입니다. 대사 시스템이 우선하는 메시지는 '에너지를 덜 사용하라'가 된 것입니다. 만약 그녀가 실수로 한 입 더 먹어 총 820

칼로리를 섭취했다면 추가 20칼로리는 모두 저장됩니다. 극도로 음식을 제한하고 있지만 살이 찌는 것입니다. 몸은 여분의 칼로리를 모두 지방 세포에 저장하는 규칙을 따른 것입니다.

그녀의 에너지 발전소 미토콘드리아는 하루 800칼로리 설정 상태에서는 거의 꺼져 있었습니다. 몸은 오직 탄수화물 연료, 즉 뜨겁고 빠르게 연소하는 '솔잎과 나뭇잎'을 태우는 데 익숙해져 있었습니다. 낮은 칼로리 섭취로 인해 얇은 머리카락, 칙칙한 피부, 시들어 보이는 얼굴 표정을 갖고 있었습니다. 그녀의 어눌한 말투는

구분	케토시스 전	유도기	적응기	케토 적응기	유지기
기간	과거	1주차	2~13주차	14~53주차	54주차 이후
체중 (kg)	95.3 kg	90.7 kg	81.6 kg	72.6 kg	68.0 kg
하루 섭취 칼로리	800	1400	1800	2150	2200
하루 총 칼로리 소모량	800	2800	2600	2400	2200
하루 탄수화물 (g)	130	20	25~30	30~40	55
매주 지방 감소량 (kg)	0 kg	0 kg	0.77 kg	0.23 kg	0 kg
비고	과체중	대부분 수분 감량	효과적인 지방 감량	지속적인 지방 감량	균형적인 체중유지

케톤 식단 여성 참여자, 54주 동안 22.7kg 체중 감량 기록

달팽이처럼 느려진 뇌의 속도를 엿볼 수 있었습니다.

그녀는 저칼로리 식단의 문제점을 인식하고 케톤식을 시작했습니다. 그리고 서서히 망가진 신진대사를 회복하기 시작했습니다.

첫 주 감량된 4.6kg은 대부분 수분이 감량된 것입니다. 케톤식 시작 4주 차에 접어들자, 그녀의 몸은 지방을 연료로 사용하는 데 완전히 적응했습니다. 그녀는 케톤식을 시작하고 잠자고 있던 미토콘드리아를 깨워서 신진대사에 불을 붙였습니다. 신진대사 에너지는 상승했고 자신도 놀랐습니다. 이런 변화는 의학 학위가 없어도 느낄 수 있습니다.

왼쪽 차트를 한번 보겠습니다. 그녀는 하루 탄수화물 20~40g을 유지한 1년 동안, 무려 22.7kg을 감량했습니다. 그리고 하루 탄수화물을 55g으로 늘렸을 때 추가로 4.6kg을 감량했습니다. 과체중 95.3kg에서 무려 27.3kg을 감량한 것입니다. 그녀의 '에너지 대사 시스템'은 탄수화물에 매우 민감했습니다. 탄수화물이 조금만 증가해도 그녀의 시스템은 인슐린 호르몬을 생성하고 지방 태우는 것을 멈춘 것입니다.

그녀는 스스로 자신의 몸을 연구했습니다. 매일 혈중 케톤과 포도당을 측정했습니다. 그리고 알았습니다. 하루 탄수화물을 20g 이내로 섭취했을 경우에는 케토시스(0.5mM 이상)에 빠르게 진입했지만, 하루 탄수화물을 50g 이상 섭취했을 때는 케토시스 상태에 진입하지 못했습니다. 케톤식은 측정할 수 있는 대사 방정식입니다. 내 몸에 어떤 일이 일어나고 있는지 스스로 측정할 수 있습니다. 체중 감량을 원하십니까? 질병을 치유하고 싶으세요? 당신의 탄수화물 섭취량을 케톤 방정식에 맞추세요.

1년 후, 그녀는 빛나는 피부와 윤기 있는 머리카락 그리고 잃어버린 활기를 되찾았습니다. 가장 커다란 승리는 그녀가 케톤식을 통해서 건강한 신진대사를 되돌렸다는 것입니다. '성공의 비결이 무엇이냐?'는 질문에 그녀는 '매일 케톤을 테스트하는 것'이라고 답했습니다. 자신이 제대로 먹고 있음을 스스로 측정하세요. 매일 케톤을 확인할 수 있다면 작은 승리의 경험이 쌓일 것입니다.

케톤식을 처음 시작할 때 주위 친구와 가족들이 걱정스러운 눈빛으로 당신을 바라볼 수 있습니다. 너무 신경 쓰지 마십시오. 몸의 주인은 바로 '당신'입니다. 케톤 측정이 당신의 든든한 지원군이 될 수 있습니다. 기억하세요. 저칼로리 다이어트는 배고픔을 증가시키고 신진대사를 느리게 합니다. 간헐적 단식은 그 반대입니다. 간헐적 단식은 식욕을 감소시키고, 신진대사를 촉진하고, 체지방을 태웁니다.

23장
케톤 전환 장애물 그리고 해법 가이드

케톤식은 당신의 에너지 시스템을 포도당 연료에서 지방 연료로 바꾸는 자기 혁명과 같습니다. 몸의 근본을 뒤엎는 과정, 즉 혁명은 다양한 장애물들을 넘어서야 합니다. 지금부터는 당신이 만날 수 있는 케톤 전환에 따른 부작용에 대해 말씀드리겠습니다. 사람에 따라 장애물을 만날 수도 있고, 만나지 않을 수도 있습니다.

케토 플루 (KETO FLU)

구글에서 케톤식의 부작용을 검색하면 가장 먼저 나오는 검색 결과일 것입니다. 이 부작용은 '독감'Flu과 유사한 증상이기 때문에 붙여진 이름입니다. 증상으로는 두통, 피로감, 어지러움, 심장 두근거림, 메스꺼움, 식욕 부진, 짜증 등이 있습니다. 케톤식은 왜 독감과 같은 부작용이 발생할까요? 당신의 몸은 포도당에서 지방으로 전환하는 과정에서 몸은 탈수 상태가 될 수 있습니다. 이 탈수 증상이 바로 '케토 독감'을 불러일으키는 원인입니다.

케톤 생성 과정은 왜 탈수를 유발할까요? 탈수의 원인은 케톤이 아닙니다. 포도당은 혈관을 통해 흐르는 거대한 크기의 분자입니다. 포도당은 스펀지처럼 작용하여 몸 전체에 스며드는 물을 붙잡아 둡니다. 각 포도당 분자는 물 분자를 붙잡습니다. 당신의 몸에는 대략 500g 정도의 포도당이 존재합니다. 물론 사람마다 저장 용량은 다릅니다. 이 포도당은 수많은 물 분자를 끌어안고 있는 것입니다.

하루에 탄수화물을 20g만 섭취하면 혈류 내 포도당이 줄어듭니다. 물을 붙잡고 있던 포도당이 줄어들면 몸은 수분을 배출합니다. 저는 케톤식 1주일 동안 어떤 환자가 약 10kg 이상 감량하는 것을 보았습니다. 이 환자의 체중 감량은 지방이 줄어든 것이 아니라, 수분이 급격히 감소한 것입니다.

케토시스로 인한 수분 손실에 대비하지 않으면 독감 또는 탈수 증상을 경험할 수 있습니다. 갑작스러운 수분 손실은 해일처럼 신장에 영향을 미칩니다. 신장은 소변의 양을 늘리고 혈액에서 수분을 제거합니다. 이를 위해 신장은 혈류에서 소금을 훔칩니다. 얼마 지나지 않아 두통이 생기고 피로감이 몰려옵니다. 갑자기 어지럼증을 느끼고 심장이 두근거릴 수 있습니다.

케톤식 부작용에 대한 해독제는 무엇일까요?

첫째, 소금을 보충하세요. 저는 히말라야 소금이나 바다 천연 소금을 선호합니다. 소금은 지방과 마찬가지로 억울한 누명을 뒤집어쓴 물질입니다. 지방과 소금의 충분한 보충은 케톤식에 있어서 매우 중요합니다.

둘째, 물을 충분히 보충해야 합니다. 앞에서 말한 대로 케톤 전환 초기에는 필연적으로 수분을 배출하게 합니다. 체내 수분이 부족하면 어지럼증이 옵니다. 따뜻한 소금물을 드세요. 개인적으로 사골 국물을 추천합니다. 지방, 소금 그리고 물을 자연스럽게 섭취할 수 있습니다. 케토 플루를 해결하고 예방합니다.

셋째, 속도를 늦추세요. 과거 하루 탄수화물 섭취량이 300g 이상인 탄수화물 중독자였다면 천천히 시작하세요. 첫 주에는 밥, 빵, 면을 최대한 멀리하세요. 하지만 너무 가혹한 규율을 자신에게 적용하지 마세요. 감기 기운이 있다면 약간의 탄수화물을 추가하세요. 케톤 여행에는 하나의 정답만이 존재하지 않습니다. 몸의 주인은 '당신'입니다. 사람마다 대사 유연성은 다릅니다. 케톤 여행을 너무 빠른 속도로 갈 필요는 없습니다.

변비 (CONSTIPATION)

일부 사람들은 케톤 전환 과정에서 변비를 경험하기도 합니다. 수분 섭취가 줄어들면 대변이 딱딱해질 수 있습니다. 어떻게 하면 변비를 예방할 수 있을까요?

첫째, 소금물 및 사골 국물을 충분히 드시면 도움이 됩니다. 수분 손실로 나트륨과 미네랄의 손실이 발생할 수 있습니다.

둘째, 양배추와 같은 십자화과 채소를 추천합니다. 십자화과 채소는 탄수화물 함량이 낮은 케톤 친화적인 음식입니다.

셋째, 치아씨드 한 스푼을 물과 함께 섭취하세요. 이 작은 씨앗은 젤라틴처럼 부풀어 오르며 변비 증상을 해결하는 데 도움이 됩니다.

넷째, 마그네슘을 섭취하세요. 케톤식 시작 후, 몇 주 동안 체내에서 가장 많이 손실되는 물질이 '마그네슘'입니다. 마그네슘 보충제는 변비 증상을 예방, 치유할 수 있습니다.

브리스톨 대변 차트(Bristol Stool Chart)

형태	이미지	특징	상태
1형		딱딱한 덩어리가 분리되어 있는 형태	심한 변비
2형		덩어리가 묻어있는 소시지 모양의 덩어리	경미한 변비
3형		표면에 균열이 있는 소시지 모양의 덩어리	정상
4형		매끄러운 표면의 길고 가는 소시지 모양	정상
5형		뚜렷한 경계를 가진 부드러운 덩어리	섬유질 부족
6형		덜거덕거리는 덩어리가 있는 무른 형태	경미한 설사
7형		고형물이 전혀 없는 수양성 액체	심한 설사

설사 (DIARRHEA)

케톤 프로그램에 참여하는 일부 사람들은 변비라는 장 문제를 경험하기도 합니다. 그런데 정반대의 경험을 하는 경우도 있습니다. 바로 '설사' 또는 '묽은 변'입니다. 미국 정부와 제약 회사는 장 질환을 퇴치하기 위해 수백만 달러를 투자해 왔습니다. 장 질환은 과민성 대장 증후군, 세균 과다 증식, 장 누수 증후군에 이르기까지 정말 다양합니다.

1970년에 진행된 한 연구에서는 과민성 대장 증후군을 케톤식으로 치료했습니다. 안타깝게도 이 연구는 규모가 작고 대형 제약 회사의 자금 지원을 받지 않았습니다. 이 오래된 임상 실험의 결과는 장 질환 환자들을 대하는 제 진료 방식을 바꾸게 했습니다. 과민성 대장 증상으로 고통받는 환자들은 3~4개월 동안 케톤식을 통해 증상 개선 효과를 보였습니다.

대장은 장내 미생물, 즉 세균의 천국입니다. 1,000종이 넘는 미생물이 확인되고 있으며, 대략 100조가 넘는 미생물이 서식하는 것으로 밝혀졌습니다. 반면에 소장은 대장보다 아주 작은 숫자의 미생물만이 존재합니다. 대장의 미생물 수가 소장보다 최소 100배에서 최대 1,000만 배 이상 많은 것으로 추측되고 있습니다. 그래서 소장에 과다한 미생물이 번식하는 경우에는 불안, 스트레스, 만성 질환 등의 장 기능 저하로 이어집니다. 소장의 상태가 엉망이 되면 대장에서 발견되는 박테리아가 소화관의 윗부분으로 옮겨갈 수 있습니다. 이를 '소장 세균 과다증식'Small Intestinal Bacterial Overgrowth: SIBO이라고 합니다.

소장의 환경이 악화되면 정상적으로 지방과 비타민을 제대로 흡수할 수 없습니다. 실제 임상에서 저는 환자가 소장 세균 과다 증식이 있다는 사실을 모른 채 케톤식을 권유했습니다. 식단을 바꾼 지

일주일이 지나자, 환자들은 예기치 않은 설사로 고통받았습니다. 환자들은 병원에 전화를 걸어 "이 식단은 저와 맞지 않아요!"라고 불만을 표출했습니다. 저는 당황할 수밖에 없었습니다. 즉시 환자들의 병력을 확인했습니다.

설사를 앓고 있던 대부분의 환자는 10년 이상 지방을 섭취한 후 묽은 변을 자주 보았던 것으로 밝혀졌습니다. 그들은 자신의 몸에 무슨 일이 일어나고 있는지 이해하지 못한 채 고통을 감수하면 살아왔습니다. 이 환자들은 왜 지방을 제대로 소화하지 못했던 것일까요? 지방 흡수 장애는 지방 관련 비타민을 흡수하지 못한다는 뜻입니다. 특히 '비타민D'가 그중 하나입니다.

저는 케톤식으로 전환한 후, 설사를 겪는 환자들에게 포기하지 말라고 조언합니다. 왜 그럴까요? 그들은 다른 환자들보다 항염증 식단이 더 필요하기 때문입니다. 케톤식 후 묽은 변이나 설사로 고생하고 있다면 몸이 적응할 시간을 주세요. 포기하지 마세요! 뇌와 장 건강이 달려 있습니다. 고지방 식단으로 장에 문제가 생겼다고 단순하게 생각하지 마세요.

설사라는 이상징후는 당신 몸에 더 큰 문제가 있다는 경고입니다. 바로 '염증'입니다. 이 숨겨진 문제로 오랜 시간 고생해 왔다면 장 내벽은 이미 부어 있었을 것입니다. 장의 염증은 오래된 만큼 치료에 시간이 필요합니다. 당신이 케톤으로 전환한 후 며칠 이내에 설사를 한다면 장내 염증 문제가 있는 것입니다. 다음 솔루션을 추천합니다.

첫째, '콤부차'입니다. 이 차는 살아있는 미생물이 들어 있는 거품이 나는 발효 음료입니다. 대부분의 설사 환자들은 건강한 장내 미생물을 이식하면 장 문제가 회복되었습니다. 환자들은 이 과정에서 수천 달러를 지출합니다. 돈을 절약하세요. 설사가 해결될 때까지 콤부차를 하루에 1/4컵씩 드세요. 1/4 컵이라고 한 것을 주목하세요. 미생물이 너무 많으면 장 문제로 고생하는 사람들은 종종 견디지 못하기 때문입니다.

둘째, '간헐적 단식'입니다. 설사 환자들이 힘든 시기를 이겨낼 수 있는 확실한 해독제입니다. 단식이 설사로 고생하는 환자들을 어떻게 치유할까요? 설사 환자들은 장 내부에 알 수 없는 염증을 앓고 있기 때문에, 장 내벽이 치유되어야 합니다. 치유의 해답은 바로 '휴식'입니다. 즉, 간헐적 단식입니다. 단식은 많은 의학적 질병에 대한 보편적인 치료법입니다.

아직 많은 사람에게 단식은 익숙한 단어가 아닙니다. 배고픔에 대한 두려움 때문에 거부감을 느끼는 경우도 많습니다. '야생 동물은 아플 때 본능적으로 단식을 한다'는 사실을 알고 계십니까? 야생 동물은 치유를 위해 내장을 쉬게 해야 한다는 사실을 알고 있습니다. 의학의 아버지 히포크라테스는 단식에 대해 이렇게 말했습니다.

"모든 사람 안에는 의사가 있으며, 우리는 단지 그의 일을 도와주면 됩니다. 우리 각자의 내면에 있는 자연 치유력은 건강을 회복하는 가장 큰 힘입니다. 아플 때 먹는 것은 병을 먹는 것입니다."

심장의 두근거림 (POUNDING HEART)

심장이 두근거린다면 의사인 저도 공포에 휩싸일 것입니다. 케톤 전환 중에 심장의 두근거림을 느낀다면 몸이 무언가를 경고하고 있는 것입니다. 이 증상의 가장 흔한 원인은 앞서 언급한 '탈수'입니다. 탈수로 인한 나트륨과 미네랄 결핍이 발생할 수 있습니다. 탈수는 심장을 빠르고 강하게 펌프질하게 만듭니다. 소금물과 사골 국물을 드셔서 이 문제를 빠르게 해결하세요! 심장의 두근거림이 사라질 때까지 지속하세요. 심장 부정맥 병력이 있는 경우 케톤식을 시작하기 전에 의사와 상담하세요.

아세톤 향기 (BAD BREATH)

우리 몸은 케톤을 생성하면 여분의 케톤(아세톤)을 호흡으로 방출합니다. 아세톤은 금속성 또는 과일 향이 나는 특이한 냄새를 유발합니다. 며칠 동안만 아세톤 냄새가 나는 사람도 있고 일부 사람들은 땀과 입에서 몇 달 동안 케톤 냄새를 맡을 수 있습니다. 놀랍게도 많은 사람이 이 문제를 경험하지 않기도 합니다. 아세톤 냄새는 2주 또는 3주 차에 혈중 케톤 수치가 안정되면서 냄새가 개선됩니다. 입에서 아세톤 냄새가 납니까? 걱정 대신, 자부심을 느껴보세요.

통풍 (GOUT)

통풍 발작을 경험한 적이 있다면 이번 장에 주의를 기울여 주세요. 통풍은 노폐물이 관절에 결정이 생겨서 통증을 유발합니다. 케토시스는 몸의 염증을 현저히 감소시킵니다. 이 과정에서 기존의 통풍 결정이 관절 내부에서 떨어져 나갈 수 있습니다. 즉, 통증이 발생할 수 있습니다. 분명한 사실은 이 통증이 치유 과정이라는 것입니다.

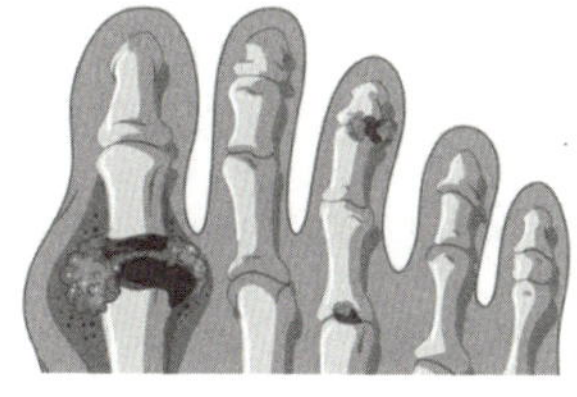

그림의 남성은 오른쪽 발이 심하게 아픕니다. 발의 관절 속에 숨어 있는 '결정들'을 주목하세요. '관절 내부의 결정'crystals이 움직이기 시작하면서 '통풍 발작'gout attack을 경험하고 있습니다. 통풍 병력이 있다고 해서 케톤식을 중단하지 마세요. 통풍 결정은 오랜 시간 당신이 먹은 음식의 결과입니다. 즉, 탄수화물 함량이 높은 식단이 유력한 용의자입니다. 케톤식으로 전환하면 염증이 감소하고 통풍이 치유되기 시작합니다. 통풍 결정이 용해되면서 관절에 가해지는 부담이 줄어듭니다.

과거에 통풍 발작을 경험한 적이 있다면 다른 사람보다 생활 습관 변화가 더 필요합니다. 관절에 숨어 있는 결정체는 몸속 깊은 곳에서 서서히 문제가 발생하고 있음을 나타내는 지표일 뿐입니다. 고탄수화물, 고인슐린 생활 습관이 통풍을 유발합니다. 우리 몸은 과도한 요산으로 인해 혈액이 독성을 띠는 것을 방지하기 위해 관절에 여분의 요산 결정을 가득 채워 저장합니다.

통풍의 극악스러운 통증을 잘 알고 있습니다. 케톤식을 시작하십시오. 인슐린 수치를 낮추고 염증을 줄일 수 있습니다. 당신을 괴롭혔던 통풍 조각을 녹여버릴 것입니다. 통풍으로 고통받는 분은 '콜히친'Colchicine과 같은 통풍 치료제를 가지고 다니세요. 그리고 수분을 충분히 섭취하세요.

마그네슘 (MAGNESIUM)

이 책을 읽는 대부분의 독자는 마그네슘 부족의 경계선에 서 있습니다. 수면 부족과 더불어 마그네슘 부족은 많은 사람들에게서 흔하게 관찰할 수 있습니다. 우리는 마그네슘이 부족할 때 어떤 일이 일어나는지 이해해야 합니다. 우리 몸에서 중요한 영양소 중 하나인 마그네슘(Mg)은 수백 가지 효소를 활성화하고, 세포를 안정화하고, 세포가 제 역할을 하도록 유도합니다.

마그네슘은 음식에서 섭취하는 필수 영양소입니다. 생물은 토양에서 마그네슘을 섭취합니다. 문제는 많은 지역에서 토양 마그네슘 함량이 현저하게 감소하면서, 미네랄이 부족한 식물이 생산되고 있다는 것입니다. 먹이사슬의 가장 낮은 단계에서 미네랄 부족 상태가 되면 그 위에 있는 단계도 어려움을 겪게 됩니다.

마그네슘 부족 증상은 어떻게 나타날까요? 두통, 현기증, 혼란,

브레인 포그, 신경 과민증, 손발 저림 등이 있습니다. 마그네슘이 부족하면 신경세포는 몸에 신호를 보냅니다. 마그네슘 수치가 임계점 이하로 떨어지면 가장 흔하게 근육 경련을 호소합니다. 근육 경련의 다른 증상으로 뒷머리나 관자놀이 부근에 두통이 올 수도 있고, 방광이나 장 근육 경련으로 인한 복통이 나타날 수도 있습니다. 심장 근육 경련으로 인한 가슴 통증이 발생할 수도 있습니다. 이 모든 증상의 주된 원인은 마그네슘 부족입니다.

마그네슘 수치가 떨어지면 뇌의 처리 속도가 느려지고 심지어 '두통'을 일으킬 수도 있습니다. 이러한 증상은 일반적으로 우울증이나 불안의 형태로 나타납니다. 마그네슘 부족으로 인한 증상은 묽은 변을 통해 한꺼번에 많은 양의 마그네슘이 손실되기 때문입니다. 미국 표준 식단에서 케톤식으로 체질을 바꾸면 체액의 급격한 변화로 인해 마그네슘이 감소합니다. 마그네슘 수치가 떨어진 뒤, 환자들은 짜증을 호소하거나 집중력이 떨어진다고 말합니다. 자다가 발이 저려서 깨는 경우도 가끔 보고되고 있습니다.

제가 생각하는 해결책은 다음과 같습니다.

첫째, 따뜻한 소금물 또는 사골 국물을 케톤 전환 시에 충분히, 자주 드시기 바랍니다. 둘째, 마그네슘 보충제를 드십시오. 부족한 영양소를 즉각적으로 채울 수 있습니다. 셋째, 뜨거운 목욕물에 염화마그네슘 소금 6컵을 넣습니다. 일주일에 두 번 40분간 몸을 담그세요. 이렇게 하면 마그네슘 흡수에 도움이 될 뿐만 아니라 당신만의 힐링 시간을 가질 수 있습니다. 황산마그네슘 소금인 '엡손 소금'도 마그네슘 입욕에 사용됩니다. 제 경험에 따르면 염화마그네슘 목욕은 마그네슘 결핍 증상을 완벽하게 완화해 줍니다.

고혈압약을 복용하는 경우

고혈압약을 복용하는 환자가 너무 많습니다. 고혈압약 복용 환자는 집에서 반드시 자신의 혈압을 확인해야 합니다. 케톤식으로 인해 포도당 분자가 다량으로 사라지면 몸을 순환하는 혈류량이 감소합니다. 혈액 손실 때문이 아니라 수분 손실 때문입니다. 부피가 줄어들면 혈압이 낮아집니다. 과거보다 혈압 약물의 요구량이 훨씬 줄어듭니다.

케톤식 덕분에 환자가 혈압약을 끊는 것이 그 어느 때보다 쉬워집니다. 하지만 가정용 혈압계로 체크하세요. 케톤식으로 전환할 때는 하루에 2~3회 혈압을 확인하세요. 탄수화물을 줄이면 혈압이 빠르게 떨어집니다. 주의하세요. 탄수화물을 줄이는 만큼 혈압약을 빨리 끊을 수 있도록 의사의 도움을 받도록 하세요. 저는 1주일 만에 고혈압 환자가 혈압약 5알을 모두 끊게 했습니다. 물론 이 모든 것은 하루 탄수화물 20g 규칙을 얼마나 엄격하게 지키고 있는지, 얼마나 오랫동안 탄수화물 중독자였는지에 따라 달라집니다.

신장에 안 좋다고?

어떤 분들은 자신이 신장이 좋지 않기 때문에 케톤식을 할 수 없다고 푸념하기도 합니다. 신장에 문제가 있어서 고단백 식단을 피해야 한다고 알고 계시나요? 케톤식은 단백질 함량이 높지 않고 지방 함량이 높다는 사실을 기억하세요. 혼동하지 마세요. 단백질을 너무 많이 섭취하면 케토시스 진입을 방해받게 됩니다.

케토시스는 신장을 위협하지 않습니다. 케톤식이 신장 문제가 있는 환자에게 위험하다는 걱정은 잘못된 믿음입니다. 신장 문제가 발생시키는 주된 범인은 누구일까요? 가장 유력한 용의자는 '인슐린 저항성과 고혈압'입니다. 이 어둠의 세력들은 신장의 미세혈관을 파괴해서 신장 기능을 서서히 잠식해 갑니다. 안타깝게도 많은 사람은 자신의 신장에 문제가 있다는 사실을 모릅니다. 신장 기능이 30%, 40%, 심지어 50%까지 손실된 경우에도 인지하지 못하는 경우도 있습니다.

그렇다면 손상된 신장을 회복하는 방법은 무엇일까요? 좋은 방법 중의 하나가 탄수화물을 끊어 몸의 염증을 없애는 것입니다. 케톤이 최고의 항염증 치료제라는 것을 명심하세요. 케톤이 당신의 신장에 영양을 공급하고, 염증을 치유하고, 잃어버린 활기를 되찾게 해줄 것입니다. 그리고 케톤식으로 인한 체중 감량도 신장의 치유를 돕는다는 사실을 잊지 마세요!

콜레스테롤을 높인다고?

케톤식이 콜레스테롤을 올릴까요? 맞습니다. 이 식단은 콜레스테롤을 높입니다. 단, 좋은 콜레스테롤인 HDL 콜레스테롤 수치를 높입니다. 반대로 중성지방 수치를 낮춥니다. HDL 콜레스테롤 수치가 높아지고 중성지방 수치가 낮아지면 당신의 심장은 더 건강해집니다. 초기에 높아진 LDL 콜레스테롤 수치는 시간이 갈수록 낮아지며 6개월 이내에 정상으로 돌아옵니다.

주류 의학은 콜레스테롤을 심장병 예측 인자로 홍보해 왔습니다. 육류를 많이 먹으면 콜레스테롤 수치가 높아진다고 위협해 왔습니다. 당신이 알아야 할 진실은 콜레스테롤은 체내에서 자체적으로 만들어진다는 것입니다. 간은 몸의 세포 조직을 유지하기 위해 콜레스테롤을 생산합니다. 콜레스테롤은 손상된 세포를 재생하는 중요한 치유 물질입니다. 또한 에스트로겐, 테스토스테론, 프로게스테론, 코르티솔, 알도스테론과 같은 중요한 호르몬의 원료입니다. 뇌 신경세포의 필수적인 영양소입니다. 우리 몸은 콜레스테롤이 없으면 제대로 작동하지 않습니다.

우리 몸은 염증으로 손상된 부분을 감지하면 콜레스테롤을 생성합니다. 콜레스테롤 수치가 높다는 것은 염증과 조직 손상이 발생하고 있다는 경고 지표입니다. 콜레스테롤은 몸에서 발생하는 염증, 즉 화재를 진압하는 소방관과 같습니다. 주류 의학은 불을 끄는 소방관에게 화재 현장에 있었다는 이유로 방화범으로 몰았던 것입니다. 콜레스테롤은 억울한 누명을 썼던 것입니다.

1961년 〈미국 의사 협회〉AMA: American Medical Association에서 발표한 보고서를 살펴보겠습니다. 연구진은 먼저 환자에게 고탄수화물 식단을 제공하고 공복 혈장을 검사한 다음, 동일 환자에게 저탄수화물 고지방 식단을 제공했습니다. 각 식단이 끝난 몇 주 후, 연구진은 환자의 공복 혈장을 검사했습니다.

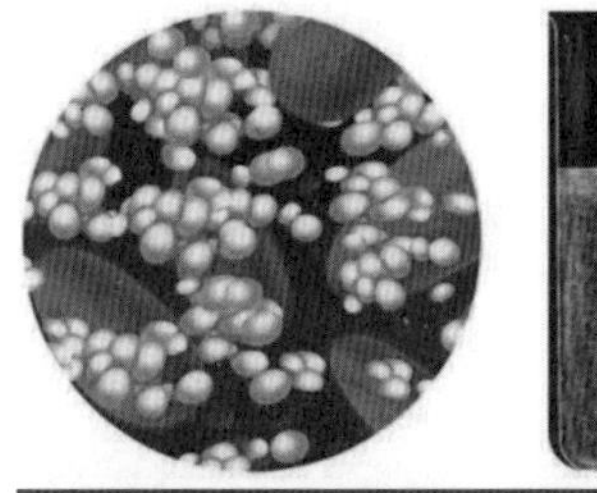
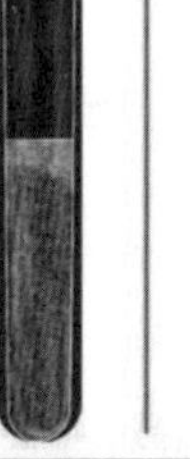
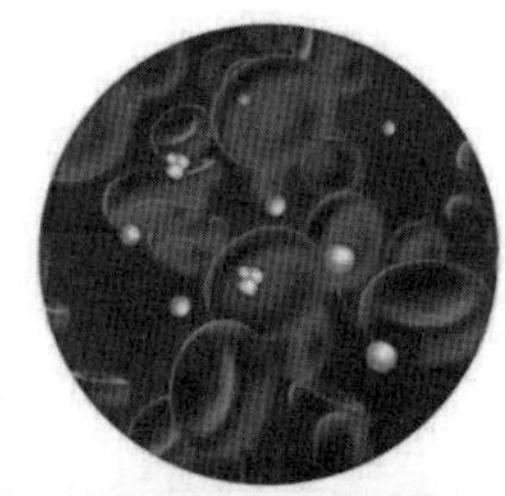

왼쪽의 시험관을 보세요. 고탄수화물 식단은 혈장 샘플에 콜레스테롤의 부유 지방으로 가득 차 있었습니다. 오른쪽의 시험관을 보세요. 동일 환자의 고지방 식단 혈장은 부유 지방이 거의 없는 투명한 혈청을 생성했습니다. 당신이 케톤식을 2년 동안 유지하면 죽상 동맥 경화증이 멈출 수 있습니다. 제 환자들의 임상 경험과 일치합니다. 이 방정식의 핵심은 고지방을 섭취하면서 탄수화물을 반드시 줄여야 한다는 것입니다. 자신의 몸은 '자신'이 가장 잘 압니다. 당신이 이 위대한 실험에 동참하고 놀라운 결과의 주인공이 되기를 바랍니다.

운동 능력을 저하한다고?

마라톤, 운동 경기 중에 피날레가 아닌가 싶습니다. 사람들이 42.195km를 완주하는 모습은 감동 그 자체입니다. 지구력 운동선수들은 에너지 섭취 때문에 음식에 많은 관심을 기울입니다. 레이스 중에 에너지가 부족하면 불상사가 발생할 수도 있습니다. '본킹'bonking이라는 단어를 들어보셨나요? 본킹은 '벽에 부딪힌다'라는 의미입니다. 육체적 한계라고 생각하시면 됩니다. 몸에 저장된 탄수화물이 완전히 고갈된 상태를 말합니다.

마라톤의 경우, 25~30km 이후에 나타납니다. 러너들은 이 시기를 '마魔의 구간'이라고도 합니다. 우리 몸은 간과 근육에 탄수화물을 저장합니다. 간에서 75~100g, 근육에 300~400g입니다. 물론 이 수치는 사람의 간 크기와 근육량에 따라 달라집니다. 마라톤을 완주하기 위해서는 750g~1kg의 포도당이 필요합니다. 포도당 에너지가 모두 소모되면 러너는 극심한 피로, 현기증, 두통, 근육 경련 그리고 자신감 상실과 같은 증상을 경험하게 됩니다. 완전히 '붕괴' 상태가 되는 것입니다.

유능한 러너는 탄수화물 사막 구간, 즉 25~30km의 임계점을 넘어서 훌륭한 레이스를 지속합니다. 그들은 어떤 에너지를 사용할까요? 바로 '지방', 즉 케톤 에너지입니다. 케톤 연료에 익숙한 러너는 '마의 구간'을 멋지게 극복합니다. 지방을 연료로 사용하는 러너들은 단순히 달리기를 것이 아니라 기록을 경신하면서 우승하고 있습니다. 새로운 기록을 쓰는 러너가 되고 싶으신가요? 그럼, 지방 에너지 시스템에 관심을 가지세요!

단, 주의 사항이 있습니다. 탄수화물에서 지방으로 연료를 전환할 경우, 몇 주간의 운동 능력 저하가 올 수 있습니다. 커다란 시합을 앞둔 시기에는 에너지 전환을 급하게 하지 마세요. 케톤 적응의 5단계 파트를 다시 읽어보세요. 근육과 뇌가 최적의 케톤 처리 능력에 도달하는 시기를 눈여겨보세요. 최상의 결과를 위해서는 시합 전, 4~6주 동안 꾸준히 케토시스를 유지해야 합니다.

돌팔이 의학과 헤어질 결심

"고지방식, 수면장애와 정신질환을 유발한다!"

한국 G기술원 OO교수 공동 연구팀은 "쥐 실험을 통해 한 달 이상 고지방(60% 이상 지방 함량) 섭취가 뇌의 도파민 시스템의 기능 이상을 초래하여 수면 장애와 과잉 행동 장애(ADHD) 등 정신 질환을 유발할 수 있는 가능성을 확인했다."고 밝혔다. 고지방 식이는 대사 질환, 비만, 뇌 혈관 질환 등 다양한 신체 질환과 연관성이 있는 것으로 알려져 있다. ↵

위와 같은 기사를 보신 적이 있으신가요? 당시 15개 언론사에 보도가 되어 화제가 된 기사입니다. 종종 '케톤식'에 대해 비판적인 연구 사례들이 언론의 건강 분야를 장식하곤 합니다. 이러한 기사들은 꼬리에 꼬리를 물고 다른 언론사의 지면을 도배했습니다. 이 기사의 핵심은 '고지방식은 심각한 질병을 유발한다!'는 것입니다. 더욱 놀라운 사실은 '고기를 비롯한 고지방식은 사랑하는 아이들에게 ADHD를 유발한다'고 합니다. 참고로 상기 연구는 과학기술정보통신부와 보건복지부의 자금 지원을 받았습니다.

이 기사가 인용한 학술 연구를 한번 분석해 보도록 하겠습니다. 기사의 출처는 국제학술지 〈정신 의학 연구〉Psychiatry Research 23년 9월 온라인판에 게재된 실험입니다. 상기 연구팀은 인터뷰에서

"이 연구는 고지방 식단과 주의력 결핍 과잉 행동 장애 간의 잠재적인 연관성을 발견한 것이며, 고지방 섭취는 성인뿐만 아니라 소아 청소년기의 발달 과정에서 주의력 결핍 장애 및 수면 장애를 악화시킬 수 있다."라고 말했습니다.

논문의 정확한 제목은 〈고지방식으로 유발된 도파민 조절 장애는 REM 수면 방해 및 ADHD 유사 행동을 유도한다〉High-fat diet-induced dopaminergic dysregulation induces REM sleep fragmentation and ADHD-like behaviors입니다. 위 기사를 읽는 순간 어떤 생각이 드십니까? 당연히 '고기에 대한 공포감'이 들 것입니다. 이 기사의 핵심은 비만과 질병 그리고 ADHD의 범인은 바로 '지방'fat이라는 것입니다. 정확히 말하면 '고지방'(전체 칼로리 60% 비중)입니다. 한국의 저명한 연구자들이 오랜 연구를 통해서 '고지방 식단을 하지 말라'고 조언하고 있습니다.

특히 '고지방 음식은 성장기 어린아이들에게 과잉 행동 장애를 유발할 수 있다'는 것은 가히 충격적입니다. 당연히 이런 기사를 본 엄마들은 당장 냉장고에 있는 고기를 쓰레기통에 처넣었을 것 같습니다. 당신은 어떤 생각이 드십니까? 결론부터 말씀드리면, 이 논문은 진실을 심각하게 왜곡하고 있습니다. 제가 우려하는 것은 이런 류의 기사가 잊을 만하면 유령처럼 출몰한다는 것입니다.

그럼, 이 신문 기사에서 인용한 연구 사례를 자세히 살펴보도록 하겠습니다. 연구는 2가지 식단을 비교했고, 실험 기간은 2개월간 진행되었습니다. 영양소의 섭취 칼로리 비율은 다음과 같습니다.

A그룹) 탄수화물 : 단백질 : 지방 = 20% : 20% : 60%
B그룹) 탄수화물 : 단백질 : 지방 = 68% : 22% : 10% [대조군]

연구자들이 발표한 논란의 식단은 60% 이상 지방을 섭취한 A그룹입니다. A그룹의 실험 쥐는 고지방식 섭취 때문에 수면 방해를 경험했으며 과잉 행동 장애와 같은 정신 질환이 나타났다고 합니다.

여기서 중요한 질문을 던지겠습니다. 연구팀은 실험 쥐에게 어떤 지방을 먹였던 걸까요? 이 연구 사례를 앞다투어 보도한 언론사 중 단 한 군데도 이 질문을 던지지 않았습니다. 지방에는 나쁜 지방과 좋은 지방이 있습니다. 연구자들은 실험 쥐에게 '리서치 다이어트의 동물 사료'D12492를 먹였습니다. 이 동물 사료의 주성분은 고도로 정제된 고지방 가공식품입니다. 즉, 상기 연구는 실험 쥐에게 최악의 음식을 먹이고 실험을 진행했습니다. 이 논문의 문제점을 예리하게 분석한 '프리미티브의 전래식단 이야기' 영상을 QR코드로 공유드립니다. 꼭 시청해 보시길 바랍니다.

〈고지방식이 ADHD같은 정신질환 유발?〉 

결론적으로 이 연구는 진실을 완전히 왜곡하고 있습니다. 이러한 왜곡은 편견을 낳고, 건강을 망칩니다. 중세 시대 무고한 사람을 화형 시켰던 마녀사냥처럼, 2차 세계 대전 유태인을 살육했던 광신도 나치처럼, 고지방 식단에 대한 편견은 좀비처럼 꿈틀대고 있습니다. 지금 주류 의학은 쓰레기처럼 지독한 악취를 풍기고 있습니다.

과거 주류 의학은 어떠했을까요? 멀리 갈 필요도 없습니다. 19세기, 외과 의사들의 수술실 침상은 혈액과 고름의 흔적이 깊게 새겨져 있었습니다. 핏자국이 선명한 수술복은 유능한 의사의 상징이었습니다. 의사들은 수술용 장갑도 착용하지 않았고, 손도 잘 씻지 않았습니다. 불결한 병원 환경과 의사들의 무지無知로 인해 임산부 100명 중 30명 이상이 '산욕열'産褥熱로 목숨을 잃었습니다. 이와 대조적으로 산파의 도움을 받은 임산부의 사망률은 3%가 채 되지 않았습니다. 산파들은 청결의 중요성을 이미 잘 알고 있었던 것입니다.

당시 대부분의 의사는 '소독과 청결'이라는 개념을 비웃었습니다. 그들에게 루이 파스퇴르의 병균 이론은 허무맹랑한 주장과 다를 바가 없었습니다. 에든버러 의과 대학 교수는 "그 작은 짐승들세균이 어디에 있는지… 한 번이라도 본 사람 있나?"라며 코웃음을 쳤습니다. 파스퇴르의 병균 이론이 받아들여지는 데는 오랜 시간과 인내심이 필요했습니다. 이 엉터리 의사들의 모습이 당시 주류 의학을 채우는 풍경이었습니다.

그렇다면 지금 우리는 소위 돌팔이 의학과 완전히 결별했을까요? 저는 전혀 그렇지 않다고 생각합니다. 주류 의학이 만성 질환을 치료하는 방법은 철저히 '대증요법'對症療法에 근거하고 있습니다. 원인을 치료하지 않고, 증상을 치료하고 있습니다. 원인이 치료되지 않으니, 질병은 깊어지고 길어져만 갑니다. 주류 의학은 평생 약을 복용해야 한다고 안내합니다. 늘어나는 것은 복용하는 약의 숫자뿐입니다.

물론 주류 의학의 공헌을 모두 부정하는 것은 아닙니다. 주류 의학은 감염병, 응급 치료 그리고 수술에 있어서 눈부신 발전과 기여를 했습니다. 긴급한 환자의 생명을 무수히 구했습니다. 눈부신 의학 발전과 분투하는 의사들의 공헌에 박수를 보냅니다. 하지만 성인 질병의 90%를 차지하고 있는 '만성 질환' 치료에 대한 주류 의학의 태도는 문제가 심각합니다.

주류 의학은 만성 질환 치료와 예방에서 올바른 해법을 제시하지 못하고 있습니다. 약물의, 약물을 위한, 약물에 의한 치료가 과도하게 범람하고 있습니다. 약물 공화국의 장벽은 견고해지고 높아만 가고 있습니다. 만성 질환의 진정한 치유는 약물에 의해서가 아니라 라이프 스타일의 변화로만 가능합니다. 이제 돌팔이 의학과 헤어질 결심이 필요합니다. 지식의 격차가 건강의 격차가 되고 있습니다. 자신의 건강은 자신이 지켜야 합니다!

8부

사골 국물 단식 프로젝트

24장
사골 국물 단식의 힘

엄마는 항암 약물에 버틸 수 있는 몸 상태가 되어야 했습니다. 우리는 비밀 프로젝트를 모의하고 있었습니다. 아무도 모르게 40일 동안 단식하는 것이었죠. 담당의를 포함해서 다른 사람들에게 우리의 단식 프로젝트를 설득할 생각이 없었습니다. 엄마에게는 시간적 여유가 없었기 때문입니다. 불 꺼진 병실에서 우리는 늦은 밤까지 비밀 프로젝트에 대해 이야기를 나눴습니다.

다음 날 아침, 의료진은 탄수화물이 가득한 병원 음식을 제공했습니다. 만약 당신의 가족이 병원에 입원해 있다면 매 끼니마다 나오는 식사를 찬찬히 살펴보세요. 당뇨병 환자의 메뉴도 다르지 않습니다. 대부분 탄수화물이 식단을 채우고 있습니다. 이런 음식은 우리의 적과 같았습니다. 담당 간호사가 자리를 떠나면 병원 음식은 곧바로 변기로 향했습니다.

우리는 담당의, 간호사와 함께 불필요한 논쟁을 하고 싶지 않았습니다. 병원 음식을 버리는 대신, 비밀 병기를 몰래 공수했습니다. 그 밀수품의 이름은 바로 '본 브로스'Bone Broth입니다. Bone은 뼈를 의미하고 Broth는 걸쭉한 수프를 말합니다. 즉, 본 브로스는 '사골 국물'입니다. 사골에 양파, 셀러리, 마늘, 생강 등 다양한 재료가 추가됩니다. 우리는 사골 국물 단식을 준비하고 있었던 것입니다. 사골 국물은 대부분 지방 성분이기에 지방 에너지 대사를 유지할 수 있습니다. 배고픔도 덜하기에 장기 단식을 지속할 힘을 줍니다.

만약 담당의가 우리의 비밀 프로젝트를 알았다면 미친 짓이라고 비난했을지도 모릅니다. 저는 엄마의 장腸이 세균에 초토화될 때, 환자 대기실에서 단식에 대한 정보를 뒤지고 또 뒤졌습니다. 그리고 케톤식을 지지하는 많은 전문가가 사골 국물을 극찬하고 있다는 것을 알았습니다. 사골 국물에 대해 알면 알수록 이 음식이 가지고 있는 효과에 놀랄 수밖에 없었습니다. 사골 국물은 제가 상상했던 것과는 전혀 다른 영양이 풍부한 보배와 같은 존재였습니다. 격투기 선수들은 경기를 앞두고 극도의 체중 감량을 하는데, 그들이 유일하게 즐기는 음식이 '본 브로스'라는 것도 알게 되었습니다. 저는 병원 복도에서 혼잣말로 소리쳤습니다.

"그래, 이거야! 이 음식이 단식을 도울 수 있을 거야!"

사골 국물은 아미노산, 콜라겐, 글루코사민 등 영양소가 풍부합니다. 엄마의 단식 기간 동안 필요한 영양소를 공급할 것으로 생각했습니다. 엄마는 내 생각에 동의했고 비밀 프로젝트는 즉시 실행되었습니다. 엄마의 장은 시간적 여유를 주지 않았습니다. 그녀의 장은 부어오르고, 막히고, 염증이 악화되고 있었습니다.

사골 국물이 도착하기 전까지 엄마는 3일간 아무런 음식도 먹지 않았습니다. 엄마도 단식은 두려웠지만 링 위에 오르는 챔피언처럼 그 시간을 견뎌냈습니다. 엄마의 몸에 정맥 주사로 적절한 염분과 수분을 공급해 주었습니다. 그녀의 케톤 수치는 다행히 매우 높은 수치를 보였습니다. 우리는 서로를 격려하며 사골 국물을 애타게 기다렸습니다.

드디어 기다렸던 '본 브로스'가 도착했습니다. 엄마는 첫 국물을 삼켰고, 엄마의 반응을 불안한 마음으로 기다렸습니다. 엄마는 짭짤하고 따뜻한 수프를 계속 먹었습니다. 1/2 컵 지점에서 약간의 경련이 느껴졌지만, 큰 통증은 아니었습니다. 사골 국물과 엄마의 첫 만남은 성공적이었습니다. 다음 날도 어김없이 엄마는 사골 국물을 먹었고 경련과 같은 증상은 다행히 없었습니다. 둘째 날, 엄마의 팬티 패드에서 보일 듯 말 듯 아주 작은 검은색 물질을 발견했습니다. 우리는 침묵 속에서 팬티 패드를 바라보다가 동시에 소리쳤습니다.

"후추!"

우리는 사골 국물의 맛을 좋게 하려고 후추를 사용했었거든요. 3일째 되던 날, 엄마는 사골 국물을 2인분이나 먹었습니다. 열흘 동안 소량의 사골 국물 외에는 아무것도 먹지 않았습니다. 담당의와 간호사는 병원 음식을 변기가 몽땅 먹고 있다는 사실을 전혀 알지 못했습니다.

단식 연구 보고서에 의하면 5~6일 사이에 불면의 밤이 찾아올 수 있음을 경고하고 있었습니다. 엄마의 경우에는 단식 11~12일째 사이에 찾아왔습니다. 단식 기간이 길어질수록 치유 속도는 더 빨라지는 것처럼 보였습니다. 엄마의 에너지는 몇 달 만에 최고 수준으로 올라갔습니다.

우리는 퇴원할 때까지 단식 프로젝트를 병원 관계자들에게 말하지 않았습니다. 그들을 신뢰하지 못했기 때문이 아닙니다. 생명이 위급한 상황에서 사골 국물 단식을, 케토시스의 효과를 설득할 자신이 없었습니다. 의료진과 갈등만 야기할 것으로 생각되었기 때문입니다. 우리에게 헌신하는 의료인과의 불협화음은 엄마에게 스트레스를 줬을 것입니다. 단식 13일째 되던 날, 엄마는 집으로 돌아갈 수 있었습니다.

♣ 본 브로스 레시피

- 준비 시간: 5분
- 조리 시간: 4시간
- 조리 내용: 본 브로스 2리터
- 재료: 물 2리터

    닭뼈 2마리

    닭발 1팩(약 20개)

    소금 1작은 술

· 만드는 방법

1) 뼈, 닭발, 소금, 물을 모두 냄비에 넣습니다.

2) 밥솥의 수프 기능을 선택하고 4시간으로 설정합니다.

3) 4시간 후, 본 브로스 수프를 만날 수 있습니다.

4) 면 보자기에 걸러 용기에 담습니다. 바로 드시거나, 식혀서 냉장고에 하룻밤 두었다가, 나머지는 냉동 보관하세요.

5) 국물 위에 떠 있는 기름기를 제거하지 마세요. 이 기름층이 브로스를 밀봉하여 신선함을 유지해 줍니다.

※ 닭발을 빼먹지 마세요. 콜라겐은 닭발에서 나옵니다. 이게 브로스를 진하고 풍미 있는 영양가 높은 음식으로 만듭니다. 압력솥이나 전기밥솥을 사용한다면, 껍질을 벗기거나, 발톱을 제거할 필요가 없습니다. 그냥 통째로 넣으세요.

25장
자가치유, 간헐적 단식의 힘

'오토파지'Autophagy를 들어보았나요? 오토파지는 뜨거운 주제 중 하나입니다. 이 단어는 그리스어로 스스로(auto) + 먹다(phagy)가 합쳐진 말입니다. '자가포식'自家捕食이라고도 합니다. 문자 그대로 '스스로 먹다'는 의미입니다. 2016년 '오스미 요시노리'大隅良典 박사가 노벨 생리의학상을 수상하면서 본격적으로 의학계의 수면 위로 떠올랐습니다. 그는 우리 몸의 세포가 세포질의 노폐물, 수명이 다한 세포 소기관, 변성된 단백질을 스스로 제거한다는 것을 밝혔습니다.

오토파지는 세포가 노폐물을 분해한 다음, 그것을 영양분으로 재사용하는 신비스러운 재활용 과정입니다. 우리의 세포는 일정 역할을 다한 후 죽도록 프로그래밍 되어 있습니다. 세포 생성 과정에 문제가 발생하거나, 지속적인 염증이 생기면 세포의 오토파지 시스템은 즉시 가동됩니다. 오토파지는 세포의 내부 청소 과정을 설명합니다. 세포는 이물질을 진공청소기로 청소하고 쓰레기를 연료로 재활용합니다. 세포는 내부의 낡거나 결함이 있는 오래된 단백질을 청소하여 용광로인 미토콘드리아에 던져 넣습니다. 다시 용광로의 불꽃은 다시 타오르게 됩니다.

오토파지는 왜 중요할까요? 오토파지의 발견은 특히 베이비 붐 세대들에게 구원의 은총이 될지도 모릅니다. 산업사회의 첨병으로 살아온 베이비 붐 세대는 강도 높은 기업 문화 속에서 살아왔습니다. 노동 시간은 길었고, 수면 부족에 시달렸고, 음주와 흡연을 했고, 동료와의 경쟁에 익숙합니다. 그들은 이제 중년의 나이가 되었고 불룩한 뱃살이 세월의 훈장처럼 남아있습니다.

베이비 붐 세대의 뇌세포는 건강하지 못합니다. 치매와 뇌 질환이 고삐 풀린 전염병처럼 폭발적으로 늘어나고 있습니다. 지속적인 산화 스트레스로 인해 변형된 단백질이 뇌 신경세포에 축적되면 건강하지 못한 뇌 환경이 만들어집니다. 이러한 과정이 반복되면 파킨슨병, 알츠하이머병, 치매로 이어집니다. 문제의 핵심은 유전자의 문제가 아니라 염증에서 시작된다는 것입니다.

뇌세포를 파괴하는 염증을 제거할 수 있을까요? 있습니다! 단식과 케톤은 망가진 뇌의 부종을 감소시키고, 염증성 노폐물을 줄입니다. 단식과 케톤은 뇌 신경세포의 전기 신호와 활동을 엉망으로 만든 '쓰레기'를 자가포식하도록 유도합니다. 단식과 함께 케톤식을 시작하십시오. 이 낯선 단어는 모든 베이비 붐 세대가 관심을 가져야 할 주제입니다. 당신을 느리게 나이 들게 할 것입니다.

좋은 소식 하나를 알려드리겠습니다. 오토파지를 자극하면서 체중을 감량하면, 우리 몸은 주름을 유발하는 변형된 피부 세포, 불필요한 노화 혈관을 '먹어치우게' 됩니다. 불필요한 조직이 사라지면 피부는 주변 조직과 단단하게 연결됩니다. 그 결과 탄력 있는 피부가 만들어집니다. 늘어진 턱살과 이별하고, 턱선을 다시 만날 수 있을 겁니다.

그렇다면 오토파지를 어떻게 작동할 수 있을까요? 당신이 알고 있듯이 바로 '단식'fasting입니다. 재미있는 사실은 케톤을 생성하는 과정과 단식의 대사 과정은 매우 비슷하다는 것입니다. 단식을 시작하기 전에 케톤식을 시작하면 오토파지가 더 빨리 활성화될 수 있는 발판을 마련합니다. 세포는 단식 시작 후 12시간이 지나면서 불필요한 물질을 '재활용'하기 시작합니다. 반면에 탄수화물이 세포의 주요 연료 공급원인 경우, 식사를 중단한 후 며칠이 지나서야 오토파지가 시작됩니다.

만약 당신이 케토시스에 적응한 상태라면 로즈 할머니처럼 오래 단식할 필요가 없습니다. 24시간 단식할 필요도 없습니다. 매일 16시간 금식을 하면 우리 몸의 재활용 시스템을 활용할 수 있습니다. 16 : 8 간헐적 단식으로 잘 알려져 있습니다. 수면 시간을 포함해서 16시간을 단식하고 8시간 동안 식사를 하는 방법입니다. 매일 간헐적 단식을 실천하면 오토파지 효과로 인해서 노화의 속도가 느려집니다. '저속 노화' 상태가 되는 것입니다.

정리하겠습니다. 간헐적 단식은 첫째, 칼로리를 전혀 섭취하지 않았음에도, 몸은 영양분을 찾기 위해 세포의 오래된 노폐 단백질을 에너지로 전환하기 시작합니다. 자연스럽게 세포 청소가 진행됩니다. 둘째, 성장 호르몬 생산이 폭발적으로 증가합니다. 성장 호르몬은 근육과 뼈의 성장을 촉진합니다. 또한 몸이 지방 세포를 비우도록 명령합니다. 야생동물은 몸이 아프면 먹지 않고 단식합니다. 인간도 다르지 않습니다. 단식은 오토파지를 통해서 당신의 몸에 최상의 기회를 제공합니다. 케톤식은 탄수화물 식단보다 단식 전환을 빠르게 그리고 용이하게 합니다. 케톤식은 '먹는 단식' eating fasting이라고 말할 수 있습니다. 노후를 맞이하는 베이비 붐 세대에게 케톤식을 자신 있게 권유합니다.

26장
비만 수술은 위험한 도박이다

고도 비만 환자를 대상으로 위 우회술이 자행되고 있습니다. 이 수술은 의학 역사상 커다란 범죄 중 하나라고 생각합니다. 위 우회술은 체중 감량에 대한 끔찍한 접근 방식이기 때문입니다. 위 우회술을 권장하는 의사들은 우리 몸의 대사 시스템을 고려하지 않습니다. 더 심각한 사실은 위 우회술을 받은 환자들이 방치된다는 점입니다. 일반적으로 위 우회술을 받은 환자들은 담당의를 통해 사후 관리를 받지만, 일정 기간이 지나면 홀로 비만과 맞서 싸워야만 합니다. 위 우회술을 받은 환자들은 평생 날씬한 모습으로 살아갈 수 있을까요? 안타깝게도 현실은 수술 환자의 바람과 다른 것 같습니다. 의료진들이 위 우회술, 위 밴드 등 어떤 명칭을 사용하든, 이러한 유형의 수술이 대수술이라는 사실은 부인할 수 없습니다. 이 수술은 몸에 엄청난 부담을 주며 많은 염증과 외상을 남길 가능성이 높습니다.

수술을 받은 고도 비만 환자들은 1년 동안 굶주림의 시간을 보냅니다. 이 기나긴 터널은 환자에게 어둡고 우울한 시간으로 기억되곤 합니다. 몇 년이 지나면 환자들은 우울증, 과민증, 설사 등과 같은 고통을 겪기도 합니다. 강제로 영양소 흡수를 통제하는 것은 면역 체계의 약화를 초래합니다. 그들은 위 우회술이 하루하루 자신을 파괴한다는 사실을 전혀 모르고 있습니다. 슬픈 사실은 환자들이 고통의 시간과 높은 수술 비용을 감당했음에도, 다시 비만과의 싸움을 시작해야 한다는 것입니다.

비만 수술 후 발견되는 문제는 다음과 같습니다. 환자들은 중요 영양소를 제대로 흡수하는 데 어려움을 겪게 됩니다. 티아민, 피리독살 인산염, 엽산, 비타민 A, 비타민 K, 비타민 D, 비타민 B12, 오메가3 및 오메가6, 마그네슘, 인, 칼륨, 셀레늄, 요오드, 아연, 구리, 철분 등. 이러한 영양소를 제대로 흡수하지 않으면 탈모, 면역력 저하, 빈혈, 신경과 근육의 기능 저하를 유발합니다. 비만 수술 환자들은 왜 영양소를 흡수하지 못할까요? 장의 일부 또는 상당 부분이 제거되었기 때문입니다.

위 우회술 환자들은 뇌 안개, 기력 저하, 모발 감소, 질병 회복 속도 저하 등의 증상을 겪게 됩니다. 이러한 영양실조는 예측 가능하고 예방할 수 있습니다. 위 우회술을 받은 경우, 매년 의사와 함께 적정 영양소 흡수가 제대로 되고 있는지 후속 조치를 받으시기 바랍니다. 이는 매우 중요합니다.

그렇다면 비만 수술을 받은 환자들은 어떻게 박탈당한 영양소를 보충해야 할까요? 영양소 높은 음식은 어떤 것이 있을까요?

비타민	A(IU)	B1 (티아민)	B2 (리보플라빈)	B3 (나이아신)	B5 (판토텐산)	B6	B9 (엽산)	B12	C	D	E	K	콜린
계란	586	0.1	0.5	0.1	1.4	0.1	44	1.1	0	0	0	1	225
라드	0	0	0	0	0	0	0	0	0	0	0	0	49.7
목초 버터	2,499	0	0	0	0	0	3	0.2	0	0	2.3	7	18.8
고지방 크림	1,470	0	0.1	0	0.3	0	4	0.2	0.6	52	1.1	3.2	16.8
페타 치즈	422	0.2	0.8	1	1	0.4	32	1.7	0	0	0.2	1.8	15.4
스테이크	0	0.1	0.1	6.7	0.7	0.7	13	1.3	0	0	0.2	0.9	65
정어리	108	0.1	0.2	5.2	0.6	0.2	12	8.9	0	272	2	2.6	85
간(소시지)	13,636	0.3	1	4.3	3	0.2	30	13.5	3.5	0	0	0	0
브로콜리	623	0.1	0.1	0.6	0.6	0.2	63	0	89	0	0.8	102	18.7

식품명	칼슘	철분	마그네슘	인	칼륨	나트륨	아연	구리	망간	셀레늄	불소
계란	50	1.2	10	172	126	124	1.1	0	0	30	4.8
라드	0	0	0	0	0	0	0.1	0	0	0.2	–
목초 버터	24	0	2	24	24	11	0.1	0	0	1	2.8
고지방 크림	65	0	7	62	75	38	0.2	0	0	0.5	3
페타 치즈	493	0.7	19	337	62	1,116	3	0	0	15	–
스테이크	9	1.9	23	212	342	55	3.6	0.1	0	21	–
정어리	382	2.9	39	490	397	505	1.3	0.2	0.1	53	–
간(소시지)	22	8.9	12	230	179	700	2.3	0.2	0.2	58	–
브로콜리	47	0.7	21	66	316	33	0.4	0	0.2	2.5	–

주요 음식들의 영양소 함량을 자세히 보세요. 위 리스트는 모두 훌륭한 음식입니다. 저는 실제 임상에서 비만 수술 환자들에게 특히 '간, 정어리 그리고 계란'을 추천합니다. 이 3가지 음식은 수술로 부족해진 영양 결핍을 극복하도록 돕습니다. 몸이 잃어버린 영양소 적자를 해결하세요.

사골 육수, 최상의 영양 보충제

로즈 할머니의 투쟁을 도왔던 보배 같은 음식이 바로 '사골 국물'입니다. 사골 국물은 한국인에게 너무나 친숙한 존재입니다. 지혜로운 조상들은 뼈 우린 육수를 즐겨 먹었습니다. 설렁탕, 갈비탕, 곰탕, 머리고기국 등을 비롯해서 모든 국물 요리의 주인공은 '사골 국물'입니다. 미국 최고의 의사이며 〈유전자를 바꾸는 식단〉Deep Nutrition의 저자 '캐서린 섀너핸'Catherine Shanahan 박사는 사골 국물을 최고의 음식으로 추천하고 있습니다. 지금부터는 이 책의 일부를 소개드립니다.

사골 육수를 섭취하는 것은 '관절 보호 물질'글루코사민을 통째로 몸에 공급하는 행위입니다. 관절염으로 고통받고 있는 분들은 사골 육수 섭취를 일상화해도 좋을 것입니다. 이미 수의사들은 관절염에 걸린 동물 치료를 위해 수십 년간 글루코사민 보충제를 사용했습니다. 하지만 일부 의사들은 그런 처방은 시간 낭비라고 무시해 왔습니다. 글루코사민은 단백질이기 때문에 소화 과정에서 당과 아미노산으로 분해될 것이라고 말입니다.

글루코사민에 대한 효능·효과는 논쟁 중입니다. 아직 명백한 기전이 설명되지는 않았지만, 글루코사민이 소화 과정을 견뎌내어 장벽을 온전하게 통과할 수 있다는 연구 결과가 있습니다. 일단 글루코사민이 혈류 안으로 들어가면 연골 성장에 특별한 영향을 줍니다. 글루코사민이 콜라겐의 성장을 촉진하고 손상된 관절을 회복하는 데 도움을 줄 수 있습니다.

콜라겐은 관절에만 있는 것이 아니라 뼈와 피부, 동맥, 머리카락에도 존재합니다. 다시 말해, 사골 국물은 나이와 상관없이 인체를 회춘시켜 줄 수 있는 젊음의 묘약인 것입니다. 정형외과 의사들과 류머티즘 학자들은 이제 관절염을 앓는 사람에게 신체 기능 저하를 극복하도록 글루코사민 보충제를 복용할 것을 권장하고 있습니다. 이런 변화를 보았을 때, 사골 국물이 관절을 튼튼하게 만든다는 것은 분명합니다.

사골 국물이 어떤 영양 보충제보다 뛰어난 이유는 다음과 같습니다. 그 이유는 첫째, 뼈와 관절을 천천히 뭉근하게 끓이는 것은 인위적인 글루코사민 제조 과정의 온도와 압력보다 약합니다. 둘째, 사골 국물에는 한두 가지 영양소만 우러나는 것이 아니라 복잡한 연골 구성 성분을 비롯해 무기질과 비타민까지 들어 있습니다. 사골국의 맛이 좋은 것도 단순한 우연이 아닙니다. 현대 프랑스 조리 과학의 아버지 '오귀스트 에스코피'Auguste Escoffier에는 사골 육수의 풍미에 완전히 빠져버렸습니다. 그는 "육수 없이는 아무것도 완성할 수 없다.”고 극찬했습니다. 지혜로운 조상들은 아주 오래전부터 뼈의 신비를 알고 있었습니다.

태평양 연안 북서부에서 초기 아메리카 원주민의 고고학적 유물이 발굴되었습니다. 그들은 겨울 식단을 보충하기 위해 초식 동물의 뼈를 끓여 먹었습니다. 칼라하리 사막을 연구한 인류학자들은 뼈와 골수를 활용하는 행위가 ‘거의 모든 지역에서’ 이루어졌으며 지금도 변함없이 전수되고 있음을 밝혀냈습니다.

저지방 식단 vs 고지방 식단

나이가 60세로 동일한 두 남성을 보겠습니다. 백인 남성(왼쪽)은 미국의 저지방 식단을 이끌었던 ‘딘 오니시’Dean M. Ornish 박사입니다. 완전 채식을 오랫동안 강력하게 주창했던 사람입니다. ‘스티브 잡스’Steve Jobs의 주치의이기도 했습니다. 그는 의사이며 비흡연자입니다. 늘어진 턱살은 몸속의 콜라겐이 나빠졌다는 것을 보여줍니다. 목 아래에 있는 지방 수용체를 ‘알파 수용체’alpha re-ceptor라고 하는데 에너지 과잉에 가장 먼저 반응합니다. 오니시 박사의 늘어진 턱살의 원인은 지용성 비타민을 충분히 섭취하지 않았으며 염증 유발 음식을 섭취한 것으로 보입니다.

반면에 전통 식단을 고수한 '힘바족'Himba 남성(오른쪽)은 매끄럽고 단단한 피부를 보여주고 있습니다. 힘바족은 동물성 지방 섭취 비율이 50~80%에 이릅니다. 만약 당신이 60세가 된다면 어떤 유형의 얼굴이 되길 원하십니까? 수천 년 동안 지혜로운 인류는 동물의 골수와 관절을 남김없이 활용했습니다. 우리의 유전자는 이러한 음식과 영양소에 익숙합니다. 건강하게 오래도록 걷고 싶은가요? 그렇다면 약국은 지나치고 사골을 파는 동네 정육점으로 직행하십시오. 다시 한번 강조합니다. 사골 국물은 최상의 영양 보충제입니다!

9부

케톤식과 단식이 만나다

27장
암세포를 5일 만에 녹이다

엄마는 사골 국물 단식을 3주 동안 멋지게 완수했습니다. 우리 가족 모두는 엄마의 결연한 의지에 응원을 보냈습니다. 어느새 종양 전문의와의 진료 일정이 다가왔습니다. 담당의가 진료실에 들어섰을 때, 그는 한참 진료 차트를 읽어 나갔습니다. 진료 차트의 두께는 엄마의 힘겨웠던 과거를 고스란히 담고 있었습니다.

우리는 담당의와 항암 치료를 다시 시작하기로 동의했습니다. 그는 최대 1년 동안 매일 항암제 복용을 제안했습니다. 좋은 소식은 상황에 따라 치료를 중단할 수 있다는 것이었고, 나쁜 소식은 항암 치료 비용이 한 달에 2만 달러가 넘는다는 것이었습니다. 엄마가 처음 항암제를 다시 복용하기 시작한 시기는 사골 단식 3주 후였습니다. 항암 약물 3일 차가 되었을 때 엄마는 핸드폰에 조용한 목소리로 속삭였습니다.

"암이 작아진 것 같아. 정말 작아진 것 같아…"

엄마의 긍정적 신념이 두려워하는 딸의 마음을 위로하고 있었습니다. 저는 케톤과 단식이 항암에 도움이 되었는지 정말 궁금했습니다. 엄마의 혈중 케톤은 2.0~4.0mmol/L였습니다. 케톤의 꾸준한 공급이 그녀의 암세포를 약화시켰을까요? 케톤이 항암 치료를 더욱 효과적으로 도왔을까요? 저는 그렇게 믿고 싶었습니다. 엄마를 괴롭히는 암세포가 포도당 부족으로 굶어 죽기를 기도했습니다. 엄마의 면역 체계가 다시 건강한 백혈구 군단으로 강해지기를 원했습니다. 암 환자에게 케톤식을 권유하는 MD 앤더슨 의료진들이 꿈에 나타나기도 했습니다.

항암 5일 차, 담당의를 만나기 위해 출발했습니다. 제 진료실과 병원은 160km 거리에 있었습니다. 결과는 어떠했을까요? 놀라지 마세요. 엄마의 예상이 맞았습니다. 암세포 수치가 줄어들었던 것입니다. 항암제는 10년간 성장한 암세포를 단 5일 만에 대부분 녹여 버렸습니다! 믿을 수가 없었습니다. 엄마의 목을 차지하고 있던 울퉁불퉁한 림프절 덩어리가 사라졌습니다. 엄마의 가녀린 목을 정말 오랜만에 볼 수 있었습니다. 겨드랑이의 림프 조직 덩어리가 더 이상 딱딱하게 느껴지지 않았습니다. 나도 모르게 눈물이 뺨으로 흘러내렸습니다. 제 머릿속에 한 단어가 떠올랐습니다.

"기적miracle!"

희망의 에너지가 온몸으로 퍼졌습니다. 그날 밤 우리는 평화로운 잠을 청할 수 있었습니다. 엄마는 해냈습니다. 메리 포핀스가 결국 승리했어요! 엄마의 골수 상태가 호전된 것이 분명했습니다. 무엇이 우리를 승리로 이끌었을까요? 저는 케토시스, 간헐적 단식 그리고 항암 요법이 주인공이라고 생각합니다. 이 3가지 천사가 '삼위일체'가 되었던 것입니다. 신神의 따스한 손길이 우리에게 임한 것처럼 느껴졌습니다.

그러나 승리의 전리품만 있었던 것은 아니었습니다. 핵폭탄 같은 항암 치료는 과거처럼 엄마의 몸에 충격을 남겼습니다. 며칠 만에 죽은 암세포의 시체더미 때문에 몸에 폭풍 같은 염증이 몰아쳤습니다. 염증 폭발이 반드시 나쁜 현상만은 아니었습니다. 암 군단이 물러나고 있다는 뜻이었으니까요. 그녀의 가장 약한 고리는 염증에 포위된 장腸기관이었습니다. 장 내부와 감염 주머니가 모두 다시 부풀어 올랐습니다.

28장
케톤식과 단식은 당신을 젊게 만든다

이 책을 읽고 있는 당신은 베이비 붐 세대인가요? 그렇다면 당신은 시대의 희생양이었을지도 모릅니다. 우리는 오랜 시간 고지방 음식을 먹지 말라고 교육받아 왔습니다. 포화 지방을 먹으면 심장마비에 걸릴 수 있다고 위협받아 왔습니다. 평생 저지방 복음에 세뇌당해 왔습니다. 이 복음은 신성불가침의 진리처럼 세상을 지배해왔습니다.

하지만 이 복음은 완전히 틀렸습니다. 제가 의료인을 대표해서 사과를 드리고 싶습니다. 특히 베이비 붐 세대들은 과거 세대보다 더 많은 약물을 먹었고, 더 많은 수술을 받았습니다. 기존 의료계는 약물에 대한 '지나친 믿음'으로 당신을 과잉 진료의 늪에 빠뜨렸습니다. 하얀 가운을 입은 전문가들은 올바른 방법으로 문제를 해결하는 대신, 스타틴 약물을 처방하고 동맥에 스텐트를 삽입했습니다. 어느새 현대 의학은 거대한 이익을 창출하는 비즈니스가 되었습니다.

당신의 몸을 정상화할 수 있는 비법을 알려드리겠습니다. 그 비

법의 중심에 바로 '인간 성장 호르몬'human growth hormone: HGH
이 있습니다! 당신이 이 호르몬을 통해서 현대 의학이 저지른 폐해
에 대해 보상받기를 바랍니다. '인간 성장 호르몬'HGH은 보디빌더
들이 강하고 날씬한 근육을 만들기 위해 주사하면서 매스컴의 인기
를 끌기 시작했습니다. 이 호르몬은 주사로 맞아야 효과가 좋습니
다. 대부분의 사람이 주사를 두려워하지만, 보디빌더들은 더 큰 근
육을 갖기 위해 주사 약물을 자신의 몸에 밀어 넣습니다.

이 약물을 복용한 사람들은 할리우드 세계에 영업 비밀을 비밀
리에 공유했습니다. 우리는 헐리우드 영화에서 크고 단단한 근육질
의 남성 배우와 허리가 잘록하고 날씬한 여성 배우를 쉽게 만날 수
있습니다. 영화 속 주인공들은 인간 성장 호르몬에 많은 빚을 지고
있을 가능성이 높습니다. 브로드웨이와 라스베가스 라이브 쇼를 화
려하게 장식하는 날씬한 댄서와 하늘을 나는 곡예사들도 예외가 아
닙니다.

저는 20년 동안 체중 감량을 원하는 사람들의 절박한 외침을 들
어왔습니다. 그 외침의 해답을 오랜 시간 찾아왔습니다. 그 해답이
'성장 호르몬'growth hormone입니다. 그렇다면 보디빌더와 영화배
우처럼 성장 호르몬 약물을 몸에 주입하면 될까요? 제가 드릴 해답
은 그렇지 않습니다. 제가 제안하는 방법은 당신의 몸에서 자연스럽
게 성장 호르몬을 더 생산하도록 하는 것입니다.

호르몬을 연구하는 내분비학자들은 성장 호르몬에 열광하고 있

습니다. 성장 호르몬은 중년의 과체중, 우울감, 에너지 부족의 문제를 해결해 줍니다. 성장 호르몬은 나이를 되돌립니다. 즉, 노화 방지 치료제입니다. 안타깝게도 의과대학 교과서는 성장 호르몬이 나이가 들면서 자연스럽게 감소하며, 특히 50세 이후 성장 호르몬 생산은 매우 느려진다고 가르쳐왔습니다. 중년의 나이에도 성장 호르몬 분비를 역전할 방법은 없을까요? 저는 있다고 생각합니다. 이 방법을 논하기 전에 성장 호르몬이 정확히 어떤 역할을 하는지 먼저 살펴보겠습니다.

성장 호르몬은 뇌에서, 정확히 말하면 뇌하수체에서 생성됩니다. 다른 많은 호르몬과 마찬가지로 성장 호르몬은 지방에서 시작됩니다. 어린 시절과 청소년기를 거치면서 이 호르몬은 근육과 뼈를 성장하도록 지시합니다. 성장 호르몬은 어린이에서 성인으로 몸을 변화시키는 데 중요한 역할을 합니다. 당연히 몸은 사춘기에 가장 많은 양의 성장 호르몬을 분비합니다. 이 호르몬은 수면 중에 뇌세포에서 다량으로 분비됩니다. 할머니가 손자에게 '키가 크기 위해서는 잠을 많이 자야 한다'는 말씀은 옳았던 것입니다. 최고의 신체 발달을 원하는 청소년이 있다면 잠을 충분히 자야 합니다. 성장 호르몬은 사춘기 이후부터 서서히 감소합니다.

인체의 성장 호르몬을 측정하는 것은 매우 어렵습니다. 성장 호르몬은 혈류에서 몇 분 동안만 지속되기 때문입니다. 뇌는 매일 밤 깊은 수면 상태에 들어간 직후에 성장 호르몬을 몸속으로 분출합니다. 성장 호르몬의 70~80%가 수면 상태에서 분출됩니다. 특히 깊은 수면에 진입할 때 폭발적으로 분출되는 경향이 있습니다. 성장 호르몬이 혈류에 들어가면 간에서 상당한 양의 포도당을 혈류로 방출하여 각성 상태를 유발합니다. 그 후, 성장 호르몬은 면역계, 피부, 모발, 간, 뼈, 신경, 근육 등의 세포를 성장시킵니다.

성장 호르몬은 성장에 필요한 연료를 공급하기 위해 지방 세포를 열어 저장된 에너지를 비우도록 유도합니다. 연료를 방출하여 전반적인 에너지 수준을 높입니다. 신진대사를 활발하게 하고, 기분을 좋게 하고, 식욕을 억제합니다. 또한 성욕도 높여줍니다! 반대로 성장 호르몬이 부족하면 피로감, 체력 저하, 우울감, 근력 감소, 건조한 피부, 지방 증가, 사고력 저하, 골밀도 감소 등의 증상이 나타납니다. 성장 호르몬이 노화에 엄청난 영향을 미치는지 이제 아시겠죠? 정말 대단한 존재라고 생각합니다.

여기까지 읽은 당신은 성장 호르몬 주사를 처방받기 위해 당장 병원을 방문할지도 모릅니다. 잠깐만요. 그렇게 하지 마세요. 인공 성장 호르몬 약물이 당신의 혈류에 주입되는 순간 예기치 않은 결과와 만날 수 있습니다. 성장 호르몬을 과도하게 외부에서 주입하면 어떻게 될까요? 혈압이 높아지고, 심장이 커지고, 뾰루지가 솟고, 당뇨병 환자가 될 수 있습니다. 특히 남성들은 에스트로겐 수치가 높아져 여성의 가슴이 될 수 있습니다. 반대로 남성의 상징인 고환은 점점 쪼그라듭니다. 결국 발기 부전이 됩니다. 농담이 아닙니다.

전문의의 지도에 따라 성장 호르몬 투여량과 시기를 정확하게 사용해야 합니다. 성인의 뼈는 이미 완성되어서 성장 호르몬으로 더 이상 성장할 수 없습니다. 성장 호르몬이 너무 과잉되면 당신의 얼굴은 네안데르탈인처럼 광대뼈가 돌출한 모습으로 변할 수 있습니다. 이마가 두꺼워지고 턱뼈가 과도하게 자라게 됩니다. 또한 허가되지 않은 목적으로 성장 호르몬을 주사하는 것은 불법이며 위험합니다.

그렇다면 부작용이 없는 방법은 없을까요? 체지방을 녹이고, 근력을 강화하고, 뼈를 단단하게 하고, 에너지를 높이고, 주름을 줄이고, 집중력을 향상하고, 성 에너지를 높일 수 있는 방법 말입니다. 그게 바로 '단식'과 '케톤식'입니다. 이 마법은 당신의 지갑을 약탈하지 않고 부작용으로 고통받게 하지 않습니다. 인공 성장 호르몬 약물에 비해 완전히 안전합니다.

저는 환자들이 케톤식을 시작한 후, 최소 몇 주 동안 이 성장 호르몬의 비밀을 일부러 말하지 않습니다. 때로는 몇 달을 기다리기도 합니다. 그들에게 간헐적 단식과 케톤식의 놀라운 효과를 너무 일찍 말하면 제 말을 믿지 못할 거라는 생각 때문입니다. 나는 배고픔을 참지 못하는 사람이라고요? 걱정하지 마십시오. 배고픔은 혈당 변동으로 인해 발생한다는 사실을 기억하세요. 케토시스 덕분에 혈당 수치가 안정적으로 유지되면 배고픔을 덜 느끼는 상태가 됩니다. 케톤식 2주 또는 3주 차에 접어들면 환자들은 자신도 모르게 식사를 거르는 경험을 합니다.

그래서 저는 케톤식 3~4주 차에 접어들면 며칠 동안 1일 1식을 시험삼아 시도해 보라고 권유합니다. 너무 무리한 제안이라고요? 절대 강요하는 것은 아닙니다. 먼저 영양이 충분한 케톤 만찬을 즐겨보세요. 배가 부를 때까지 드세요. 저녁 식사 후에는 간식을 먹지 마세요. 다음 날 아침에 일어나면 음식 없이 블랙커피를 마십니다. 바쁜 일정 속에서 진행하면 더 좋습니다. 음식에 대한 관심을 잊게 만들기 때문입니다. 누군가 음식을 권하면 미소와 함께 이렇게 말하세요.

"고맙지만 사양합니다. 저는 오늘 금식 중입니다."

공복감이 찾아오면 따뜻한 물과 소금을 드세요. 대부분은 배고픔의 파도를 지나 어느 순간 저녁 식사를 맞이할 것입니다. 이런 경험을 해보지 않았다면 미친 소리처럼 들릴 수도 있습니다. 탄수화물 연료를 공급받는 데 익숙한 몸은 식사 시간을 놓치지 않습니다. 공복 상태가 되면 몸이 떨리고, 집중할 수 없으며, 음식에 대한 욕망이 꿈틀거리게 합니다. 하지만 몸이 지방으로 연료를 공급받으면 거짓말처럼 배고픔의 갈망이 사라집니다. 물과 소금을 충분히 섭취하세요. 그러면 1일 1식인 23시간 간헐적 단식(23:1)을 어렵지 않게 공복으로 보낼 수 있습니다. 만약 하루 한 끼가 부담스럽다면 천천히 시작하세요. 1일 2식 하는 16시간 간헐적 단식(16:8)도 좋습니다.

느리게 나이 들기를 원합니까? 새롭게 회춘하기를 원하나요? 최소 한 달만 이 식단을 지속해 보세요. 첫 달은 케톤식에 도전하세요. 케톤에 적응이 되면 다음으로 케톤식과 간헐적 단식을 함께 도전해 보세요. 당신의 몸은 잠자는 동안 성장 호르몬을 활기차게 배출할 것입니다. 성장과 활력의 에너지가 공급되고, 주름이 줄어들고, 사고가 명확해지고, 집중력이 향상되고, 성 에너지가 높아질 것입니다. 체지방도 감소하고 근육도 많아질 것입니다. 이제 당신이 '천연 성장 호르몬'을 통해서 새로운 에너지를 만날 시간입니다. 지금 시작해 보세요. 우리는 너무 오랜 시간 3끼라는 굴레에 익숙해져 있습니다. 공복감의 공포를 극복하면 미처 몰랐던 선택의 폭이 넓어집니다.

1982년에 발표된 단식 연구 사례를 함께 보겠습니다.

〈단식과 혈당, 인슐린, 글루카곤, 성장호르몬, 총 지질 및 중성지방 수치 비교〉

연구기간		혈당 (mg/dl)	인슐린 (ulU/ml)	글루카곤 (pg/ml)	성장호르몬 (ng/ml)	총지질 (mg/dl)	중성지방 (mg/dl)
단식 전		96	13.5	138.7	**0.73**	530	72
단식기간	5일차	63	2.91	222.1	2.92	430	118
	12일차	74	5.51	161.8	4.1	440	122
	19일차	71	2.64	248.5	**7.95**	410	136
	26일차	76	1.5	327.8	**9.86**	400	101
	33일차	76	1.34	727.8	3.12	470	111
	36일차	58	2.55	198.2	4.51	400	124

*출처 : Kerntl PR et al. Fasting: The History, Pathophysiology and Complications. West J Med 1982 Nov; 137:379-389

단식 참가자들의 성장 호르몬 차트를 보세요. 그들은 처음에 0.73ng/ml의 미미한 양의 상태였습니다. 하지만 36일간의 단식이 끝날 무렵에는 성장 호르몬이 6배나 증가했습니다. 특히 단식 19일 차와 26일 차에는 단식 전보다 무려 10.8~13.5배가 증가했습니다. 돈이 들어간 것도 아니고, 부작용도 전혀 없습니다. 이 연구는 장기 단식할 때 도리어 성장 호르몬이 증가하는 것을 증명하고 있습니다. 케톤식에 적응한 사람은 1일 1식 간헐적 단식(23:1)에서도 효과를 볼 수 있습니다. 이제 단식에 대해 두려워하지 마세요. 하루 탄수화물 20g으로 시작하세요. 그리고 여러분 몸의 숨겨진 잠재력을 믿으세요!

당뇨병, 약물 없이 치료할 수 있다

일본의 '에베 코지'江部康二 박사는 당뇨병 환자를 치료하는 전문의입니다. 하지만 본인이 당뇨병에 걸리면서 주류 의학의 치료 패턴에 대해 강한 의문을 갖게 되었습니다. 오랜 연구와 임상을 통해서 약물 없이 당뇨 환자를 치료하기 시작했습니다. 이번 장에서는 에베 코지 박사의 〈탄수화물과 헤어질 결심〉에서 당뇨병을 식단으로 치료한 임상 사례를 공유드립니다.

에베 코지 박사는 기존의 '당뇨병 치료식'저지방과 저탄수화물 식단을 비교 연구하였습니다. 각 식단을 실행한 후 혈당과 인슐린 수치를 비교했습니다. 두 식단은 한 끼에 동일하게 350kcal를 섭취했

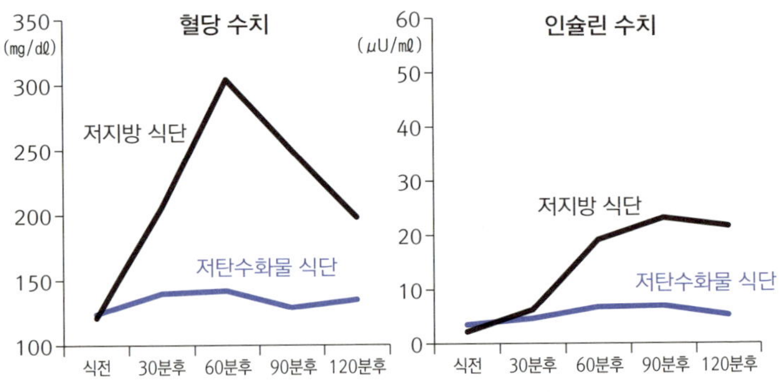

① 제2형 당뇨병 환자(58세 여성)

습니다. 저지방 식단은 탄수화물 60%, 지방 20%, 단백질 20%이며, 저탄수화물 식단은 탄수화물 10%, 단백질 30%, 지방 60%입니다. 실제 그래프를 함께 살펴보도록 하겠습니다.

①번 그래프는 제2형 당뇨병 여성(58세)의 검사 데이터입니다. 53세에 처음 당뇨병이 발병하여 5년이 지난 상태입니다. 아직 복용하는 약물은 없습니다. 그래프를 보면 저지방 식단은 공복 혈당과 식후 혈당 차이가 매우 크며 식후 혈당 수치가 급격히 상승하는 것을 알 수 있습니다. 공복 혈당 121에서 식사 60분 이후에는 혈당이 304까지 급속히 상승했습니다. 식전 혈당과 식후 혈당의 격차가 높을수록 위험합니다. 한편 저탄수화물 식단의 경우는 공복 혈당 124에서 식사 60분 이후에는 혈당 수치가 142입니다. 혈당의 상승 폭이 매우 작았으며 추가 인슐린 분비도 아주 소량이었습니다.

우리가 탄수화물 식사를 하면 하루에 최소한 3~4회 고혈당이 되고 인슐린이 과다 분비됩니다. 이렇게 고혈당과 인슐린 과다 분비가 40~50년 지속된다면 어떻게 될까요? 당신의 췌장 세포는 피폐해지며 당뇨병의 수렁에 빠지게 됩니다. 칼로리를 아무리 제한해도 탄수화물을 섭취하면 무용지물인 상태가 되어버립니다.

다음 ②번 그래프는 20대 여성이 백미 1인분을 먹었을 때와 구운 고기 1인분을 먹었을 때의 혈당 수치 변화를 비교한 것입니다. 백미를 먹었을 때는 공복일 때보다 식후 1시간에 혈당 수치가 165까지 상승해 혈당 스파이크를 일으켰습니다. 반면에 구운 고기를 먹었을

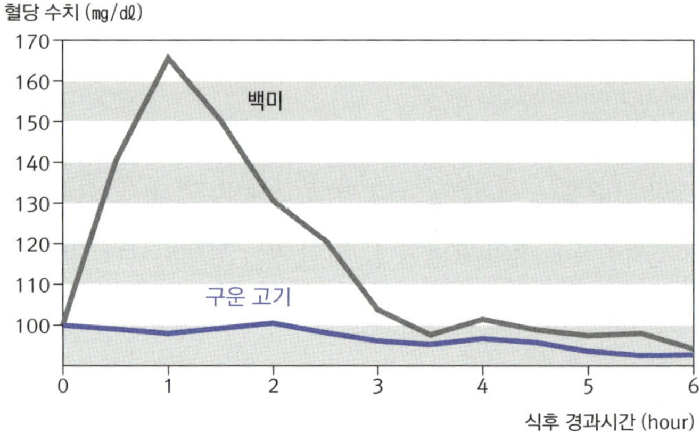

② 백미와 구운 고기를 먹었을 때 각 혈당 수치

때는 혈당이 거의 올라가지 않았습니다. 섭취하는 음식물의 종류에 따라 혈당 수치는 엄청난 차이를 보이고 있음을 알 수 있습니다. 탄수화물을 제한하면 식후 고혈당은 일어나지 않으며 인슐린 분비도 소량에 그칩니다. 이것은 매우 중요한 포인트입니다.

만성 질환이 활화산처럼 폭발하고 있습니다. 당뇨병은 동네 불량배가 아닙니다. 당뇨병은 조직폭력배의 대부입니다. 당뇨병은 비열하고, 지독하고 그리고 음흉한 악당입니다. 당뇨병은 사람들을 실명失明하게 만들며 만성 신부전, 심장병, 다리 절단을 일으키는 주범입니다. 한국은 매년 2,000명이 발을 절단하고 있으며, 전 세계적으로는 20초에 1명씩 다리를 절단하고 있습니다. 이 절망적인 상황을 극복할 수 있습니다. 약물 없이, 당뇨병을 치료할 수 있습니다.

10부

장腸에 염증이 창궐하다

29장
우리는 포기하지 않는다

3주간의 사골 국물 단식. 엄마는 단식 4주 차에 항암 치료를 받았습니다. 항암 치료를 받기 전, 엄마의 암세포 수치는 150,000이었습니다. 그런데 놀라운 일이 일어났습니다. 엄마는 단 5번의 항암 치료만으로 암세포 수치를 17,000으로 떨어뜨렸습니다. 정말 기적, 그 자체였습니다. 암세포 군단을 후퇴하게 만든 이유는 무엇이었을까요? 항암제 신약의 효과 덕분이었을 수도, 단식으로 인한 케토시스의 힘인지도 알 수 없었습니다. 아니, 항암제와 케토시스의 협공 덕분일지도 모릅니다.

하지만 승리의 기쁨을 만끽하기도 전에 어두운 그림자가 엄습했습니다. 항암제의 융단 폭격 때문에 승리를 거둘 수 있었지만, 치료 과정에서 죽은 암세포들이 문제가 되었습니다. 암세포의 시체들이 쌓여서 유령처럼 엄마의 적이 되어 나타난 것입니다. 엄마의 몸은 단시간에 다량으로 죽은 암세포들을 처리하지 못했습니다. 대사 시스템에 과부하가 와서 몸속 청소부들이 번아웃 상태에 빠진 것입니다.

엄마의 몸은 어떻게 반응했을까요? 다시 염증이 창궐하며 몸이 엄청나게 붓기 시작했습니다. 특히 엄마의 골반은 너무 많이 부었고 장의 정상적인 기능이 멈췄습니다. 장은 농양으로 가득 찼고, 게실에 염증이 급속히 퍼져나갔습니다. 폭풍 같은 염증이 림프절을 통해서 모든 장기로 확산되었습니다. CT 스캔에서는 염증 조직이 너무 많아 어디가 염증의 발원지인지 알 수 없었습니다.

담당의는 '장 휴식'이 필요하다고 말했습니다. 그랬습니다. 엄마의 장은 완벽한 휴가를 요구하고 있었습니다. 담당 간호사는 수분과 영양을 공급하기 위해서 엄마의 정맥에 수액을 주사했습니다. 이제 엄마의 혈관에 직접 포도당이 주입되게 된 것입니다. 당시 엄마의 몸은 완벽히 케톤 시스템에 적응한 상태였습니다. 하지만 정맥 주사는 엄마의 케토시스 상태를 완벽히 정지시켰습니다. 포도당은 엄청난 물을 끌어들입니다. 엄마의 대사 시스템은 케톤 수치를 높이고 혈당을 낮춰 모든 여분의 물 분자를 배출한 상태였습니다. 정맥 주사는 이 모든 것을 역전시켰습니다. 포도당 수액과 함께 엄청난 양의 수분이 몸 안으로 들어오게 된 것입니다.

포도당 수액 3일째, 엄마의 얼굴, 다리, 복부 등 붓지 않은 곳을 찾기 힘들 정도였습니다. 눈조차 뜰 수 없었죠. 주입된 포도당 분자가 몸속 모든 물 분자를 붙잡아서 거의 부어터질 지경이었습니다. 엄마의 체중이 3일 만에 13.6kg이 늘어났습니다. 이 과잉 체액에 대한 유일한 해독제는 신장에서 물을 빼내는 것뿐입니다. 엄마의

'소변 봉투'가 서서히 채워졌습니다. 엄마의 몸은 힘겹게 균형을 찾아가고 있었습니다. 다행히 수술이 가능한 상태가 되어갔습니다.

수술이 시작되었습니다. 외과 의사는 엄마의 하복부 곳곳에서 끈적한 형태의 염증 덩어리를 발견했습니다. SF 공포 영화 〈에일리언〉에서나 나올 법한 끈적끈적한 점액 물질들이 엄마의 하복부 전체를 휘감고 있었습니다. 의사는 신속히 염증 덩어리를 제거했습니다. 담당의는 엄마의 장을 면밀히 관찰한 후, 염증의 공습을 견뎌낸 건강한 부위를 찾아냈습니다. 그 부위의 일부를 절제해서 '장루'stoma를 만들어 복부 바깥으로 꺼내 연결했습니다. 장루는 장 내부와 외부를 연결하기 위해 만든 인공 샛길, 즉 '인공 항문'을 말합니다. 엄마가 과거의 얼굴로 되돌아오기까지 일주일의 시간이 필요했습니다.

엄마의 몸에는 주렁주렁 의료 기구들이 달렸습니다. 복강에서 나온 배액관, 왼쪽 팔뚝의 중심정맥관, 방광 카테터. 이 모든 악조건에도 불구하고 엄마는 메리 포핀스의 당당함을 잃지 않았습니다. 우리는 집으로 갈 준비를 했습니다. 엄마는 조심스럽게 제 차량 조수석에 탔습니다. 운전할 때 작은 충격이나 급정거가 있을 때마다 숨이 멎을 듯했습니다. 농장으로 돌아가는 대신, 엄마를 제 집으로 모셨습니다. 3명의 손자가 할머니를 반겼습니다.

우리 가족은 모두 모여 대책 회의를 했습니다. 로즈 할머니를 어떻게 간호해야 하는지, 조심해야 할 것은 무엇인지 대화를 나눴습니다. 엄마를 위험에 빠뜨릴 수 있는 금지 목록을 하나하나 써 내려갔습니다. 목록은 끝이 없었습니다. 특히 십 대 소년 3명이 사는 집은 깔끔한 환경과 거리가 멀었습니다. 방바닥에는 옷가지, 쿠션 그리고 잡동사니가 혼돈의 우주를 이루고 있었습니다. 남편과 3명의 손자는 청소업체 직원처럼 집 안을 정리하기 시작했습니다.

이러한 노력에도 불구하고 우리는 첫날 밤 커다란 실수를 발견했습니다. 엄마의 장루백을 교체할 수 있는 예비 장루백을 챙겨오지 않았던 것입니다. 불안이 엄습했습니다. 엄마의 장루 연결 부위에 아무런 문제가 발생하지 않기를 기도했습니다. 다음 날 아침 초조한 마음으로 그녀의 장루백을 살폈습니다. 엄마의 장루백은 노폐물로 가득 차 있었습니다. 남편과 저는 서로 마주 보며 아무 말도 하지 못했습니다.

시간이 촉박했습니다. 우리는 의료용품점으로 급히 차를 몰았습니다. 장루백이 버텨주기를 간절히 기도했습니다. 의료용품점 입구에 도착했을 때, 한 줄기 햇살이 비추는 듯했습니다. 우리는 직원에게 급히 장루백을 요청했습니다. 직원은 말했습니다.

"제품 번호가 어떻게 되죠?"

"제품 번호요? 저희는 잘 모르는데요."

"장루백 제품이 2,000가지가 넘습니다."

우리는 병원 간호사와 어렵게 통화한 후 제품 번호를 알아냈고 의료용품 직원에게 알려줬습니다.

“이 제품은 하루 기다리셔야 합니다. 내일 받으실 수 있어요. 도매상에게 최대한 일찍 도착하도록 요청하겠습니다.”

“하루요……?”

“혹시 모르니 다른 장루백을 가지고 가세요.”

우리는 장루백, 밀봉재, 접착링을 챙겨서 의료용품점을 나왔습니다. 집으로 돌아오는 시간이 길게 느껴졌습니다. 오늘 밤을 잘 넘겨야 했습니다. 우리는 드레싱을 하고, 장루백을 비우고, 다시 밀봉했습니다. 밤 8시, 모든 긴장이 풀렸던지 나도 모르게 소파에서 잠이 들었습니다.

새벽 1시, 엄마의 비명이 어두운 집안 전체를 흔들었습니다.

“도와줘! 도와줘! 아네트!”

딸을 애타게 찾는 엄마의 목소리가 깊은 잠을 단박에 깨웠습니다. 우려가 현실이 되어 버렸습니다. 엄마의 장루백과 피부 사이의 연결 부위가 터져 버린 것입니다. 하얀 침대보는 장 분비물로 범벅이 되어 있었습니다. 저는 새고 있던 장루백을 떼어내고, 접착링을 벗기고, 밀봉재를 떼어냈습니다. 그리고 피부를 씻고 말려서 교체용 장루백을 연결할 준비를 했습니다. 여분의 백이 단 하나뿐이었기에 실수가 용납되지 않았습니다. 엄마는 이러한 난장판 속에서도 메리 포핀스의 의연함을 잃지 않았습니다. 저는 그 모습을 보며 결심했습니다.

‘나는 메리 포핀스의 딸이다. 우리는 포기하지 않는다!’

30장
운동해도 살이 안 빠지는 이유

"지방을 많이 먹으면 분명히 체지방이 늘어날 거야!"

이렇게 말씀하시는 분들이 있습니다. 사실이 아닙니다. 체중 감량은 대사 시스템의 변화에서 시작됩니다. 당신이 정상 체중보다 10~15kg을 넘긴 과체중 상태라면, 대사 시스템은 그에 맞춰서 고정됩니다. 이러한 상황을 정상화하기 위해서는 인슐린 호르몬 분비를 낮춰야 합니다. 당신의 체지방을 태우고 싶다면 세포의 미토콘드리아 지방 연소 버튼을 눌러야 합니다. 지방을 태우려면 지방을 드세요. 무엇을 먹을 것인가에 집중하세요.

2012년 프랑스 인구 연구에 따르면, 프랑스는 지방 섭취 비율이 세계에서 가장 높은 국가였습니다. 그들은 총칼로리의 40% 이상을 지방에서 얻고 있었습니다. 그런데 〈영국 영양학 저널〉British Journal of Nutrition에 따르면 프랑스는 세계에서 날씬한 국가 중 하나입니다. 왜 프랑스는 많은 지방을 섭취함에도 비만한 사람들이 적을까요? 이 비밀을 한번 풀어보도록 하겠습니다. 일반적인 체중의 방정식은 다음과 같습니다.

체중 증가 및 감소 = 섭취 칼로리 - 소비 칼로리

이 공식은 오랫동안 '신진대사 수학'Metabolism Math의 복음입니다. 체중 감량은 너무 단순하고 명확합니다. 당신이 먹은 칼로리를 계산하고, 사용한 칼로리를 빼면 됩니다. 그게 전부입니다. 하루에 1,000칼로리를 먹었는데 체중을 줄이고 싶다면, 섭취한 1,000칼로리보다 더 많이 소비해야 합니다.

맞는 말이죠? 안타깝게도 이 상식은 틀렸습니다. 우리의 대사 시스템은 이렇게 작동하지 않습니다. 저는 20년 넘게 대부분의 환자에게 "적게 먹고, 더 운동하세요. 그게 체중을 빼는 방법입니다."라고 말했습니다. 부끄럽게도 제 조언은 틀렸습니다. 신진대사 수학 방정식을 반대하는 것은 상식을 인정하지 않는 무지의 표현일까요? 인간을 포함한 포유류의 대사는 훨씬 더 복잡합니다.

1. 체중 증가 및 감소

당신은 자신의 체지방량을 측정할 수 있습니다. 매일 체지방 측정을 반복하면 체지방이 늘었는지 줄었는지 알 수 있습니다. 체지방을 측정하는 가장 좋은 방법은 '덱사 스캔'Dual-Energy X-ray Absorptiometry: DEXA입니다. DEXA 스캔은 근육량, 골밀도, 체지방을 놀라운 정확도로 측정하는 X선 기술입니다. 제가 말하고 싶은 것은 당신의 체지방은 정확히 측정 가능하다는 것입니다.

2. 섭취 칼로리

'섭취 칼로리'도 측정할 수 있습니다. 섭취하는 모든 음료나 음식은 에너지 단위가 있습니다. 24시간 동안 당신이 섭취한 음식의 칼로리를 모두 합치면 이 숫자가 나옵니다. 섭취 칼로리 역시 측정 가능합니다.

3. 소비 칼로리

이제 소비 칼로리 변수를 측정할 수 있다면 끝납니다. 우리는 체중의 공식에서 '소비 칼로리'를 쉽게 측정할 수 있을까요? 너무 빨리 고개를 끄덕이지 마세요. '소비 칼로리'란 무엇일까요? 소비 칼로리는 24시간 동안 신체 시스템을 운영하는 데 필요한 총 에너지입니다. 이는 하루 동안 생명을 유지하기 위해 몸이 사용하는 칼로리를 나타냅니다. 문제는 이 소비 칼로리를 측정하는 것이 간단하지 않다는 것입니다.

총에너지 소비량 = 기초 대사량 + 음식의 열 효과 + 비운동 활동
열 생성 + 운동 + 운동 후 초과 산소 소비량

좀 복잡하죠? 공식을 다시 풀어서 설명하면 다음과 같습니다.

총에너지 소비량 = 기초 대사량(A) + 음식의 열에너지(B) +
일상 활동(C) + 운동(D) + 운동 후 회복(E)

소비 칼로리는 다음 다섯 가지 요소로 구성됩니다.

우리의 몸을 운영하기 위해서는 생각보다 훨씬 더 많은 에너지를 요구합니다. 각 부분을 자세하게 살펴보도록 하겠습니다.

A. 기초 대사량

'기초 대사량'Basal Metabolic Rate: BMR이란 단어를 익히 알고 계실 겁니다. 기초 대사량이란 당신이 숨만 쉬고 있어도 필요한 최소한의 칼로리를 말합니다. 전체 에너지 소비에서 60~70%를 차지합니다. 당신은 바쁜 꿀벌 스타일입니까? 아니면 나무늘보 스타일입니까? 당신의 라이프 스타일에 따라 기초 대사를 유지하기 위한 에너지는 달라집니다.

기초 대사량에는 체온 유지, 호흡, 심장 박동, 사고 활동, 신체 기관의 활동 등이 포함됩니다. 목록은 끝이 없습니다. 주목할 점은 체온 유지가 기초 대사 에너지의 60~70%를 차지한다는 사실입니다. 기초 대사량은 당신의 생활 방식, 정신 및 육체 활동에 따라 변동합니다. 어제보다 오늘 고민을 많이 했다면 공식이 달라집니다. 또한 몸에 제거할 독소가 많다면 더 많은 에너지가 소모됩니다.

기초 대사량은 다양한 요소에 의해 달라집니다.

· 유전자(가족력)

· 성별 : 남성 〉 여성

· 나이 : 젊은 사람 〉 노인

· 체중 : 근육량 많음 〉 근육량 적음

· 키 : 큰 사람 〉 작은 사람

· 식이 : 칼로리 부족은 대사량을 늦춤.
　　　　단, 24~36시간 간헐적 단식은 대사량 촉진

· 체온 : 발열 〉 정상 〉 저체온

· 온도 : 추운 곳에 있으면 체온 유지에 많은 에너지 소모

· 소화 : 음식에 따라서 소화에 필요한 에너지가 다름

· 단백질 생산 : 신체 기관의 세포 교체에 에너지 소모

· 뼈와 근육 : 생성 과정에서 에너지 필요

· 림프 시스템 : 항체 교체, 새로운 침입자 퇴치

· 질병 : 침입한 세균과의 전투를 위해 에너지 필요

· 뇌 : 오늘 얼마나 많이 생각하고 고민했는가?

· 심장 : 심장이 얼마나 강하게 수축했는가?

· 간 : 혈액 해독 및 에너지 생성 및 저장

· 신장 : 혈액 정화, 소변 생성

· 췌장 : 효소 생성

· 장 : 음식 이동 및 처리

· 호흡 : 천식과 같은 질환이 있는 경우 에너지 증가

· 배설 : 내부 청소를 위한 과정도 에너지를 소모

· 지방 생성 : 과잉 칼로리 저장에도 에너지가 필요

· 암세포 : 다량의 에너지를 소모

B. 음식의 열 효과

'음식의 열 효과'Thermic Effect of Food: TEF는 음식의 소화와 흡수에 사용되는 에너지를 말합니다. 신체는 다양한 음식을 다르게 처리하고 흡수합니다. 예를 들어, 지방은 빠르게 흡수되고 대사되기에 매우 적은 에너지가 듭니다. 반면에 단백질은 처리하는 과정에서 많은 에너지를 소모합니다. 섬유질은 처리하는 데 가장 많은 노력이 필요합니다.

음식이 대사에 미치는 영향은 얼마나 많이, 얼마나 자주 먹는지에 따라 달라집니다. 하루에 여러 번 소량 식사하는 것은 한 번에 많이 먹는 것보다 더 많은 에너지를 소모합니다. 음식의 지방, 단백질, 탄수화물의 비율도 음식의 열 효과에 영향을 미칩니다. 특히 단백질은 가장 높은 열효과를 일으킨다는 것을 기억하세요.

C. 일상 활동

'일상 활동'Non-Exercise Activity Thermogenesis: NEAT은 운동을 제외하고 하루를 살아가며 사용하는 에너지를 측정합니다. 오늘 책상에 앉아 타이핑하는 활동과 바쁜 진료소에서 분주히 움직이는 것은 전혀 다른 에너지 요구를 만듭니다. 오늘 하루 대부분 앉아 있었나요? 휴식 시간에 산책했나요? 식사 준비는 몇 번 했나요? 혹시 동네마트로 쇼핑을 다녀왔나요? 이 모든 것이 일상 활동입니다.

D. 운동

대부분의 사람은 '운동'Exercise을 명확히 이해하고 있습니다. 신진대사 에너지 소비를 계산할 때, 가장 우선적으로 고려하는 요소이기도 합니다. 움직임의 힘은 누구도 부정할 수 없는 최고의 의사이기도 합니다. 인간은 동물입니다. 동물은 움직이는 생명체입니다. 사용하지 않는 신체 기관은 점점 퇴화합니다.

E. 운동 후 초과 산소 소비량

'운동 후 초과 산소 소비량'Energy Post Oxygen Consumption: EPOC은 다른 말로 '애프터 번'After Burn이라고도 합니다. 우리 몸은 강도 높은 운동을 하면 저장해 놓은 에너지를 모두 소비하고 근육과 혈액에 저장된 산소를 사용합니다. 몸은 운동 후 간에 저장된 빠르고 즉각적인 에너지인 '글리코겐'저장 포도당을 사용합니다. 운동 후 글리코겐은 부족해집니다. 저장량이 고갈되면 신체는 이를 보충하기 시작하는데, 이 과정에는 연료가 필요합니다. EPOC은 운동 후 사용한 글리코겐 저장량을 보충하고 신체를 회복하는 데 사용되는 에너지입니다.

우리 몸의 에너지 대사 방정식을 정리해 보도록 하겠습니다.

예를 들어, 하루 총소비량 2,000kcal인 경우를 보겠습니다.

· A (기초 대사량): 1,300 ~ 1,400 kcal

· B (음식의 열에너지): 약 200 kcal

· C (일상 활동): 약 300 kcal

· D (운동): 약 200 kcal (빠른 속도로 30분 조깅)

· E (운동 후 회복): D의 10%라면 약 20 kcal

항목	명칭	에너지 비율	특징
A	기초 대사량	60%~70%	복합적인 요소가 동시에 작용
B	음식의 열 에너지	약 10%	단백질 소화는 가장 높은 에너지 소모
C	일상 활동	약 15%	개인적인 활동 패턴에 따라 차이가 큼
D	운동	약 5~10%	운동 강도와 시간에 좌우됨
E	운동 후 회복	운동(D)의 5~15%	고강도 운동 시 효과 커짐

※ 에너지 소비 비율은 개인적 편차에 따라 다른 결과값을 보입니다.

위 에너지 대사 방정식에서 가장 중요한 핵심 변수는 무엇입니까? 바로 '기초 대사량'BMR입니다. 기초 대사량은 가장 많은 에너지를 소비하고 있습니다. 만약 당신이 섭취하는 칼로리를 극도로 줄이게 되면 몸은 그 상황에 맞게 대사율을 낮춥니다. 왜 그럴까요? 에너지 공식은 고정불변의 방정식이 아닙니다. 방정식의 어떤 변수가 변하면, 다른 변수가 이를 보완해서 균형을 맞춥니다. 이를 '항상성'homeostasis이라고 합니다. 우리의 몸은 전체 시스템의 안정을 유지하려고 부단히 노력합니다. 그래서 저칼로리 다이어트는 대사를 망가뜨리는 최악의 선택이 될 수 있습니다.

에너지 방정식에서 눈여겨봐야 할 항목이 있습니다. 바로 '운동'

입니다. 운동은 전체 에너지 소비에서 '5~10%'에 불과합니다. 운동은 당신의 기대처럼 체중 감량을 쉽게 가져오지 않습니다. 많은 사람이 착각하는 부분이 운동을 늘리면 자연히 살이 빠질 것으로 생각합니다. 이것은 사실이 아닙니다. 우리가 운동량을 늘리면 더 많이 먹습니다. 당신의 의지도 더 많은 칼로리 섭취를 막지 못합니다. 여러 연구들이 이것을 반복적으로 증명하고 입증하고 있습니다.

한번 생각해 보세요. 운동은 심리적 성취감이라는 함정이 있습니다. 일반적으로 체중 50kg의 사람이 시속 8km로 30분간 빠른 속도로 조깅하면 약 200kcal가 소비됩니다. 이렇게 운동을 하고 나면 굉장한 성취감을 맛볼 수 있습니다. 자연스럽게 음식이나 음료수로 보상하고 싶고, 다른 때보다 조금 더 먹어도 괜찮을 것 같은 기분에 빠집니다.

러닝 30분으로 소비할 수 있는 에너지는 단 200kcal입니다. 매일, 한 달을 꼬박 채워야 6,000kcal가 됩니다. 체지방 1kg은 7,700kcal의 에너지에 해당하니, 한 달 동안 열심히 운동해도 체지방은 1kg도 줄지 않는 것입니다. 혹시 운동을 많이 한 날, 빵이나 초콜릿으로 보상하고 있지는 않습니까? 운동을 해도 체중이 감량되지 않는 이유가 여기에 있습니다.

당신은 진정으로 체중을 줄이고 싶은가요? 해결책은 더 많은 운동이 아닙니다. 운동의 중요성을 부정하는 것이 결코 아닙니다. 운동이 최고의 조력자라는 사실은 변함이 없습니다. 다만, 운동이 바로 체중 감량을 가져오지는 않는다는 것입니다. 운동은 보조적인 역할을 할 뿐입니다. 당신 몸에 공급하는 연료를 바꾸세요. 이건 단순한 체중 감량 방정식이 아닙니다. 연료를 포도당에서 지방으로 바꾸세요. 케톤으로 인해 증가한 에너지는 체중 감량뿐만 아니라 사고력, 집중력, 에너지, 회복 속도까지 높여줍니다.

콜레스테롤 수치, 어떻게 해석할 것인가

콜레스테롤이라는 단어만큼 논쟁의 중심에 있는 의학 용어도 없을 것입니다. 주류 의학은 오래전부터 동맥을 막는 범인으로 LDL콜레스테롤을 지적해 왔습니다. 이 가이드라인에 의해 대부분의 의사는 콜레스테롤 수치가 정상범위에서 벗어날 경우, 스타틴 계열의 고지혈증약을 처방하고 있습니다.

2023년 기준, 스타틴 계열 약물의 매출은 20조에 육박하고 있으며 한국도 1조 원을 돌파한 것으로 알려져 있습니다. 고지혈증 약이 너무나 많이 처방되고 있습니다. 스타틴 약물은 이제 믿음의 약물이 되어버렸습니다. 스타틴 약물은 우리의 동맥을 구원할 수 있을까요? 다음은 현대 의학이 제안하고 있는 〈콜레스테롤 가이드라인〉입니다.

구분	정상	주의	위험
총 콜레스테롤	200 미만	200~239	240 이상
HDL 콜레스테롤	60 이상	60~40	40 미만
LDL 콜레스테롤	130 미만	130~150	160 이상
중성 지방	150 미만	150~199	200 이상

* 출처 : 식품 의약품 안전처 홈페이지

스타틴 약물은 어떤 부작용이 있을까요? 대표적인 부작용은 무기력과 피로감이 함께 동반됩니다. 즉, '기력'energy이 떨어집니다. 에너지 수준이 떨어진다는 것은 매우 좋지 못한 신호입니다. 여기서 끝나지 않습니다. 근육통, 기억력 감퇴, 멍함, 메스꺼움, 구역 및 구토, 간 기능 저하, 발기 부전, 수면 장애, 변비, 설사 등과 같은 부작용이 계속해서 보고되고 있습니다.

이러한 부작용이 발생한다는 것은 역설적으로 콜레스테롤이 우리 몸에 얼마나 중요한지를 방증하고 있는 것입니다. 반드시 기억해야 할 것은 스타틴 계열의 고지혈증 약물은 심장 기능의 중요한 영양소인 '코엔자임Q10' 합성을 방해한다는 사실입니다. 그래서 고지혈증 약물을 복용하는 환자들은 반드시 코엔자임Q10 영양제를 복용해야 합니다.

위의 부작용 사례를 보면 어떤 생각이 드십니까? 이러한 위험을 감수하고 고지혈증약을 복용할 이유가 있을까요? 의료계에서는 국내 고지혈증 유병률이 48%에 달하는 것으로 보고 있습니다. 성인의 절반은 고지혈증약 복용 대상자라는 이야기입니다. 주류 의학계는 'LDL 콜레스테롤 수치는 낮으면 낮을수록 좋다'고 말하고 있습니다. 하지만 LDL 콜레스테롤 수치는 무조건 낮춰서는 안 됩니다. 여러 연구에서 낮은 LDL수치는 사망률과 심혈관 질환 위험도를 높이는 것으로 밝혀졌습니다.

LDL 콜레스테롤은 크기와 밀도에 따라 다르게 분류됩니다. LDL

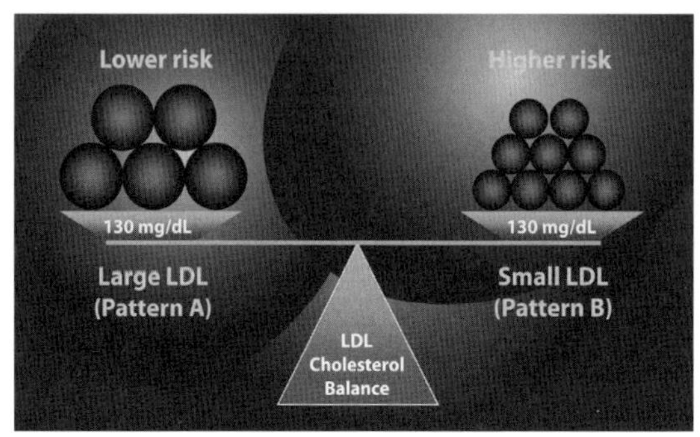

A형과 LDL B형으로 분류할 수 있습니다. A형은 크기가 크고 밀도가 낮은 형태이고, B형은 크기가 작고 밀도가 높은 형태입니다. A형은 배구공에, B형은 골프공에 비유할 수 있습니다. A형은 가볍기 때문에 혈액 내에서 잘 떠오르지만, B형은 무겁기 때문에 혈관 내벽에 침착되기 쉽습니다. LDL B형을 산화 LDL, 소립자 LDL로 부르기도 합니다. 혈관에 문제를 일으키는 주범은 'LDL B형'입니다. 현실적인 난제는 LDL B형의 수치를 측정하는 것이 임상적으로 어렵다는 것입니다.

다시 원점으로 돌아가 보도록 하겠습니다. 논쟁의 중심에 있는 '콜레스테롤'은 도대체 어떤 존재일까요? 콜레스테롤은 다음과 같은 역할을 하고 있습니다.

· 세포막 구성 물질

· 뇌 신경세포의 형성

· 비타민 D의 원료

· 각종 스테로이드 호르몬과 성호르몬의 원료

· 담즙 생산의 원료

· 손상된 세포 및 조직을 수리 및 복구

· 세균 및 독소를 없애거나 중화시킴

만약 당신이 콜레스테롤이 없거나, 낮다면 위와 같은 중요한 기능은 망가지거나, 정지될 것입니다. 콜레스테롤은 몸속에서 끊임없이 발생하는 '염증'炎症, 즉 화재를 진압하는 '소방관'과 같습니다. 그런데 현대 의학은 화재 현장에 있었다는 이유로 소방관을 방화범으로 몰았던 것입니다. 이제 콜레스테롤에 덧씌워진 억울한 누명을 벗겨줘야 할 때입니다.

마지막으로 우리는 콜레스테롤 수치를 어떻게 이해하고 해석해야 할까요? 콜레스테롤 수치에 대한 해석 방법은 다음과 같습니다. 이 방법을 기준으로 당신의 지질 검사표를 보며 직접 계산해 보길 바랍니다.

첫째, 중성 지방과 HDL 콜레스테롤의 비율을 체크하십시오.

중성 지방 / HDL	심혈관 위험도
1 이하	최적
1~2	저 위험
2~3	중 위험
4 이상	고 위험

둘째, 총콜레스테롤과 HDL 콜레스테롤의 비율을 체크하십시오.

총 콜레스테롤 / HDL	심혈관 위험도
4 이하	최적
4.5이하	권장

셋째, 중성 지방 수치입니다. 중성 지방 수치가 높은 경우는 일반적으로 LDL B형 콜레스테롤 수치가 높으며 인슐린 저항성이 높게 나타납니다. 중성 지방 수치가 200 이상일 경우에는 유의할 필요가 있습니다.

마지막으로 단순히 콜레스테롤 수치만으로 몸의 상태를 판단하지 말고, 전반적인 혈액 검사 수치들을 살펴보는 것이 좋습니다. 특히 체내 염증 지표를 확인할 수 있는 CRPC-Reactive Protein검사 및 호모시스테인Homocysteine 검사를 통해서 몸의 상태를 종합적으로 살펴보는 것이 중요합니다.

11부

다시 항암 치료를 시작하다

31장
장 수술 후유증, 암세포가 돌아오다

장 수술 후, 엄마의 배에는 '장루'stoma라는 특별한 구멍이 생겼습니다. 이 작은 구멍은 대장에서 대변이 나오는 인공적인 통로, 즉 인공 항문입니다. 우리는 장루에게 '스쿼트'squirt라는 이름을 붙여 주었습니다. 본래 스쿼트는 '작은 구멍으로 액체가 스프레이처럼 나오는 것'이라는 의미입니다. 하체 운동의 대명사인 '스쾃트'squat 와 비슷한 어감입니다.

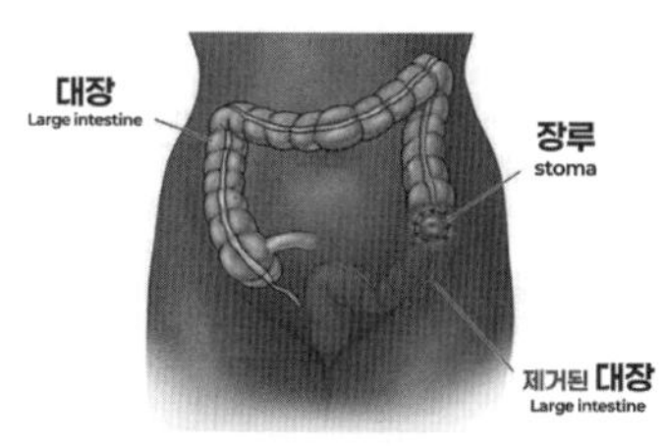

우리는 이 작은 구멍이 세심한 주의를 필요로 하는지 전혀 몰랐습니다. 스쿼트는 정말 많은 관심을 필요로 했습니다. 배변이 새는 문제가 상존했고, 장내 가스를 빼는 것도 만만치 않았습니다. 스쿼트에 '장루백'이라는 특별한 주머니를 연결해서 대변을 받아야 했습니다. 이 대변 주머니는 며칠 동안 쓸 수 있었지만, 피부 자극을 방지하려면 전체 장치를 주기적으로 교체해야 했습니다. 이 과정은 약 1시간의 시간을 요구했습니다. 잘 진행된다는 전제에서 말이죠.

스쿼트는 장루링으로 밀봉해야 했고, 접착제를 교체할 때마다 장루링을 스쿼트 크기에 맞춰야 했습니다. 몇 분간 배를 마사지하고 잡아당기는 과정을 거쳐야만 스쿼트에 꼭 맞는 크기를 만들 수 있었습니다. 장루링과 스쿼트 사이에 틈이 생기면 노출된 장 피부에 손상이 발생할 수 있었습니다.

아빠는 엄마가 집으로 돌아가기 전, 스쿼트 관리법을 제대로 익혀야 했습니다. 담당 간호사는 스쿼트의 지름을 측정하는 법, 오래된 접착제를 떼어내는 법, 흉터를 부드럽게 소독하는 법을 가르쳤습니다. 아빠는 스쿼트에 '장루백'을 연결해서 대변을 받아내는 것도 배웠습니다.

간호사가 간 뒤, 아빠가 엄마의 스쿼트를 살펴볼 때 갑자기 '푸욱' 하는 소리와 함께 대변과 가스가 튀어나왔습니다. 엄마, 아빠 그리고 저는 깜짝 놀라서 아무런 말도 할 수 없었습니다. 우리는 서로를 빤히 쳐다봤습니다. 이윽고 아빠는 '우하하!' 소리를 내며 크게 웃었습니다. 저도 함께 웃었습니다. 엄마는 말했습니다.

"스쿼트, 손님 앞에서 장난치면 안 되지. 이제 그만!"

병실은 세 사람의 웃음소리로 가득 찼습니다. 우리는 장루백 교체 작업을 하면서 엄마의 대변 상태를 분석하고 추적할 수 있었습니다. 변의 상태, 변의 횟수, 변의 냄새를 기록하였습니다.

엄마는 장 수술 전후 몇 주 동안 케토시스를 중단했습니다. 우리는 다시 케토시스 세계로 돌아가야 했습니다. 엄마는 대변량을 줄이고 싶어 했습니다. 일부 채소는 배를 가스로 빵빵하게 부풀려서 배출하는 시간이 늘어났습니다. 엄마는 사골 국물과 커피를 좋아했습니다. 간헐적 단식 일정에 따라 더욱 엄격한 케톤식을 진행했습니다.

장 수술 15일 후, 엄마는 외과 의사를 만났습니다. 엄마는 복부 배액관을 뽑고 수술 부위에 있는 스테이플을 제거하고 싶어 했습니다. 담당의는 상처 부위를 자세히 보더니 말했습니다.

"아직은 아닙니다. 흉터가 충분히 아물지 않아 스테이플을 제거하면 수술한 곳이 벌어질 수 있어요. 배액관에서 아직도 불쾌한 점액이 나오고 있어요. 기다려야 합니다."

담당 의사의 말에 엄마는 실망한 채 고개를 숙였지만, 커다란 창문으로 따사로운 햇살이 비추고 있었습니다. 햇살이 병실을 천천히 밝히듯이, 엄마도 아주 느리게 회복하고 있었습니다. 수술 후 25일이 지나서야 외과 의사가 마침내 스테이플 몇 개와 배액관을 뽑았습니다. 여전히 엄마는 위험한 줄타기 상태에 있었습니다. 다행스러운 것은 높은 케톤 수치, 낮은 혈당 수치를 유지하고 있었다는 것입니다.

그런데 엄마는 너무 오랜 시간 잠을 잤습니다. 수면 시간이 하루 10시간에서 20시간까지 늘어났습니다. 분명 엄마의 몸속에서 무언가 일어나고 있다는 신호였습니다. 그녀의 에너지는 매우 낮았습니다. 종양 전문의는 나쁜 소식을 전했습니다. 암세포 수치가 다시 150,000으로 치솟았던 것입니다. 항암을 받기 전, 원상태로 돌아가 버린 것입니다. 백혈병은 암세포의 증가 속도가 매우 중요합니다. 불과 5주 만에 그 수치가 9배로 급증한 겁니다. 결코 좋은 징조가 아니었죠. 의사의 진찰에서 수천 개의 림프절이 만져졌습니다. 암세포가 모든 부위에서 자라나고 있었습니다.

엄마의 림프절은 암으로 가득 차 있었습니다. 아무도 그것을 눈치채지 못했습니다. 암은 진흙탕 같은 붓기 속에 숨어있었습니다. 암세포의 무한 확장에 우리는 잠시 전의를 상실할 수밖에 없었습니다. 저는 실망과 무력감의 안개 속에서 머리가 멍해졌습니다. 우리는 수술 합병증, 감염, 과도한 체액, 폐렴 증상, 막힌 배액관, 스테이플 사이로 새는 고름 그리고 배변 주머니 관리에 너무 집중하고 있었던 것입니다. 우리가 방심하는 동안 암세포는 검은 군단을 양성하고 있었습니다.

저는 암세포로 가득한 CT 스캔 영상을 응시하며 고민에 빠졌습니다. 엄마에게 어떻게 말해야 할지 몰랐습니다. 암세포들은 거대한 애벌레처럼 성장했습니다. 엄마의 피부에서 그것을 느낄 수 있었습니다. 우리는 다시 암세포의 본진을 공격해야 했습니다. 종양 전문의는 병실을 찾아와서 다음과 같이 말했습니다.

"다시 항암 치료를 시작해야겠습니다."

종양 전문의의 음성이 커다란 파도처럼 제 가슴에 내려쳤습니다.

저는 속으로 질문을 던졌습니다.

"내가 실패했나? 의사에게 우리의 프로젝트, 즉 케토시스와 간헐적 단식을 비밀로 한 것이 잘못한 결정이었나? 담당의에게 억지로라도 포도당 수액 투여를 막았어야 했나?"

질문은 계속해서 꼬리를 물고 머릿속에서 일어났고, 순간 나도 모르게 눈물이 흘러내렸습니다.

32장
신생아가 알려준 MCT오일의 비밀

당신이 케토시스를 처음 입문한 사람이라면 'MCT'라는 단어가 생소할 수도 있습니다. MCT는 '중간 사슬 중성지방'Medium Chain Triglycerides을 의미합니다. MCT는 케토시스 세계로 입문을 도와주는 멋진 친구입니다. MCT 보충제는 오일과 분말 2가지로 존재합니다. 2가지 제품 모두 몸에서 케톤 생성을 돕습니다. MCT를 섭취하면 케톤 수치가 빠르고 효율적으로 상승합니다

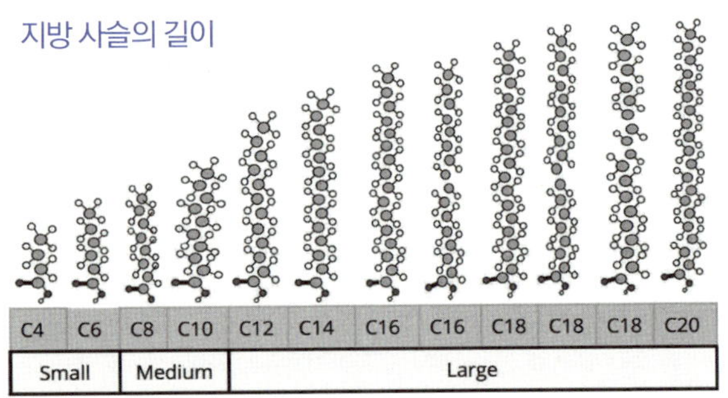

지방들은 분자 사슬 길이에 따라 분류됩니다. 짧은 사슬 중성지방은 각각 4~6개의 연결 고리를, 긴 사슬 지방은 12개 이상의 고리

를 가집니다. '중간 사슬 중성지방'MCT은 8~10개의 지방 고리를 가
집니다. 너무 짧지도, 너무 길지도 않습니다. '중간'Medium 크기, 즉
딱 좋은 크기입니다.

　　중간 사슬 지방산이 왜 좋은걸까요? 이 지방은 당신의 소장
상부에 숨겨진 특별한 '영양 비밀 통로'trapdoor를 이용합니다. 이
비밀 통로의 이름은 '간문맥'portal vein입니다. 이 특별한 정맥은
특정 영양소를 즉각 흡수합니다. 일반적으로 몸은 음식의 영양분
을 장내 세포를 통해 흡수합니다. 흡수된 영양분은 림프계로 들어
갑니다. 혈류로 흘러 들어가기 전에 분류되고, 선별되고, 재배열
됩니다. 림프계는 몸의 생존을 위해 독소와 박테리아의 침입을 방
어합니다.

　　그런데 말입니다. 중간 사슬 지방산은 비밀 통로인 '간문맥'을 통
해 혈액으로 바로 진입합니다. 이 선택받은 음식은 림프계에서 일
어나는 모든 분류 작업과 재배열 과정을 우회합니다. 이러한 과정
은 몸이 영양소를 들여보내는 위험한 방법일 수 있습니다. 왜냐하
면 독소가 이 우회 경로를 통해 들어오게 된다면 몸을 위협할 수 있
기 때문입니다. 그런데 몸은 특별한 음식의 가치가 높으면 높을수록
위험을 감수하는 것입니다. VIP 영양분이 간문맥에 들어간 후, 다음
목적지는 불과 몇 센티미터 떨어진 '간'liver입니다.

　　간은 이 모든 지방을 케톤으로 전환합니다. MCT는 이 특별

입구를 통과할 수 있는 VIP입니다. 즉, 10개 이하의 탄소 고리를 가진 모든 지방은 비밀 통로를 통과해 빠르게 케톤으로 전환됩니다. 반면에 다른 모든 지방은 표준 흡수 과정을 거칩니다. 림프계를 통해 2~3시간 동안 천천히 흐른 후 비로소 혈액 순환계로 들어갑니다. 흡수에 오랜 시간이 소요되는 것입니다.

신생아는 몸 전체에 지방을 저장합니다. 신생아의 지방층을 검사해 보면, C8 지방(지방 사슬 8개)과 C10 지방(지방 사슬 10개)이 다량 포함되어 있음을 발견할 수 있습니다. 신생아들은 자신의 세포를 이 고에너지 지방으로 채웁니다. 신생아는 왜 이런 에너지 과정을 거칠까요? 바로 '에너지 속도' 때문입니다. C8과 C10은 케톤 연료로 빠르게 전환됩니다. 신생아는 수유를 통해서 이 특별한 지방을 활용해 빠른 에너지를 공급받습니다. 이러한 지방 시스템은 '진화적 이점'evolutionary advantage입니다. 식량이 부족할 때 아기들은 저장된 지방을 연료로 생존합니다. 그렇기 때문에 아기들은 신속히 전환할 수 있는 에너지가 풍부해야만 합니다.

놀랍지 않습니까? 우리 몸의 에너지 시스템은 정말 신비스럽습니다. 인류의 몸은 오랜 진화를 통해서 이러한 에너지 시스템을 발전시켜 왔습니다. 즉, 인류 본래의 에너지는 지방이라는 사실을 엿볼 수 있습니다. 당신도 가능합니다. 케톤식으로 전환하면 당신의 시스템은 고효율 에너지인 케톤으로 가동될 것입니다. 안타깝게도 탄수화물 식단은 이러한 완벽한 여정을 방해합니다.

첫 케톤 여정의 시작은 흥미로울 것입니다. 케토시스 상태에 접어들면 기분이 좋아지고 높아진 에너지를 느낄 것입니다. 문제는 시간이 흐를수록 탄수화물 유령이 슬금슬금 출몰해서 탄수화물 섭취량이 늘어나면 케톤 수치는 떨어집니다. 케토시스의 혜택은 사라지고 케톤 마차 행렬에서 떨어져 나오게 됩니다. 물론 이러한 모습이 당신의 책임은 아닙니다.

수십 년 동안 지속한 '관성'을 바꾸는 것은 어렵습니다. 케톤식을 평생의 라이프 스타일로 만들기 위해서는 습관으로 만들어야 합니다. 습관은 과거를 고집합니다. 당신은 다시 케톤식을 시도할 수도 있지만, 반대로 망설일 수도 있습니다. 케토시스 진입까지 경험했던 장애물, 즉 무기력감, 기분 저하, 불면증에 대한 안 좋은 기억 때문일 수 있습니다.

케톤 장애물을 쉽게 극복할 방법은 없을까요? 케톤식의 베테랑들은 MCT를 지름길의 나침반으로 사용합니다. 그들은 포도당에서 케톤으로 전환될 때 발생하는 부작용을 피하기 위해 MCT를 활용합니다. MCT는 빠른 케톤 생성과 부작용을 피할 수 있도록 돕습니다. 매일 아침 MCT오일을 섞은 사골 국물 한잔으로 시작하십시오. 공복감의 유령이 케토시스 여정을 방해한다면 그때도 MCT 사골 국물을 한잔 드세요. 당신은 케톤 여행을 계속할 수 있을 것입니다.

주의할 것이 있습니다. 케톤을 빠르게 전환되는 유일한 지방은 10개 이하의 고리를 가진 C8, C10 즉, '중간 사슬 지방산'입니다.

그 외 지방산은 영양의 비밀 통로를 통과하지 않습니다. 예를 들어, C12는 지방 고리가 너무 깁니다. 긴 지방 사슬은 간문맥이 아닌 림프계를 통해 천천히 흘러갑니다. 이 긴 사슬 지방도 케톤으로 전환될 수 있지만, 처리하는 데 더 긴 시간이 걸립니다.

코코넛오일을 살펴봅시다. 코코넛 지방은 85%가 긴 사슬 중성지방으로 구성되어 있습니다. 간문맥을 통과하기에 너무 큽니다. 코코넛의 지방산 함량 비율을 보세요. 지방의 크기를 확인하세요. 코코넛에 들어있는 2가지 가장 작은 지방(caprylic, capric)이 비슷한 이름을 가진 것에 주목하세요. 각각 8, 10개의 고리 길이를 가진 이

지방 사슬 길이		이름	지방의 이름	코코넛오일 함량 비율
짧은 사슬	C4	부티르산(Butyric)	포화지방	없음
	C6	카프로산(Caproic)	포화지방	0.5%
중간 사슬	C8	카프릴산(Caprylic)	포화지방	7.8%
	C10	카프릭산(Capric)	포화지방	6.7%
긴 사슬	C12	라우릭산(Lauric)	포화지방	47.5%
	C14	미리스트산(Myristic)	포화지방	18.1%
	C16	팔미트산(Palmitic)	포화지방	8.8%
	C16	팔미톨레산(Palmitoleic)	단불포화지방	없음
	C18	스테아린산(Stearic)	포화지방	2.6%
	C18	올레산(Oleic)	단불포화지방	6.2%
	C18	리놀레산(Linoleic)	다불포화지방	1.6%
	C20	아라키딕산(Arachidic)	포화지방	0.1%

들은 모두 간문맥에 들어가 빠르게 케톤으로 변환됩니다. 이 두 지방은 같은 어근인 'caprine'염소에서 왔습니다. 이 지방들은 염소 제품에 다량 함유되어 있습니다.

마지막 당부 말씀드립니다. 모든 MCT오일과 분말이 똑같지 않다는 사실을 명심하세요. 케톤 생산을 촉진하려면 MCT C8:C10 오일 및 분말을 사용하세요. 성분 라벨을 읽으세요. MCT의 어근이 'caprine' 계열이 아니라면 빠르게 케톤으로 전환되기엔 적합하지 않습니다. 빠른 케톤 생산을 원한다면, MCT C8:C10을 구입하세요!

MCT 사골 국물이 간헐적 단식을 돕는다

케톤 전문가들은 사골 국물을 장기 단식과 더불어 간헐적 단식에도 활용할 것을 권장하기도 합니다. 물론 MCT오일과 사골 국물도 분명 지방 영양소이기에 '단식'을 중단시켜 오토파지 효과를 낮출 수 있습니다. 하지만 탄수화물 음식과 달리 케토시스를 방해하지 않기에 공복감으로 힘든 경우는 MCT 사골 국물을 활용하는 것은 좋은 방법이라고 생각합니다.

하지만 MCT오일을 처음부터 과량 섭취하면 부작용이 있을 수 있습니다. 가장 흔한 증상이 설사, 묽은 변 그리고 위장의 복부 팽만감입니다. 설사와 묽은 변은 왜 발생할까요? 이 부작용은 삼투압 효과 때문에 발생합니다. MCT오일은 소화 흡수가 매우 빠르기 때문에 한꺼번에 너무 많은 양을 섭취하면 소장에서 모두 흡수하지 못합니다. 여분의 MCT오일은 대장으로 넘어가게 되는데, 이때 MCT오일 분자들은 세포 조직의 수분을 끌어당기기 때문에 묽은 변과 설사를 유발하게 됩니다. 복부 팽만감도 마찬가지입니다. MCT오일을 과다 섭취했다는 징후라고 할 수 있습니다.

해결책은 무엇일까요? 천천히 용량을 높여가십시오. 처음에는 하루 1티스푼(5g)으로 시작해서, 몸이 MCT오일에 적응할 시간이 필요합니다. 위장관의 불편함과 부작용이 없다면 첫 주에는 하루 1티스푼(5g)씩, 3회 총 15g을 섭취하십시오. 괜찮다면 다음 주는 10g씩, 3회 총 30g으로 단계적으로 높여가는 것입니다. 일본에서 케톤식을 통해서 말기 암 환자를 치료해 화제가 되었던 '후루카와 겐지' 古川健司 박사의 MCT오일 섭취 가이드를 소개드립니다. 그는 유형별로 하루 MCT오일 섭취량을 권유하고 있습니다.

유형	MCT오일 용법		대상
세미 케톤식	하루 15g*3회	45g	운동선수, 보디빌더, 활동량 높음 +치매와 암 예방을 원하는 사람
케톤식	하루 15g*4회	60g	암 수술, 항암, 방사선 치료 후 재발 방지
슈퍼 케톤식	하루 20g*4회	80g	암 치료에 직접적으로 사용하는 경우

〈후루카와 겐지 박사의 MCT오일 사용법〉

그는 치유 프로그램을 살펴보면 암 예방, 치유 그리고 재발 방지에 집중하고 있음을 알 수 있습니다. 제 개인적인 생각에는 건강한 삶을 원하는 일반인의 하루 적정 MCT오일 용량은 '30~45g' 수준으로 판단됩니다. 중요한 것은 MCT오일 용량을 단계적으로 올리면서 자신만의 최적점을 찾아 나가는 것이 좋다고 생각합니다. MCT오일은 하루에 3~4회씩 나눠서 섭취하는 것이 부작용 예방과 케톤 생성에도 도움이 됩니다. 섭취한 뒤 빠르게 대사되어 4시간 전후로 바로 에너지로 사용할 수 있기 때문입니다.

저는 MCT 사골 국물을 아침에 한 잔, 점심에 한 잔 마십니다. 한 번에 15g(테이블스푼)을 섞어서 하루에 2~3회 MCT 사골 국물을 마십니다. 저자는 1일 1식 간헐적 단식(23:1)을 권유합니다. 저는 처음에 너무 무리한 프로그램이 아닌가라고 생각했습니다. 의아한 마음으로 저자가 제안한 방식을 실행해 보았습니다. 그런데 아침, 저녁으로 MCT 사골 국물을 2~3회 마시면 신기하게도 저녁까지 공복감이 잘 들지 않습니다. 믿기 어렵다고요? 케토시스 2~3주 차가 지나간 후, 가볍게 한번 도전해 보시기 바랍니다. 그리고 저녁에 한 끼 케톤 만찬을 즐겨보세요. 케톤식은 하나의 해답만 존재하지 않습니다. 자신에게 맞는 맞춤형 케톤식을 만들어 가시기 바랍니다. 개인적인 의견입니다.

12부
사악한 제국의 반격

33장
암세포를 굶겨라

엄마는 다시 전투의 현장으로 돌아왔습니다. 종양 전문의가 150,000이라는 암세포 검사 수치를 응시하며 믿기 어렵다는 표정을 했습니다. 며칠 후 다시 검사를 했지만, 숫자는 변하지 않았습니다. 150,000이라는 수치는 우리의 희망을 완전히 묻어버렸습니다. 피로감, 목의 뭉친 느낌, 겨드랑이와 사타구니의 덩어리들. 이 모든 것은 비대해진 림프절 때문이었습니다. 암세포 군단이 다시 돌아왔고, 빠르게 진격하고 있었습니다.

종양 전문의는 엄마에게 항암제 투여를 재개했고, 암세포는 다시 빠른 속도로 퇴각했습니다. 우리는 케톤 계획을 재검토했습니다. 지난 몇 주간 엄마는 계획을 철저히 따랐습니다. 케톤 소변 스트립은 매번 분홍색으로 변했고 우리는 자신감을 얻을 수 있었습니다. 엄마는 매일 사골 육수를 마실 것을 다짐했고, 이제는 케톤 소변 스트립 대신에 혈중 케톤 측정기를 사용하기로 하였습니다.

고민의 시간을 보내는 와중에, 저는 멋진 책 한 권을 만났습니다. '토마스 사이프리드'Thomas N. Seyfried 박사가 저술한 〈암은 대사질환이다〉Cancer as a Metabolic Disease라는 책입니다. 그의 연구는 뇌종양 연구에 집중하고 있었지만 제가 찾은 자료 중 엄마의 백혈병과 가장 관련성이 높았습니다. 연구 결과는 이렇게 요약할 수 있었습니다.

"암세포를 굶겨서 최대한 스트레스를 가하고, 암 환자의 건강, 활력 그리고 에너지를 보호하라."

우리의 목표는 분명해졌습니다. 엄마의 몸에 충분한 영양을 공급하면서, 동시에 암세포에 최악의 영양 환경을 조성하는 것이었습니다. 어떻게 하면 될까요? 암세포는 에너지를 위해 포도당이 필요합니다. 우리가 혈당을 '0'으로 떨어뜨릴 수 있다면 암세포는 파괴될 것입니다. 안타깝게도, 이것은 불가능합니다. 암세포와 더불어 엄마의 생명도 끝날 것입니다. 몸은 최소한의 포도당을 필요로 하기 때문입니다.

그럼, 해결책은 무엇일까요? 혈당을 최대한 낮추면서 동시에 대체 연료인 케톤으로 엄마의 에너지 시스템을 가동하는 것입니다. 혈중 케톤 수치가 높을수록 정상세포는 영양소 공급을 더 잘 받을 수 있습니다. 암세포가 포도당 의존적이라는 것을 처음에는 이론으로만 알고 있었으나, 엄마의 투병 과정을 통해 경험적으로 알게 되었습니다. 이것은 단순한 직감이 아니었습니다. 그 이유는 다음과 같습니다.

첫째, 첫 6주 케토시스 기간 동안 엄마의 암세포 수치가 30% 급감했기 때문입니다. 당시 그녀는 항암제 치료를 하지 않은 상태였습니다. 결과는 제 기대를 훨씬 뛰어넘었습니다.

둘째, '단식'은 농양, 게실, 장 천공 등 생명을 위협받는 위기 상황을 돌파할 수 있도록 도왔습니다. 엄마는 중증의 상황이었음에도 안정된 상태로 회복되었습니다. 단식 중에는 혈당 수치는 낮고 케톤 수치는 높았습니다.

셋째, 장 수술 후 엄마가 포도당 수액을 맞았을 때 암세포 성장은 다시 촉발하였습니다. 엄마의 상태는 악화되었고 잠자던 암은 다시 활개를 치기 시작했습니다.

제 직감은 '확증 편향' 때문일까요? 내가 원하는 모습만 보길 바라는 것은 아닐까? 그럴 수도 있지만, 분명한 사실은 모든 의학 교과서는 엄마가 죽었어야 한다고 말했지만, 오히려 그 반대라는 것입니다. 저는 토마스 사이프리드 박사의 프로토콜이 뇌종양에 국한되었음에도, 엄마에게 그의 항암 프로토콜을 권유했습니다.

"혈당을 최대한 낮추면서 케톤을 최고로 끌어올리자!"

엄마는 내 제안에 동의했고 매일 아침 공복 혈당과 케톤을 측정했습니다. 손가락을 찔러 한 방울은 혈당 측정기에, 다른 한 방울은 케톤 측정기에 떨어뜨렸습니다. 동시에 매일 항암제도 복용했습니다. 사이프리드 박사 연구에 따르면, 혈당은 항상 80 미만, 케톤 수치는 2.0 이상을 유지해야 했습니다. 박사는 목표를 단순화하기 위해 '혈당 ÷ 케톤 비율'glucose/ketone ratio: GKR을 사용했습니다. 뇌

종양은 이 비율이 '20' 미만일 때 가장 크게 감소했습니다.

첫 2주 동안 엄마의 혈당은 80~90대를 오갔고, 혈중 케톤은 1.4~1.8 사이를 유지했습니다. '혈중/케톤 비율'이 50 정도 되어도 우리는 만족했습니다. 이상적인 20의 수치는 단 한 번도 나오지 않았습니다. 우리는 두 가지 선명한 목표를 세웠습니다.

① 케톤 올리기 ② 혈당 낮추기

하지만 제 마음 깊은 곳에서는 불안이 자리 잡고 있었습니다. 왜냐하면 토마스 사이프리드 박사 연구에 의하면, 그는 뇌종양 환자의 혈당을 50~60까지 낮췄었기 때문입니다. 우리는 엄마의 혈당을 낮추기 위해 노력했지만, 박사의 결과만큼 낮아지지 않았습니다. 제 진료실을 찾았던 환자들의 얼굴을 떠올렸습니다. 만약 제가 당뇨병 환자에게 혈당을 50~60로 낮추라고 조언했다면, 환자에게 거센 항의를 받았을 것입니다. 당뇨병 환자들은 약물 치료 중에도 혈당 수치가 150~200인 경우가 흔했습니다. 그들의 몸은 당의 독성에 흠뻑 잠겨 있었습니다.

인간의 뇌는 케톤 에너지에 가장 느리게 적응하는 기관입니다. 혈당이 급격히 80~90대로 떨어지면 심각한 부작용이 생깁니다. 당뇨병 환자의 혈당을 180에서 80으로 안전하게 낮추는 데는 몇 주 이상이 걸리기도 합니다. 실제 임상에서는 이렇게 수치를 낮추는 것도 어렵습니다. 어쨌든 엄마의 혈당은 20~30포인트 더 내려가야 했습니다.

저는 엄마에게 '메트포르민'metformin 약물을 추가하는 것을 고려했습니다. 메트포르민은 혈당을 안전하고 효과적으로 낮추는 가장 대중적인 당뇨약입니다. 대사 치료를 추구하는 기능 의학 의사들이 사용하는 약물이기도 합니다. 안전하고 쉽고 가격도 저렴합니다. 하지만 이 약물의 처방을 망설일 수밖에 없었습니다. 왜냐하면 엄마의 장 수술 부위가 막 아문 상태였기에, 혹시 모를 약물 자극으로 장 수술 부위를 자극하고 싶지 않았기 때문입니다.

'케토시스 상태에서 어떻게 더 혈당을 낮출 것인가?'

유일한 방법은 칼로리 섭취를 줄이는 것이었습니다. 우리는 섭취 칼로리에 대해 거의 이야기하지도, 측정하지도 않았습니다. 케토시스에 익숙해지면서 그녀의 칼로리 섭취는 자연스럽게 줄었기 때문입니다. 당연히 단식할 때는 칼로리가 제로였습니다. 엄마는 다시 단식을 시도하기로 결심했습니다.

우리는 엄마의 단식일을 '사골 국물 데이'라고 불렀습니다. 엄마는 장 수술 때처럼, 사골 국물로 배고픔의 파도를 이겨냈습니다. 사골 국물 단식은 엄마의 혈당 수치를 추가로 낮췄습니다. 과거처럼 며칠 동안 연속 단식을 하지는 않았지만, 주 2회 36시간 단식을 통해서 훌륭한 결과를 얻을 수 있었습니다. 혈당 수치는 70~80대로 떨어졌고, 케톤은 2.1~2.5까지 상승했습니다. '혈당/케톤 비율'GKR은 30~40이 나왔습니다. 목표 비율은 20이었지만 우리는 성과를 자랑스럽게 축하했습니다.

단식이 아닌 날에는 케톤 수치를 높이기 위해 케톤 보충제를 추가했습니다. 바로 '케톤 음료'ketones in a can입니다. 이 보충제는 빠르고 쉽게 케톤 수치를 올렸습니다. 케톤 음료는 실험실에서 만들어진 인공 케톤입니다. MCT오일과 달리, 이 케톤 보충제는 이미 완성된 형태입니다. 실제로 한 스푼이면 엄마의 혈중 케톤이 3.0~3.8까지 치솟았습니다. 이 인공 화합물은 칼륨, 나트륨, 마그네슘, 칼슘 같은 미네랄을 인공 케톤 분자에 결합해서 제조합니다. 하지만 인공 케톤은 맛이 끔찍했습니다.

그래서 인공 케톤 제조업자들은 이 음료에 인공 감미료를 첨가합니다. 이 감미료는 설탕은 아니지만 뇌를 속여 인공 감미료를 단맛으로 느끼도록 합니다. 즉, 몸의 인슐린 분비를 촉진할 수 있으며 하루 종일 단맛을 갈망하게 만듭니다. 결국 케톤 음료는 엄마의 케토시스를 중단시켰고, 엄마는 요동치는 혈당 장애에 빠졌습니다. 엄마의 기분은 완전히 엉망이 되었습니다.

더 중요한 부작용이 엄습했습니다. 엄마가 인공 케톤을 많이 마시자, 엄마의 배변 주머니는 설사로 가득 찼습니다. 이틀 넘게 설사로 고생해야 했습니다. 이는 용납할 수 없는 상황이었습니다. 엄마는 다음과 같이 말했습니다.

"깡통 케톤보다 단식이 식욕 억제에 더 효과적인 것 같아."

단식 경험이 없는 사람은 '굶는데 왜 식욕이 줄지?'라고 생각할 수도 있습니다. 하지만 단식을 경험해 본 사람들은 잘 알 겁니다. 단식을 통해 케톤 수치가 높아질수록 음식에 대한 갈망이 줄어듭니다. 역설적으로 단식이 배고픔의 불꽃을 꺼버리는 것입니다. 엄마는 6가지가 넘는 케톤 음료를 섭취한 후 말했습니다.

"억지로 참으면서 먹느니 차라리 굶는 것이 좋겠어."

인공 케톤 실험에 실패한 후, 엄마는 새로운 대안으로 MCT오일을 선택했습니다. 이 신비의 오일은 케톤 수치를 몇 시간 만에 빠르게 올려주었고, 음식에 대한 갈망도 줄여줬습니다. 혈당은 85~95, 케톤은 3.0~3.8로 첫 주 '혈당/케톤 비율'GKR은 22~30 이었습니다. 목표가 가까워지고 있었습니다. 항암제 치료 시작 1주일 후, 추적 검사에서 위험 신호는 없었지만, 큰 성과도 없었습니다. 종양 전문의는 엄마를 퇴원시켰고 40일 치 항암제를 처방했습니다. 항암제 복용 2주 차, 안타깝게도 욕실 배수구는 엄마의 머리카락으로 다시 막혀버리고 말았습니다.

유도방법	케톤 수치 (mmol/L)	장점	단점
금식 (Fasting)	1~8	· 빠른 체중 감량 · 자가포식(오토파지) 촉진	· 높은 수준의 절제력과 인내심 필요
케톤식 (Ketogenic Diet)	1~3	· 이 책에서 설명하는 모든 이점	· 지속하기 위한 공부와 지원 필요
MCT오일 (C8:C10)	1~3	· 간문맥을 통해 빠르게 케톤으로 전환	· 과다 복용 시 장에서 복부 불편감
케톤 보충제 (인공 케톤)	1~10	· 케톤을 손쉽게 섭취 가능 · 빠르게 케토시스 돌입	· 비싼 가격, 역겨운 맛, 설사 유발

〈케토시스 유도 방법〉

34장
영화배우처럼 체중을 감량하라

이번 장을 읽기 전에 미리 경고합니다. 체중 감량의 비결을 위해 이번 장을 찾아 읽었다면 지금 멈추세요. 당신은 기본 단계를 건너뛰고 심화 단계로 넘어왔기 때문입니다. 앞의 장을 충분히 공부하고 이번 장을 읽기를 바랍니다. 다음 규칙을 준수할 각오가 되어있지 않다면 이 부분을 읽지 마세요. 저는 충분히 경고했습니다.

지금부터 빠른 체중 감량 비법을 말씀드리겠습니다. 저는 수많은 과체중 및 비만 그리고 만성 질환 환자와 함께 케톤 여행을 함께 해 왔습니다. 정말 많은 분이 매주 지원 모임에 참석하고, 탄수화물 치팅을 고백하고, 삶의 방향을 바꾸고자 합니다.

저는 경험적으로 평생 케토시스는 더 이상 허황한 꿈이 아니라고 확신합니다. 그들은 식탁에서 가공식품과 설탕 음료를 치웠고, 정제 탄수화물 가득한 찬장과 선반을 청소했습니다. 더 이상 설탕 대체제를 찾기 위해서 노력하지도 않았습니다. 그들은 진정한 실천가였습니다. 그들과 함께 찾은 체중 감량의 비법을 알려드리겠습니다.

1단계 – 케토시스를 '4주' 동안 유지하세요

처음 4주 동안 꾸준히 케톤을 생성하세요. 꾸준히 케톤이 생성되지 않는다면 의미가 없습니다. 이 책을 읽는 당신은 체중 감량과 건강 개선에 진심일 것입니다. 이 놀라운 체중 감량법은 강력하고 안전하며 지속 가능합니다. 하지만 분명한 전제 조건이 있습니다. 당신이 케톤에 적응해야 한다는 것입니다. 4주 케토시스, 이 규칙을 지키지 못한 사례는 대부분 실패했습니다. 예외가 없었습니다. 다시 강조하겠습니다. 한 달 동안, 당신의 케톤 소변 스트립은 매일 분홍색으로 변해야 합니다.

'4주 케토시스'는 생각 이상의 커다란 의미가 있습니다. 당신이 4주 동안 케톤을 생성했다는 것은 냉장고를 정리하고, 단맛의 유혹을 제거하고, 고지방에 대한 사회적 편견과 맞서 싸웠다는 증거입니다. 당신은 비로소 초보 케톤 실천가가 된 것입니다. 케톤 여행은 무수히 많은 악마의 유혹과 싸워야 합니다. 예를 들어, '과일은 몸에 좋다', '고지방은 심장을 멈춘다', '과도한 콜레스테롤은 동맥 혈관을 막는다'와 같은 지독한 편견 말입니다.

어떤 이들은 "간헐적 단식을 하면 당연히 살이 빠지죠. 하지만 그것을 지킬 사람이 얼마나 될까요?"라고 의문을 제기할 수도 있습니다. 충분히 이해합니다. 간헐적 단식은 결코 쉬운 과정이 아닙니다. 하지만 당신이 기억할 것이 있습니다. 몸의 대사 시스템이 바뀐 후에는 가능합니다. 케토시스는 간헐적 단식을 방해하는 배고픔의 악동을 다독이는 멋진 조련사입니다.

이제 당신의 진정한 친구, '지방'과 친해지세요. 대사 시스템이 케톤 에너지에 익숙해지면 혈당이 안정되고 공복감은 줄어듭니다. 마음이 평온해지고 식사 후 몰려왔던 식곤증과도 결별할 수 있습니다. 정말입니다. 탄수화물에 중독되었던 사람조차, 케톤식을 시작한 후 자신도 모르게 식사를 걸렀다는 것을 깨닫곤 합니다. 믿기 어렵다고요? 당신에게 일어날 일입니다.

2단계 – 케톤 측정기를 구입하세요

내가 원하는 목표를 달성하기 위해서는 정기적인 피드백이 중요합니다. 매일의 모니터링은 케토시스 세계로 입문하는 길잡이와 같습니다. 매일 혈중 케톤과 혈당을 체크하세요. 빠른 체중 감량을 위해서는 2가지 수치가 모두 필요합니다. 일반적인 케톤 측정기는 혈당을 동시에 체크할 수 있을 것입니다. 하지만 저는 케톤 측정기와 혈당 측정기를 각각 준비할 것을 권유드립니다. 그 이유는 다음과 같습니다.

저는 처음에 케톤과 혈당을 동시에 측정하는 것이 번잡스럽게 느껴졌습니다. 검사마다 불과 10초밖에 걸리지 않았지만, 케톤 측정 후 스트립을 뺀 후 다시 혈당 스트립을 갈아 끼우는 순간에 피가 멈추곤 했습니다. 그러면 다시 손가락 끝을 찔러야 하죠. 정말 짜증이

용솟음치더군요. 케톤 지지자들도 이런 경험을 많이 했다고 합니다. 그래서 저는 케톤 측정기와 혈당 측정기를 각각 준비했습니다. 초기에는 하루 3회 측정하는 것도 좋습니다. 너무 자주라고 생각할 수 있지만 진행 상황을 정확히 파악할 수 있습니다. 모니터링은 두 가지 중요한 시점에 집중하시면 좋습니다.

① 아침 공복 상태
② 간헐적 단식 종료 후 식사 전

3단계 - 간헐적 단식을 초대하세요

당신은 4주 동안 계속 케톤을 생성했나요? 잘하셨습니다. 그렇다면 이제 케톤의 지원군을 초대할 때입니다. 간헐적 단식을 시작하세요. 간헐적 단식은 당신의 신진대사를 망가뜨리지 않습니다. 아니, 반대로 당신의 대사 시스템을 활성화할 것입니다. 하루 한 끼 영양 풍부한 식사와 23시간 공복을 권합니다. 저는 가족과의 식사를 위해서 저녁만 먹었습니다. 하지만 23시간이라는 기준에 얽매일 필요는 없습니다. 자신의 라이프 스타일에 맞춰 식사 시간은 조절하면 됩니다.

처음에는 아이들의 식사 준비가 간헐적 단식을 방해했습니다. 요리 시간을 견디는 것이 어려웠거든요. 그래서 식사를 최소한의 시간에 할 수 있도록 만들었습니다. 저는 '슬로우 쿠커'저온 조리기를 활용했습니다. 이 조리 도구는 저온 상태에서 음식을 준비할 수 있게

도와줬습니다. 미리 아이들 식사를 냉장고에 넣어뒀습니다. 아이들도 슬로우 쿠커를 통해서 쉽게 식탁을 차릴 수 있었습니다.

3단계에서 저를 가장 고민하게 만든 존재는 바로 '커피'였습니다. 저는 매일 아침 휘핑크림을 넣은 커피를 즐겼습니다. 마니아라고 할 수 있었죠. 간헐적 단식을 시작하기 위해서는 이 행복한 세리머니를 포기해야 했습니다. 단식을 유지하기 위해서는 '지방'과도 헤어져야 했습니다. 온전한 블랙커피, 처음에는 뭔가 심심했지만 어렵지 않게 친해졌습니다.

4단계 – '포도당/케톤의 비율'을 계산하세요

원하는 목표를 달성하는 방법은 무엇일까요? 매일 피드백을 하는 습관입니다. 이 습관을 이길 수 있는 것은 없습니다. 첫 주에는 하루 3번 혈중 케톤과 혈당을 체크하세요. 최소한 매일 아침 공복 시 1회는 체크해야 합니다. 저는 진료실에서도 '혈당/케톤 비율' Glucose/Ketone Ratio: GKR을 환자와 함께 검토합니다. 엄마도 동일한 방법을 적용했습니다.

$$\text{혈당/케톤 비율GKR} = \text{포도당} \div \text{케톤}$$

제가 진료한 '모리엔'Maurine의 사례를 함께 보겠습니다. 그녀는 당뇨병 가족력을 가진 42세 흑인 여성입니다. 당뇨병 예방을 위해 이상적인 체중을 달성하고 유지하고 싶어 했습니다. 그녀는 케톤식에 도전했고 13.6kg를 감량했습니다. 추가로 더 감량하고 싶어했지만, 체중 정체에 빠졌습니다. 그 원인을 알고 싶었죠.

저는 케톤/혈당 측정법을 적용했고, 모리엔은 3일 후 결과를 들고 진료실을 찾았습니다. 그녀는 3일 동안 하루 한 끼 외에는 전혀 칼로리를 섭취하지 않은 것을 자랑스러워했습니다. 1~2일 차 혈당과 케톤은 훌륭했죠. 기분이 최고였습니다. 에너지가 넘쳤고, 공복 케톤은 역대 최고치인 3.1을 기록했습니다. 2일 차를 마무리할 때, 그녀는 자축의 음료를 한잔 마셨습니다. 무슨 음료였을까요? '석류 한 컵'이었습니다.

측정 시간	혈당 (mg/dL)	케톤 (mmol/L)	혈당/케톤 비율 (GKR)
1일차 오후 02:30	76	0.9	84
1일차 오후 05:41	81	1.4	58
2일차 오전 08:18	99	0.3	330
2일차 오후 12:34	82	0.7	117
2일차 오후 04:48	95	3.11	31
3일차 오전 06:09	117	0.1	1170
3일차 오전 09:45	114	0.2	570
3일차 오후 2:34	92	0.4	230

다음 날 아침, 케톤 수치는 0.1로 바닥이었고 혈당은 117로 최고치였습니다. '혈당/케톤 비율'GKR은 1,170을 넘었고, 체중은 다시 늘었습니다. 모니터링을 대신할 훌륭한 코치가 있을까요? 아마도 없을 것입니다. 빠른 체중 감량을 위한 '혈당/케톤 비율'GKR은

30~60 사이입니다. 물론 모든 사람을 관통하는 황금 비율은 없습니다. 오직 자신의 신진대사에 맞춰야 합니다.

이제 당신의 대사를 제대로 알 필요가 있습니다. 어떻게요? 측정하세요! 눈으로 직접 보는 행위를 통해 당신의 몸을 알 수 있습니다. 모리엔의 경우, '혈당/케톤 비율'이 100 미만일 때마다 체중이 줄었습니다. 그녀는 비율이 100 이하면, 몸이 지방을 태우기 시작한다는 것을 깨달았습니다. 당신도 '혈당/케톤 비율'을 모니터링함으로써 자신의 대사 흐름을 파악하게 될 겁니다.

케톤 길잡이는 당신의 수치입니다. 꼭 확인해야 합니다. 혈당이 너무 높으면 체중 감량이 불가능합니다. 높은 혈당은 인슐린을 분비하게 하고 지방은 지방 세포 감옥에 갇히게 됩니다. 케토시스 과학은 사람마다 체중 감량의 속도와 크기를 예측할 수 있게 해줍니다. 물론 몸이 음식에 반응하는 방식은 사람마다 다릅니다.

만약 당신이 인슐린 저항성이 높다면 약간의 탄수화물 섭취만으로도 케토시스 상태가 깨질 것입니다. 혈당 수치는 우상향하고 케톤 수치는 우하향할 것입니다. 반대로 탄수화물을 약간 먹어도 체중 감량이 계속될 수도 있을 것입니다. 당신의 몸이 전자인지, 후자인지 어떻게 알 수 있을까요? 당신의 대사 저항성을 수치로 체크하세요. 모리엔은 13주간 1일 1식과 간헐적 단식으로 목표 체중에 도달했습니다. 당신이 수치 측정을 멈춘다면 체중 감량이 멈출 수 있습니다. 꾸준함은 힘이 셉니다. 당신의 수치를 눈으로 확인하세요.

5단계 – 장기 단식 시, 사골 국물을 섭취하세요

만약 24시간 이상 장기 단식중에 공복감이 찾아오면 사골 육수를 드세요. 이 훌륭한 음식은 '소금'Salt과 '수분 공급'Hydration이라는 2가지 중요한 요소를 한 번에 해결합니다. 온라인 마켓에서 사골 진액과 사골 분말을 손쉽게 구매할 수 있습니다. 휴대도 간편합니다. 3일 이상 단식을 목표로 할 때는 가지고 다니면서 정해진 시간에 먹거나, 공복감이 찾아올 때 섭취하면 됩니다. 마법과 같은 효과를 느낄 것입니다.

사골 육수는 식욕을 만족시키고, 높은 영양을 제공합니다. 배고픔의 파도를 잠재우고 간식의 유혹을 견디게 합니다. 가족이 식사할 때 함께 테이블에 앉아 있을 수 있는 여유를 줍니다. 사골 육수는 당신에게 행복한 단식을 선사할 것입니다. 단, 이 방법은 케토시스 적응에 성공한 사람들을 위한 고급 전략입니다.

최고의 체중 감량 다이어트는 무엇일까

비만은 모든 질병의 근본 원인입니다. 너무나 많은 사람이 비만으로 고통받고 있습니다. 비만은 건강과 외모 그리고 자신감에도 좋지 않은 영향을 미칩니다. 일부 사람들에게 체중 감량은 정기적으로 치러야 하는 연례행사로 자리 잡기도 했습니다. 지난 70년간 무려 2만 6천 가지의 다이어트가 유행하고 소멸했다고 합니다. 어느새 다이어트는 많은 사람들에게 풀어야 할 숙제가 되었습니다.

다이어트는 그리스어 '디아이타'diaita에서 유래했으며 본래 '생활 방식'이라는 의미입니다. 단순히 '어떤 음식을 먹느냐'에 국한되는 것이 아니라 '어떻게 살 것인가'라는 포괄적인 의미를 함축하고 있습니다. 다이어트의 진정한 뜻은 '라이프 스타일'의 문제라는 것입니다. 삶의 방식에서 '무엇을 먹을 것인가'라는 주제는 가장 중요한 화두입니다. 이번 장에서는 대표적인 다이어트 유형과 그에 따른 체중 감량 효과에 대해 검토해 보려 합니다.

연구 사례를 살펴보겠습니다. 2007년 〈미국 의사 협회 저널〉 JAMA에 〈다이어트 연구의 모든 것〉The A TO Z Weight Loss Study: A

Randomized Trial 논문이 게재되었다. 이 연구는 여성 311명을 대상으로 다이어트 방식을 4그룹으로 나눈 뒤 1년 동안 체중 감량 효과를 연구하였습니다. 이 4가지 방식 모두 미국에서 대중적으로 유행하고 있는 다이어트입니다.

이 연구는 참가자들이 무려 2개월 동안 전문가에 의한 교육을 받았습니다. 그리고 연구진이 정기적인 방문을 통해서 정해진 식단을 잘하고 있는지 모니터링도 진행하였습니다. 식이 별로 탄수화물 함량은 다음과 같은 차이가 있습니다.

	다이어트명	탄수화물 함량
1	앳킨스 Atkins	10%이하
2	존 Zone	40%이하
3	런 Learn	60%이하
4	오니시 Onish	70%이하

1년 동안 추적 관찰한 연구자들의 결과는 어떻게 나왔을까요?

	다이어트명	체중 감소
1	앳킨스 Atkins	4.7kg
2	존 Zone	1.6kg
3	런 Learn	2.6kg
4	오니시 Onish	2.2kg

저탄수화물 식단의 대표 주자인 앳킨스 다이어트가 4.7kg으로 체중 감소가 가장 많았습니다. 중성지방 수치도 감소했고 HDL 콜

레스테롤은 증가했습니다. 체중 감소 효과의 순서는 ① 앳킨스 다이어트 〉② 런 다이어트 〉③ 오니시 다이어트 〉④ 존 다이어트 순이었습니다. 앳킨스 다이어트는 다른 다이어트에 비해 '2kg 이상' 체중 감량 효과가 높았습니다.

당신은 어떤 다이어트를 시도해 보았나요? 매일 칼로리를 계산하지 않았나요? 식욕을 억제하고 배고픔을 참았나요? 어렵게 체중을 감량했지만, 다시 요요 현상을 경험하지 않았나요?

요요 현상은 다이어트에 대한 불신과 자신에게 후회와 자책의 흉터를 남기곤 합니다. 이 모든 실패의 기억은 모두 '탄수화물'이라는 요소를 간과했기 때문입니다. 저탄수화물 식단은 체중 감량뿐만 아니라 암, 고혈압, 당뇨, 그리고 치매, 파킨슨병 등과 같은 신경 퇴행성 질환의 근본 원인이 될 수 있는 '대사 증후군'의 치료에 탁월한 효과를 보입니다.

여러분은 어떤 선택을 하시겠습니까?

13부

암과의 싸움에서
승리하다

35장
케톤이 선물한 두 번째 인생

항암제 복용 5주 차, 엄마는 농담 섞인 말투로 말했습니다.

"나무늘보가 나보다 더 기운이 많을 것 같아."

엄마는 식사를 하면 도리어 기운이 없다고 말했습니다. 반대로 단식을 하는 날은 활력이 넘쳐 보였습니다. 우리는 MCT오일로 '혈당/케톤 비율'GKR을 최적화했습니다.

항암 6주 차, 어느 날 아침 엄마는 왠지 달라 보였습니다. 목에는 커다란 혹이 보이지 않았고, 가녀린 목선이 매끈한 곡선으로 빛났습니다. 엄마가 암을 이겨내고 있음을 본능적으로 느낄 수 있었습니다. 순간, 과거의 메리 포핀스가 부활한 듯했습니다.

검사 결과는 제 직감을 확인해 주었습니다. 암세포 수치 50,000. 무려 100,000포인트나 떨어진 것이었습니다. 종양 전문의는 어떤 종양 림프절도 찾지 못했습니다. 엄마의 림프절을 지배하던 암세포가 거짓말처럼 사라진 것입니다. 6주간의 항암 치료와 케톤식 그리고 단식이 기적을 만들어낸 것입니다. 담당 종양 전문의는 믿을 수 없다는 표정이었습니다. 그는 방사선 담당자에게 다시 CT 스캔을

찍을 것을 통보했습니다. 하지만 저는 검사를 하기도 전에 우리가 승리하고 있음을 느낄 수 있었습니다.

모든 의학 교과서는 엄마가 암과 합병증으로 죽을 것으로 예측했습니다. 하지만 신神은 다른 계획을 갖고 계셨습니다. 종양 전문의는 극적인 암세포 수치의 개선으로 항암제 치유를 중단하기로 합의했습니다. 아쉽게도 엄마의 몸속에 암세포가 모두 사라진 것은 아닙니다. 하지만 73세의 나이와 모든 것을 고려했을 때, 충분히 좋은 상태라고 판단했습니다. 3개월 후, 엄마는 다시 종양 검사를 했습니다. 검사 결과를 보고 우리는 다시 놀라움으로 전율했습니다. 암세포 수치가 더 떨어진 것입니다. 수치는 30,000. 오직 케톤식과 간헐적 단식이 만든 결과였습니다.

엄마는 지금도 일상의 삶을 잘 살아가고 있습니다. '케톤하는 몸'으로 말입니다. 엄마는 더 이상 항암제의 부작용으로 삶의 질을 희생하고 싶어 하지 않았습니다. 지금은 항암 약물의 도움을 전혀 받고 있지 않습니다. 오직 케톤식과 간헐적 단식의 힘으로 건강하고 활기차게 자신의 버킷리스트 목록을 하나하나 성취해 나가고 있습니다.

할머니 로즈의 암 투쟁 보고서는 많은 이들에게 희망을 주고 있습니다. 18개월 전만 해도, 엄마는 항암 치료에 지쳐 있었습니다. 그녀의 몸은 늙고, 염증이 넘치고, 죽어가고 있었습니다. 패배를 준비하며 항복의 깃발을 올려야 할 상태였습니다. 암세포 군단이 승리한 듯 보였습니다. 하지만 엄마는 케톤이라는 멋진 조력자를 만났습니다. 처음 소변 스트립에서 케톤을 확인하는 순간, 우리는 희망의 씨앗을 품기 시작했습니다. 케톤은 그녀의 육체를 강화할 뿐만 아니라, 암과 맞서 싸울 힘과 용기를 주었습니다. 케톤의 마법이 지쳐 있던 세포 속 미토콘드리아에 생명의 숨결을 불어넣었습니다. 더불어 엄마의 나약한 의지에 타오르는 불꽃을 선물했습니다. 그 불꽃은 커다란 횃불이 되었습니다.

케톤 라이프 스타일을 위해 다음 7가지를 기억해 주세요.

1. 연결하세요 (Connect)

케톤 여행을 함께할 그룹을 찾으세요. 여행은 혼자 갈 때보다 함께 갈 때 멀리 갈 수 있습니다. 케톤식을 지지하는 온라인 그룹, 독서 클럽 그리고 친구 몇 명이라도 좋습니다. 지식과 실천을 함께 공유할 수 있다면 어떤 모임도 좋습니다. 정기적으로 케톤식 및 레시피를 나눌 수 있다면 더 좋습니다.

적어도 6개월 동안 모임 참석을 최우선으로 하세요. 당신이 과거의 행동을 바꾸는 것, 즉 습관을 바꾸는 것은 어렵습니다. 습관은 계속 앞으로 나아가려는 관성의 법칙을 따릅니다. 당신과 공통된 목표를 갖고 있는 친구를 찾으세요. 당신이 케톤 여행을 그만두고 싶거나, 일탈할 때 함께하는 사람들이 힘이 될 것입니다.

2. 충분히 드세요 (Eat Enough)

케톤식은 저칼로리 다이어트가 아닙니다. 당신은 배고픔과 싸울 필요가 없습니다. 음식 섭취를 극도로 낮추면 당신의 신진대사 시스템은 망가집니다. 충분히 포만감을 느낄 때까지 드십시오. 포만감은 뇌 호르몬을 자극하여 신진대사를 활성화합니다. 어떤 이들은 단백질을 과대 섭취하지 말라고 조언합니다. 맞습니다. 하지만 기억하세요. 단백질은 포만감의 중추입니다. 일정 수준 단백질을 먹게 되면 몸은 먹는 행위를 자연스럽게 멈춥니다. 단, 단백질 보충제와 같은 식품을 과량 섭취하지 마십시오. 대신 천연 지방과 단백질이 풍부한 음식을 마음껏 드십시오.

3. 관리하세요 (Manage)

처음 케톤식을 시작할 때 수분 배출로 인해서 미네랄 부족이 올 수 있습니다. 음식을 드실 때 물과 소금을 충분히 섭취하세요. 미네랄 부족으로 인한 부작용을 예방할 수 있습니다. 매일 아침 MCT 사골 국물을 한 잔 드세요. 아주 좋은 습관입니다. 사골 국물은 최상의 영양 보충제입니다. 마그네슘을 보충하면 근육 경련을 멈추고 당신의 기분을 좋게 만들 것입니다.

4. 체크하세요 (Check)

습관의 변화는 작은 승리의 경험이 매일 쌓였을 때 지속될 수 있습니다. 자신의 변화를 체크하세요. 매일매일 케톤의 변화를 점검하세요. 처음에는 케톤 소변 스트립으로 시작하세요. 케토시스에 익숙해지면 더 정확한 수치를 위해서 혈중 케톤 측정기를 사용하세요. 당신을 포기하게 만드는 장애물은 목표를 잃어버렸을 때입니다. 매일 스트립의 색깔과 측정기의 숫자로 마음을 다잡으세요. 당신의 변화를 눈으로 확인하세요. 케톤 여행의 길잡이가 될 것입니다.

5. 계속하세요 (Keep On)

케톤 여행이 생각만큼 만족스럽지 못할 수 있습니다. 모든 여정은 예기치 않은 난관을 만나곤 합니다. 생각만큼 체중이 줄어들지 않을 수도 있고, 케톤 수치의 숫자가 반응하지 않을 수도 있고, 질병 치유가 더디 갈 수도 있습니다.

괜찮습니다. 누구나 정체의 시간을 보냅니다. 오랜 시간 익숙해진 탄수화물에 대한 욕망은 당신의 의지보다 강합니다. 그 욕망을 가볍게 보지 마세요. 체중 감량과 함께 찾아올 행복, 건강 그리고 에너지를 미리 느껴보세요. 자신을 소중하게 생각하세요. 어느 순간 목적지에 도착한 자신을 만나게 될 것입니다.

포기하지 말고, 끝까지 싸우세요!

지금까지 케톤 여행을 함께 해 주셔서 감사드립니다. 저는 내과 의사였음에도 케톤의 세계를 전혀 알지 못했습니다. 나의 영원한 메리 포핀스인 엄마에게 암이 도둑처럼 찾아오지 않았다면 평생 몰랐을지도 모릅니다. 두려움은 '잘 알지 못할 때'無知 찾아옵니다. 케톤이라는 존재는 어두운 동굴 속에서 잠자고 있던 신비의 검과 같았습니다. 엄마는 그 마법의 검을 통해 암과의 전투에서 승리할 수 있었습니다.

이제는 당신 차례입니다. 위대한 케톤 여행을 떠날 시간입니다. 인생은 도전하지 않으면 아무것도 아닙니다. 아픈 환자가 강인한 의지로 질병을 치유하는 과정은 감동적입니다. 충분히 박수받을 일입니다. 하지만 가장 지혜로운 행위는 질병이라는 시한폭탄의 뇌관을 미리 제거하는 것입니다. 질병은 예방하는 것이 가장 좋습니다. 최고의 예방 의사가 바로 '케톤식'입니다. 당신이 케톤 실천가가 된다면 반갑지 않은 손님인 '질병'을 앞으로 만나지 못할지도 모릅니다.

혹시 만성 질환으로 고통받아 오셨나요? 자가 면역 질환으로 불면의 밤을 보내고 있나요? 암과의 싸움에서 길을 잃으셨나요? 만약 당신이 현대 의학의 약물과 수술 위주의 치료에 지쳤다면 이제는 새로운 해결책을 고민해야 할 때입니다. '브루스 웨스트'Bruce West 박사의 말처럼 '우리는 너무 많은 진단을 받고, 너무 많은 치료를 하고, 너무 많은 약물을 먹고, 너무 많이 세뇌당하고 있습니다.'

아직 케톤식은 현대 의학의 무관심에 방치되고 있습니다. 왜냐하면 식단을 통한 질병 치유는 '돈'이 되지 않기 때문입니다. 저는 엄마의 케톤 여행을 통해 '식단의 힘'을 몸소 체험했습니다. 그 경험을 당신과 나누고 싶었습니다. 제 책을 끝까지 읽어주셔서 감사합니다. 굳은 결심을 하고 케톤식을 시작하세요. 그리고 계속 나아가세요. 당신은 변화된 자신을 만날 것입니다. 진정한 건강은 병원이 아니라 당신의 주방에서 시작됨을 명심하세요. 로즈 할머니는 외칩니다!

"포기하지 말고, 끝까지 싸우세요! 평생 케토시스!"

인류 본래의 식단은 무엇인가

케톤 여행은 어떠셨는지요? 이 책은 단순한 의학 서적이 아니라 엄마와 의사 딸이 직접 경험한 투쟁의 기록입니다. 저자의 글을 읽다 보면, 케톤의 효과에 놀라움을 감출 수가 없습니다. 저는 본질적인 질문을 던지고 싶습니다. 케톤은 왜 수많은 만성 질환을 치유하는 걸까요? 왜 체중을 감량하고, 에너지를 높이고, 만성 염증을 줄일까요? 케톤은 왜 최고의 의사일까요?

저는 이 질문들의 해답을 찾기 위해 케톤식과 관련한 수많은 책과 연구 사례들을 오랜 시간 공부하였습니다. 그리고 해답의 실마리를 '인류의 진화'에서 찾았습니다. 특히 '인류는 생존을 위해 어떤 음식을 먹어왔는가'라는 변천사를 살펴봤습니다. 그리고 케톤식이 만병통치의 효과를 보이는 이유는 바로 '인류 본래의 식단'이라는 것을 알게 되었습니다.

그럼, 인류 진화의 변곡점을 함께 살펴보도록 하겠습니다. 진화학자들은 인류가 대략 400만 년 전후에 유인원과 다른 '인간의 길'Australopithecus을 걷게 되었다고 말합니다. 인류 진화의 역사에서 커다란 변곡점이 있었습니다. 바로 '직립 보행'直立步行과 '불의 발견'火食입니다. 모든 '종'種의 생존에 있어서 가장 중요한 것은 '무엇을 먹을 것인가'입니다. 불의 발견은 인류를 채식의 세계에서 육식의 세계로 인도했습니다. 인간은 '육식'을 통해 고영양의 음식을 섭취할 수 있었고 자연스럽게 높은 에너지를 얻을 수 있었습니다. 이는 뇌의 성장과 발달에 지대한 영향을 미쳤습니다. 결국 인류는 육식을 통해 '특별한 동물'이 된 것입니다.

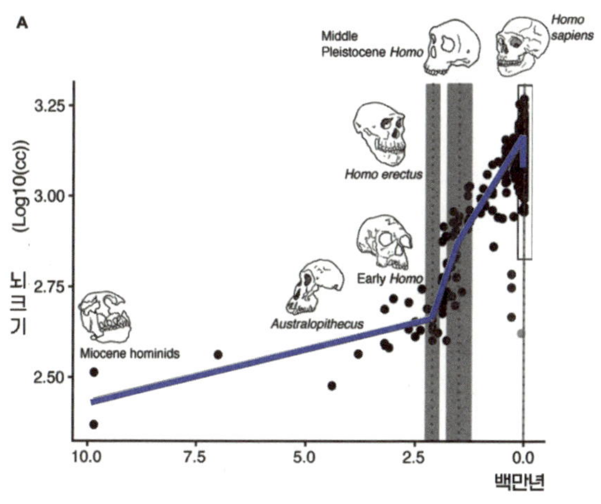

재미있는 연구 하나를 살펴보겠습니다. 〈언제, 그리고 왜 인간의 뇌 크기가 줄어들었는가〉When and Why Did Human Brains Decrease in Size? 논문입니다. 그림의 파란색 굵은 선이 인류의 뇌 크기 변화를 나타내고 있습니다. 인류의 뇌 크기는 완만하게 커지다가 210만 년 전후를 기점으로 급격히 우상향합니다. 왜 인류의 뇌 크기가 급성장의 고속도로에 진입한 것일까요? 그 이유는 인류가 불을 활용해서 본격적으로 육식을 시작했기 때문입니다. 이 기점을 시작으로 인류의 뇌 크기는 폭발적으로 증가합니다.

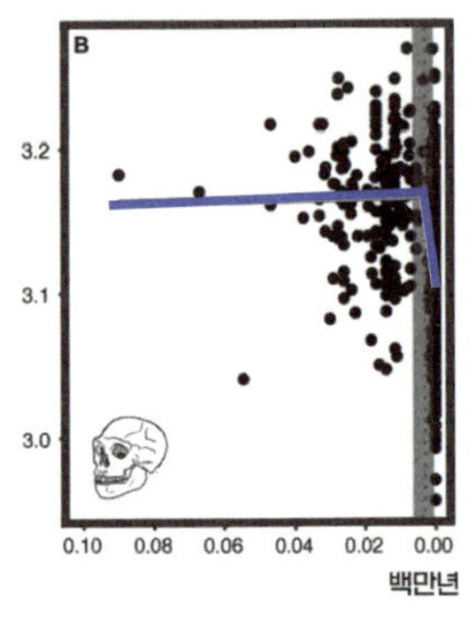

그런데 말입니다. 그림의 맨 오른쪽을 확대해서 다시 보겠습니다. 그럼, 놀라운 진실 하나를 발견할 수 있습니다. 그림의 오른쪽을 보면 파란색 굵은 선(뇌 크기)이 급격히 감소하는 것을 볼 수 있습니다. 즉, 1만 년 전부터 인류의 뇌 크기가 급격히 퇴화였습니다. 왜 인류의 뇌 크기는 줄어들었을까요?

지구는 1만 년 시점에 빙하기를 마감하고 '홀로세'Holocene가 펼쳐집니다. 지금 우리가 사는 시대를 홀로세라고 합니다. 지구의 기후는 안정화되었고, 인류의 출산은 증가했습니다. 인구의 급속한 증가는 호모 사피엔스에게 가족 부양의 무거운 책임을 부여했습니다. 다행히 우리의 천재적인 조상, 호모 사피엔스는 해결 방법을 찾아냅니다. '곡물'grain을 재배하고 가축을 길들이기 시작합니다.

인류학자들은 이 시기를 '농업 혁명'Agricultural Revolution이라고 명명했습니다. 인류는 새로운 시대, 즉 '신석기 혁명'을 맞이하게 됩니다. 이제 인류는 과거와 완전히 다른 음식, '곡물'이 주식이 되어 갑니다. 인류의 먹거리가 육식 중심에서 곡물 중심으로 바뀌었습니다. ‘질’質의 음식에서 ‘양’量의 음식으로 전환된 것입니다. 결국 농업 혁명은 인류에게 빈곤한 식탁을 선물했습니다. 이러한 곡물 식단으로의 전환이 뇌 크기 감소를 가져왔습니다. 혁명이라고 하기에는 너무나 초라한 결과를 가져온 것입니다.

이러한 진화의 역설은 뇌 크기 감소에 그치지 않았습니다. 에모리 대학교 인류학과 ‘아만다 머머트’Amanda Mummert 교수는 〈농업 전환기 인류의 키와 강건함: 생물 고고학 기록의 증거〉 Stature and robusticity during the agricultural transition: evidence from the bioarchaeological record 논문에서 중요한 사실을 밝혀냈습니다. 그는 인류가 농업 혁명 이후 대부분의 건강 지표에서 쇠퇴했음을 밝혔습니다. 대표적인 신체적 퇴화는 바로 ‘키’height가 줄어들었습니다.

수천 년 동안 쌀농사를 지어온 아시아 농부들은 키가 8cm 줄어들었고, 중앙아메리카 농부들은 남자는 5.5cm, 여자는 8cm 작아졌습니다. 학자마다 신체 감소의 크기는 다르지만, 학자들의 공통된 의견은 농업 혁명 이후 ‘신체 퇴화’physical degeneration가 뚜렷하다는 것입니다. 더구나 신석기인들의 치아 상태를 연구한 결과, 전염병과 굶주림으로 인한 흔적들을 흔하게 발견할 수 있었습니다. 인류학자 ‘재레드 다이아몬드’Jared M. Diamond는 농업 혁명을 ‘인류 역사상 최악의 실수’로까지 표현했습니다.

질문을 던지겠습니다. 수백만 년 동안 인류의 에너지를 공급한 음식은 무엇입니까? 바로 '야생 동물과 야생 식물'입니다. 곡물이 아닙니다. 인류는 200만 년 전 본격적으로 사냥을 시작했으며 특히 매머드와 같은 거대 동물들을 집단 사냥했습니다. 그 이유는 거대 동물들이 지방과 단백질이 풍부했기 때문입니다. 원시 인류는 거대 동물을 사냥하기 위해 협업을 했고, 전략을 고민했고, 사냥한 고기를 함께 나눴습니다. 진화학자들은 거대 동물의 멸종을 앞당긴 당사자가 바로 '인류'였다고 말하고 있습니다. 호모 사피엔스는 지구 최고의 포식자였던 것입니다.

그런데 현재 우리는 총칼로리의 60~70% 이상을 곡물 음식에 의존하고 있습니다. 정제 탄수화물과 가공식품이 동네 마트의 진열대를 가득 채우고 있습니다. 우리는 인류 본래의 식단에서 너무나 동떨어진 음식을 먹고 있습니다. 이러한 탄수화물 중심의 식사는 우리 몸에 문제를 발생시킬 수밖에 없으며, 끝없는 만성 질환의 늪에 빠지게 했습니다.

2020년 기준, 국내 당뇨병 환자는 약 550만 명을 돌파했으며 당뇨병 전 단계도 1,583만 명을 넘어섰습니다. 무려 2,000만 명 이상이 당뇨병의 무차별 폭격에 속수무책인 상태입니다. 인구 절반이 질병에 시달리고 약물을 일상적으로 복용하고 있습니다. 이런 상황에 어떻게 생각하십니까? 이것은 정상이 아닙니다. 모든 만성 질환의 핵심에 '고혈당과 인슐린 저항성'이 도사리고 있습니다. 영국에서 발간된 〈인간 영양학〉Human Nutrition이라는 책에는 다음과 같은 대목이 나옵니다.

"현대인의 식생활은 녹말과 같은 음식을 통해 '포도당'을 대량으로 섭취하고 있다. 이 식단은 혈당 및 인슐린 수치를 정기적으로 상승하게 만든다. 또한 암, 당뇨병, 혈관 질환 그리고 노화를 유발한다. 농업 혁명 이후 인간은 곡물 위주의 음식을 섭취하게 되었다. 진화는 너무도 많은 시간을 필요로 한다. 갑작스러운 주식의 변화에 인간의 소화기관은 아직 적응하지 못했다. 더구나 고도로 정제된 가공식품에 적응했을 리 만무하다. 인간은 아직 곡물 위주의 음식에 익숙하지 않다."

〈인간 영양학〉의 통찰에 전적으로 동의합니다. 혈당 장애로 인한 만성 질환이 해일처럼 몰아치고 있습니다. 이 해일의 원인은 바로 밥, 빵, 면을 비롯한 정제 탄수화물의 과잉 섭취, 특히 가공식품 섭취로 인한 혈당 및 인슐린 수치의 상승입니다. 이러한 상황을 역전시킬 방법은 무엇일까요? 바로 '케톤식'입니다. 체중을 감량하고 싶은가요? 만성 질환을 치유하고 싶은가요? 그렇다면 인류의 본래 식단인 '케톤식'을 시작하십시오.

옮긴이 박중환

LIMITED BIBLIOGRAPHY

1. Achanta, Lavanya B., and Caroline D. Rae. "Beta-Hydroxybutyrate in the Brain: One Molecule, Multiple Mechanisms." Neurochemical Research, vol. 42, no. 1, Aug. 2016, pp. 35–49., doi:10.1007/s11064-016-2099-2.

2. Augustin, Katrin, et al. "Mechanisms of Action for the Medium-Chain Triglyceride Ketogenic Diet in Neurological and Metabolic Disorders." The Lancet Neurology, vol. 17, no. 1, 2018, pp. 84–93., doi:10.1016/s1474-4422(17)30408-8.

3. Bergin, Ann M. "Ketogenic Diet in Established Epilepsy Indications." Oxford Medicine Online, 2016, doi:10.1093/med/9780190497996.003.0006.

4. Blackburn, Henry. "The Seven Countries Study: A Historic Adventure in Science." Lessons for Science from the Seven Countries Study, 1994, pp. 9–13., doi:10.1007/978-4-431-68269-1_2.

5. Cameron, Jameason D., et al. "Increased Meal Frequency Does Not Promote Greater Weight Loss in Subjects Who Were Prescribed an 8-Week Equi-Energetic Energy-Restricted Diet." British Journal of Nutrition, 2009, p. 1., doi:10.1017/s0007114509992984.

6. Caraballo, Roberto Horacio, et al. "Ketogenic Diet in Pediatric Patients with Refractory Focal Status Epilepticus." Epilepsy Research, vol. 108, no. 10, 2014, pp. 1912–1916., doi:10.1016/j.eplepsyres.2014.09.033.

7. Cassiday, Laura. "Big Fat Controversy: Changing Opinions about Saturated Fats." INFORM: International News on Fats, Oils, and Related Materials, Jan. 2015, pp. 342–377., doi:10.21748/inform.06.2015.342.

8. Castaldo, Giuseppe, et al. "Very Low-Calorie Ketogenic Diet May Allow Restoring Response to Systemic Therapy in Relapsing Plaque Psoriasis." Obesity Research & Clinical Practice, vol. 10, no. 3, 2016, pp. 348–352., doi:10.1016/j.orcp.2015.10.008.

9. Chanrai, Madhvi, et al. "Comment on 'Systematic Review: Isocaloric Ketogenic Dietary Regimes for Cancer Patients' by Erickson Et Al." Journal of Cancer Research and Treatment, vol. 5, no. 3, 2017, pp. 86–88., doi:10.12691/jcrt-5-3-2.

10. Craig, Courtney. "Mitoprotective Dietary Approaches for Myalgic Encephalomyelitis/Chronic Fatigue Syndrome: Caloric Restriction, Fasting, and Ketogenic Diet." Medical Hypotheses, vol. 85, no. 5, 2015, pp. 690–693., doi:10.1016/j.mehy.2015.08.013.

11. D'agostino, Dominic P., et al. "Therapeutic Ketosis with Ketone Ester Delays Central Nervous System Oxygen Toxicity Seizures in Rats." American Journal of Physiology-Regulatory, Integrative and Comparative Physiology, vol. 304, no. 10, 2013, doi:10.1152/ajpregu.00506.2012.

12. Erickson, N., et al. "Systematic Review: Isocaloric Ketogenic Dietary Regimes for Cancer Patients." Medical Oncology, vol. 34, no. 5, 2017, doi:10.1007/

s12032-017-0930-5.

13. Feinman, Richard David PhD. The World Turned Upside down: the Second Low-Carbohydrate Revolution. Nutrition & Metabolism Press, 2014.

14. Felig, Philip, et al. "Metabolic Response to Human Growth Hormone during Prolonged Starvation." Journal of Clinical Investigation, vol. 50, no. 2, Jan. 1971, pp. 411–421., doi:10.1172/jci106508.

15. Felton, Elizabeth A., and Mackenzie C. Cervenka. "Dietary Therapy Is the Best Option for Refractory Nonsurgical Epilepsy." Epilepsia, vol. 56, no. 9, 2015, pp. 1325–1329., doi:10.1111/epi.13075.

16. Ferriss, Timothy. "Podcast – The Tim Ferriss Show #117: Dom D'Agostino, PhD on Fasting, Ketosis, and The End of Cancer." The Blog of Author Tim Ferriss, 3 Nov. 2015, tim.blog/podcast/

17. Feyter, Henk M. De, et al. "A Ketogenic Diet Increases Transport and Oxidation of Ketone Bodies in RG2 and 9L Gliomas without Affecting Tumor Growth." Neuro-Oncology, vol. 18, no. 8, Mar. 2016, pp. 1079–1087., doi:10.1093/neuonc/now088.

18. Fine, Eugene J, et al. "Acetoacetate Reduces Growth and ATP Concentration in Cancer Cell Lines Which over-Express Uncoupling Protein 2." Cancer Cell International, vol. 9, no. 1, 2009, p. 14., doi:10.1186/1475-2867-9-14.

19. Fine, Eugene J., et al. "Carbohydrate Restriction in Patients with Advanced Cancer: a Protocol to Assess Safety and Feasibility with an Accompanying Hypothesis." Community Oncology, vol. 5, no. 1, 2008, pp. 22–26., doi:10.1016/s1548-5315(11)70179-6.

20. Fine, Eugene J., et al. "Targeting Insulin Inhibition as a Metabolic Therapy in Advanced Cancer: A Pilot Safety and Feasibility Dietary Trial in 10 Patients." Nutrition, vol. 28, no. 10, 2012, pp. 1028–1035., doi:10.1016/j.nut.2012.05.001.

21. Fogelholm, Mikael. "Faculty of 1000 Evaluation for Meta-Analysis of Prospective Cohort Studies Evaluating the Association of Saturated Fat with Cardiovascular Disease." *F1000 - Post-Publication Peer Review of the Biomedical Literature*, Nov. 2010, doi:10.3410/f.1947957.1501056.

22. Forsythe, Cassandra E., et al. "Comparison of Low Fat and Low Carbohydrate Diets on Circulating Fatty Acid Composition and Markers of Inflammation." Lipids, vol. 43, no. 1, 2007, pp. 65–77., doi:10.1007/s11745-007-3132-7.

23. Forsythe, Cassandra E., et al. "Limited Effect of Dietary Saturated Fat on Plasma Saturated Fat in the Context of a Low Carbohydrate Diet." Lipids, vol. 45, no. 10, July 2010, pp. 947–962., doi:10.1007/s11745-010-3467-3.

24. Franklin, Carl, and Richard Morris. "Ketogenic Forums." Ketogenic Forums, www.ketogenicforums.com/

25. Fung, Jason. "Blog." Intensive Dietary Management (IDM), idmprogram.com/blog/

26. Fung, Jason. The Obesity Code: Unlocking the Secrets of Weight Loss. Greystone Books, 2016.

27. Goldberg, Emily L., et al. "Beta-Hydroxybutyrate Deactivates Neutrophil NLRP3 Inflammasome to Relieve Gout Flares." Cell Reports, vol. 18, no. 9,

2017, pp. 2077–2087., doi:10.1016/j.celrep.2017.02.004.

28. Hertz, Leif, et al. "Effects of Ketone Bodies in Alzheimer's Disease in Relation to Neural Hypometabolism, Beta-Amyloid Toxicity, and Astrocyte Function." Journal of Neurochemistry, vol. 134, no. 1, 2015, pp. 7–20., doi:10.1111/jnc.13107.

29. Jeffery, Mark. "MD Anderson Cancer Center." The Lancet Oncology, vol. 2, no. 3, 2001, p. 186., doi:10.1016/s1470-2045(00)00270-9.

30. Just, Tino, et al. "Cephalic Phase Insulin Release in Healthy Humans after Taste Stimulation?" Appetite, vol. 51, no. 3, 2008, pp. 622–627., doi:10.1016/j.appet.2008.04.271.

31. Kawamura, Masahito. "Ketogenic Diet in a Hippocampal Slice." Oxford Medicine Online, 2016, doi:10.1093/med/9780190497996.003.0021.

32. Kelley, Sarah Aminoff, and Eric Heath Kossoff. "How Effective Is the Ketogenic Diet for Electrical Status Epilepticus of Sleep?" Epilepsy Research, vol. 127, 2016, pp. 339–343., doi:10.1016/j.eplepsyres.2016.09.018.

33. Kerndt, Peter R., et al. "Fasting: The History, Pathophysiology and Complications." THE WESTERN JOURNAL OF MEDICINE, vol. 137, no. 5, Nov. 1982, pp. 379–399.

34. Keys, Ancel, and Margaret Keys. How to Eat Well and Stay Well. Doubleday, 1959.

35. Kindwall, Eric P., and Harry T. Whelan. Hyperbaric Medicine Practice. Best Pub. Co., 2008.

36. Klement, Rainer J., and Reinhart A. Sweeney. "Impact of a Ketogenic Diet Intervention during Radiotherapy on Body Composition: I. Initial Clinical Experience with Six Prospectively Studied Patients." BMC Research Notes, vol. 9, no. 1, May 2016, doi:10.1186/s13104-016-1959-9.

37. Klement, Rainer J., et al. "Anti-Tumor Effects of Ketogenic Diets in Mice: A Meta-Analysis." Plos One, vol. 11, no. 5, Sept. 2016, doi:10.1371/journal.pone.0155050.

38. Kossoff, Eric. Ketogenic Diets: Treatments for Epilepsy and Other Disorders. Readhowyouwant.com. Ltd, 2012.

39. Kratz, Mario, et al. "The Relationship between High-Fat Dairy Consumption and Obesity, Cardiovascular, and Metabolic Disease." European Journal of Nutrition, vol. 52, no. 1, 2012, pp. 1–24., doi:10.1007/s00394-012-0418-1.

40. Li, Donghui. "Molecular Epidemiology." M. D. Anderson Solid Tumor Oncology Series Pancreatic Cancer, pp. 3–13., doi:10.1007/0-387-21600-6_1.

41. Longo, Valter. LONGEVITY DIET. PENGUIN BOOKS, 2018.

42. Lorenzo, C. Di, et al. "Migraine Improvement during Short Lasting Ketogenesis: a Proof-of-Concept Study." European Journal of Neurology, vol. 22, no. 1, 2014, pp. 170–177., doi:10.1111/ene.12550.

43. Lowe, Aileen, et al. "Neurogenesis and Precursor Cell Differences in the Dorsal and Ventral Adult Canine Hippocampus." Neuroscience Letters, vol. 593, 2015, pp. 107–113., doi:10.1016/j.neulet.2015.03.017.

44. Lussier, Danielle M., et al. "Enhanced Immunity in a Mouse Model of Malig-

nant Glioma Is Mediated by a Therapeutic Ketogenic Diet." BMC Cancer, vol. 16, no. 1, 2016, doi:10.1186/s12885-016-2337-7.

45. Maalouf, M, et al. "The Neuroprotective Properties of Calorie Restriction, the Ketogenic Diet, and Ketone Bodies." Brain Research Reviews, U.S. National Library of Medicine, Mar. 2009, www.ncbi.nlm.nih.gov/pubmed/18845187

46. Masino, Susan A., and David N. Ruskin. "Ketogenic Diets and Pain." Journal of Child Neurology, vol. 28, no. 8, 2013, pp. 993–1001., doi:10.1177/0883073813487595.

47. Masino, Susan A., et al. "A Ketogenic Diet Suppresses Seizures in Mice through Adenosine A1 Receptors." Journal of Clinical Investigation, vol. 121, no. 7, Jan. 2011, pp. 2679–2683., doi:10.1172/jci57813.

48. Mavropoulos, J. C., et al. "The Effects of Varying Dietary Carbohydrate and Fat Content on Survival in a Murine LNCaP Prostate Cancer Xenograft Model." Cancer Prevention Research, vol. 2, no. 6, 2009, pp. 557–565., doi:10.1158/1940-6207.capr-08-0188.

49. Mente, Andrew, et al. "A Systematic Review of the Evidence Supporting a Causal Link Between Dietary Factors and Coronary Heart Disease." Archives of Internal Medicine, vol. 169, no. 7, 2009, p. 659., doi:10.1001/archinternmed.2009.38.

50. Nabbout, Rima. "FIRES and IHHE: Delineation of the Syndromes." Epilepsia, vol. 54, 2013, pp. 54–56., doi:10.1111/epi.12278.

51. Ness, A. "Diet, Nutrition and the Prevention of Chronic Diseases. WHO Technical Report Series 916. Report of a Joint WHO/FSA Expert Consultation." International Journal of Epidemiology, vol. 33, no. 4, 2004, pp. 914–915., doi:10.1093/ije/dyh209.

52. Nestle, M. "Mediterranean Diets: Historical and Research Overview." The American Journal of Clinical Nutrition, vol. 61, no. 6, Jan. 1995, doi:10.1093/ajcn/61.6.1313s.

53. Newport, Mary T. Alzheimer's Disease: What If There Was a Cure? the Story of Ketones. Basic Health, 2013.

54. "Nobel Prize Honors Autophagy Discovery." Cancer Discovery, vol. 6, no. 12, 2016, pp. 1298–1299., doi:10.1158/2159-8290.cd-nb2016-127.

55. Nuttall, F. Q., and M. C. Gannon. "Plasma Glucose and Insulin Response to Macronutrients in Nondiabetic and NIDDM Subjects." Diabetes Care, vol. 14, no. 9, Jan. 1991, pp. 824–838., doi:10.2337/diacare.14.9.824.

56. Ogawa, Chikako, et al. "Autopsy Findings of a Patient with Acute Encephalitis and Refractory, Repetitive Partial Seizures." Seizure, vol. 35, 2016, pp. 80–82., doi:10.1016/j.seizure.2016.01.005.

57. Palmer, Joshua D., et al. "Brain Tumours." Re-Irradiation: New Frontiers Medical Radiology, 2016, pp. 127–142., doi:10.1007/174_2016_66.

58. Reeves, Sue, et al. "Experimental Manipulation of Breakfast in Normal and Overweight/Obese Participants Is Associated with Changes to Nutrient and Energy Intake Consumption Patterns." Physiology & Behavior, vol. 133, 2014, pp. 130–135., doi:10.1016/j.physbeh.2014.05.015.

59.   Seyfried, Thomas N. Cancer as a Metabolic Disease: on the Origin, Management, and Prevention of Cancer. Wiley-Blackwell, 2012.

60.   Seyfried, Thomas N., et al. "Is the Restricted Ketogenic Diet a Viable Alternative to the Standard of Care for Managing Malignant Brain Cancer?" Eplepsy Research, vol. 100, no. 3, 2012, pp. 310–326., doi:10.1016/j.eplepsyres.2011.06.017.

61.   Seyfried, Thomas N., et al. "Metabolic Therapy: A New Paradigm for Managing Malignant Brain Cancer." Cancer Letters, vol. 356, no. 2, 2015, pp. 289–300., doi:10.1016/j.canlet.2014.07.015.

62.   Sherwood, Louis M., et al. "Starvation in Man." New England Journal of Medicine, vol. 282, no. 12, 1970, pp. 668–675., doi:10.1056/nejm197003192821209.

63.   Shine, N., and D. Say. "Effectiveness of Ketone Level on Seizure Control." Journal of the American Dietetic Association, vol. 97, no. 9, 1997, doi:10.1016/s0002-8223(97)00497-5.

64.   Silva-Nichols, Helena B., et al. "Atps-77 The Ketone Body Beta-Hydroxybutyrate Radiosensitizes Glioblastoma Multiforme Stem Cells." Neuro-Oncology, vol. 17, no. suppl 5, 2015, doi:10.1093/neuonc/nov204.77.

65.   Simeone, Timothy A., et al. "Ketone Bodies as Anti-Seizure Agents." Neurochemical Research, vol. 42, no. 7, Oct. 2017, pp. 2011–2018., doi:10.1007/s11064-017-2253-5.

66.   Siri-Tarino, P. W, et al. "Meta-Analysis of Prospective Cohort Studies Evaluating the Association of Saturated Fat with Cardiovascular Disease." American Journal of Clinical Nutrition, vol. 91, no. 3, 2010, pp. 535–546., doi:10.3945/ajcn.2009.27725.

67.   Smyl, Christopher. "Ketogenic Diet and Cancer - a Perspective." Metabolism in Cancer Recent Results in Cancer Research, 2016, pp. 233–240., doi:10.1007/978-3-319-42118-6_11.

68.   Stubbs, James, et al. "Macronutrients, Feeding Behavior, and Weight Control in Humans." Appetite and Food Intake, 2008, pp. 295–322., doi:10.1201/9781420047844.ch16.

69.   Tiukinhoy, Susan, and Carolyn L. Rochester. "Low-Fat Dietary Pattern And Risk Of Cardiovascular Disease-The Women's Health Initiative Randomized Controlled Dietary Modification Trial." Journal of Cardiopulmonary Rehabilitation, vol. 26, no. 3, 2006, pp. 191–192., doi:10.1097/00008483-200605000-00015.

70.   Toth, Csaba, and Maria Schimmer, Zsófia Clemens. "Complete Cessation of Recurrent Cervical Intraepithelial Neoplasia (CIN) by the Paleolithic Ketogenic Diet: A Case Report." Journal of Cancer Research and Treatment, vol. 6, no. 1, Apr. 2018, pp. 1–5., doi:10.12691/jcrt-6-1-1.

71.   Toth, Csaba, and Zsófia Clemens. "Halted Progression of Soft Palate Cancer in a Patient Treated with the Paleolithic Ketogenic Diet Alone: A 20-Months Follow-Up." American Journal of Medical Case Reports, vol. 4, no. 8, 2016, pp. 288–292.

72.   Vergati, Matteo, et al. "Ketogenic Diet and Other Dietary Intervention Strate-

gies in the Treatment of Cancer." Current Medicinal Chemistry, vol. 24, no. 12, 2017, doi:10.2174/0929867324666170116122915.

73. Volek, Jeff, and Stephen D. Phinney. The Art and Science of Low Carbohydrate Living: an Expert Guide to Making the Life-Saving Benefits of Carbohydrate Restriction Sustainable and Enjoyable. Beyond Obesity, 2011.

74. Volek, Jeff S., et al. "Effects of Dietary Carbohydrate Restriction versus Low-Fat Diet on Flow-Mediated Dilation." Metabolism, vol. 58, no. 12, 2009, pp. 1769–1777., doi:10.1016/j.metabol.2009.06.005.

75. Volek, Jeff S, et al. "Low-Carbohydrate Diets Promote a More Favorable Body Composition Than Low-Fat Diets." Strength and Conditioning Journal, vol. 32, no. 1, 2010, pp. 42–47., doi:10.1519/ssc.0b013e3181c16c41.

76. Westman, Eric C. ADAPT Program: a Low Carbohydrate, Ketogenic Diet Manual. Adapt Your Life, Inc., 2015.

77. Wheless, James W. "History and Origin of the Ketogenic Diet." Epilepsy and the Ketogenic Diet, 2004, pp. 31–50., doi:10.1007/978-1-59259-808-3_2.

78. Winter, Sebastian F., et al. "Role of Ketogenic Metabolic Therapy in Malignant Glioma: A Systematic Review." Critical Reviews in Oncology/Hematology, vol. 112, 2017, pp. 41–58., doi:10.1016/j.critrevonc.2017.02.016.

79. Woolf, Eric C., and Adrienne C. Scheck. "The Ketogenic Diet for the Adjuvant Treatment of Malignant Brain Tumors." Bioactive Nutraceuticals and Dietary Supplements in Neurological and Brain Disease, 2015, pp. 125–135., doi:10.1016/b978-0-12-411462-3.00013-8.

80. Wyatt, Holly R., et al. "Long-Term Weight Loss and Breakfast in Subjects in the National Weight Control Registry." Obesity Research, vol. 10, no. 2, 2002, pp. 78–82., doi:10.1038/oby.2002.13.

81. Zinn, Caryn, et al. "Ketogenic Diet Benefits Body Composition and Well-Being but Not Performance in a Pilot Case Study of New Zealand Endurance Athletes." Journal of the International Society of Sports Nutrition, BioMed Central, 12 July 2017

엄마를 구한 식탁

의사 딸이 찾은 케톤식의 기적

초 판 1쇄 발행 2026년 3월 23일

지 은 이	아네트 보스워스
옮 긴 이	박중환
편 집	박중환
디 자 인	박재강
표 지	서윤정
교 정	박중환
인 쇄	더블비
유 통	협진 출판 물류
펴 낸 곳	세이버스
펴 낸 이	서윤정
출판등록	2021년 9월 16일 제2021-000124호
주 소	경기도 용인시 기흥구 평촌1로 12-1, 세이버스
전 화	02-3453-5692
팩 스	0504-222-9835
이 메 일	bigrockone@naver.com
등록번호	ISBN 979-11-980962-8-9